游戏学

北京大学互联网发展研究中心◎著

中国人民大学出版社
· 北京 ·

推荐序

从过去到未来，自初始至终结。

古老的雅努斯神祇始终用两副脸孔向人们昭示着事物的玄机：深邃的过去潜藏着未来的光芒，而崭新的未来依托于过去的底蕴。

游戏，作为人类的原始本能之一，从未在浩瀚历史与社会的画卷中缺席。而在电子与虚拟技术蓬勃发展的今日，游戏日渐绽放出未曾预料的璀璨光芒。

从现实社会中的运动与桌面游戏，到虚拟世界中的电子与模拟游戏，在漫长的历史中，游戏始终扮演着举足轻重的角色。作为一种独特而无法取代的文化形式，游戏在满足着人们寻求快乐的本能的同时，极大地拓展了人类文明创造性与想象力的版图。而随着Wi-Fi、4G 技术与智能手机广泛地嵌入人们的生活，充满着乐趣、新鲜感与创造力的游戏掀起了不可阻挡的文化潮流，目前已经成为继影视之后发展最为迅速的新型文化载体——这样的历史正被超过20 亿的游戏用户所共同见证。时至今日，游戏类型的多元、题材的多样与时空的无限性正为满足最广泛的用户需求提供契机，也为人类历史、文化与社会互动的记录与延伸创造着重要窗口。

而作为文化载体的游戏本身也正释放着多元的价值。一方面，线上线下的互动，文化形式的交融，前沿技术的添彩，均为游戏衍生出了诸多极具吸引力的新型内容，它们也日益成为社会中深受年轻人喜爱的潮流文化；另一方面，游戏的影响力也已开始超越游戏本身，卓越玩家、赛事活动与精神内涵在更大范围内彰显着游戏的强大能量。此外，游戏的价值本身也在更多领域逐渐展现。游戏即时、具体、明确的反馈机制，有效调动积极性与激发潜能的作用日益为人们所认知与掌握。游戏形式不应仅应用于娱乐领域也逐渐成为学界、业界与民众的共识。在教育、医疗、科研、公益、商业、文化保护等领域，游戏的重要性开始得到正视，多样的应用方式逐步展开。

面对游戏蓬勃发展的社会现实，如何科学地认识与理解游戏，最大限度地发挥游戏的有益价值，成为我们不得不思索的重要问题。毫无疑问，实践是解决这一问题的重要支撑。多领域应用的广泛起步与功能游戏的切实探索正为游戏的合理化利用提供着有效的现实经验。而相较于实践，研究更是其中关键的一环。游戏发展至今，已成为一种可包容目前所有艺术形式的文化形式，其丰富性与复杂性今非昔比，体系化、系统化地对游戏进行研究意义重大。游戏对于多元主体与多样领域的广泛影响使得游戏研究应立足于交叉、综合的学科视野之上。而实践经验与游戏规律的鸿沟也使得发展游戏学科的需求愈发迫切。

本书正是在这样的背景之下所做出的初步尝试，我们意图在对游戏的起源、属性、功能等进行梳理与对游戏的经济、文化、社会影响等进行分析的基础之上，为游戏研究的开拓、创新与发展提供有益参考。

立足当下，联结过去，游戏研究方得以展开；正视现在，展望未来，游戏大幕正缓缓拉开。

腾讯集团首席运营官　任宇昕

目 录

第一章 从游戏到游戏学

本章将首先对游戏的概念进行解读，对游戏的基本性质进行分析，并在此基础上对游戏研究能否成为一门学科做进一步的探讨。

第一节 游戏的概念

当游戏走进大众视野，登上社会发展的舞台，我们不禁思考，游戏究竟是什么，我们又应该如何面对游戏。

从最宽泛的意义上讲，游戏是约翰·赫伊津哈（Johan Huizinga）笔下的魔环（magic circle），是日常生活之外一切精神活动甚至非生产性活动的集合，除生存和发展之外的行为（比如艺术、运动、战争、法律）几乎皆可纳入游戏的范畴。但我们在此并非要讨论广义的游戏。

谈到游戏，不同的人脑海中浮现出的概念可能大不相同。对孩童而言，游戏就是"玩"，不管是玩玩具，还是和小伙伴一起玩耍；对老人而言，游戏则是不务正业，甚至是"电子海洛因"。对艺术家而言，游戏是数字媒体，是第九艺术；对产业人员而言，游戏则是变现能力极强的产品与应用……不同的人眼中的游戏差异如此之大，折射出一个多面体的游戏概念。

理解游戏，不妨首先从游戏与玩这对最初的概念开始思考。在中文里，"玩游戏"是一个常见的动宾短语，似乎玩和游戏已经是天经地义的搭配，在内涵上也高度重合，在多语言互译中有时也被交替使用。比如游戏研究领域的先驱人物赫伊津哈的著作 *Homo Ludens*（中译名《游戏的人》）中，ludens 一词的名词形式 ludus 在英语中并没有对应的词汇，词典和译注中通常解作 play，国内翻译为游戏。游戏学 game studies 也叫 ludology。法国社会学家罗杰·卡约（Roger Caillois）最有名的著作就叫作 *Man，Play and Games*（中译名《男人、玩乐与游戏》）。这些都说明玩和游戏密切相关。

但是，游戏与玩这两者并不完全等同（见图1-1）。

一方面，玩的概念包含游戏。席勒说，玩是旺盛精力的释放过程。玩的主体不限于人类，同时，玩不一定是有目的的，也可能是下意识或无意识的行为。猫狗追逐打闹，是天性驱动的玩要。人在焦虑时玩弄发梢，是缓解压力的行为。这些行为都属于玩的范畴，但和严格意义上的游戏不同。因此，在这一层面上，玩的对象不仅是游戏，玩的概念包含游戏。

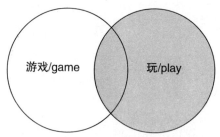

图1-1　游戏与玩的关系

　　另一方面，游戏的概念包含玩。游戏的方式和目的，也已经超越了玩。在今天，技术进步和对游戏机制的分析，使得游戏成为教育、军事训练、医学模拟的一种新工具手段。游戏中激励、正向反馈、高度拟真的特性被放大，且不再仅仅为娱乐服务。游戏与学习这一对曾经矛盾的概念开始交融。因此，在这一层面上，游戏的目的不仅是玩，游戏的内涵应当包括认真地、有目的地玩，其目的可以是娱乐或消遣，也可以是学习或拟真。

　　时至今日，游戏所涉及的基本主体已扩展为玩家、开发者与发行商三大主体，这三个不同的主体对游戏的理解也存在较大的差别（见图1-2）。

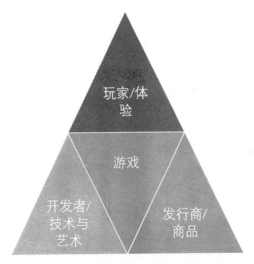

图1-2　玩家、开发者与发行商眼中的游戏

　　对于玩家来说，游戏是一种体验。玩家即玩游戏的人，玩家与游戏二者相互定义。玩家是游戏的最终消费者，也是游戏的二次创作者，他对游戏的再创作体现为独特、自我的游戏体验。如果没有

玩家的存在，那游戏也只是一堆冷冰冰的规则、一组零一代码而已。在信息时代，玩家谈论的游戏，通常指的是已经开发完成、上市销售或发行的游戏程序。这些游戏程序可以按照不同的标准进行分类，包括平台、制作组、发行商、类型、世界观、交互方式、美术风格、是否有剧情、线性流程/开放世界等。核心玩家在长期的游戏经历中形成了自己的游戏历程、类型偏好和整体认知，并在和其他玩家的讨论中形成对游戏世界的共识性图景。对一些没有玩过那么多游戏的玩家来讲，一些自己体验过的经典作品即代表着游戏。

对于开发者而言，游戏是一种技术产物与艺术作品的集合体。开发者的不懈追求使游戏开发"技术"日新月异，并且在人文层面超越文本、超越个体体验，向"艺术"层面发起探寻。在街机时代、家用机时代、PC 时代、手机时代，游戏的形态与表现力截然不同。我们有了越来越逼真的图像，越来越智能的对手与队友，好莱坞大片级的剧情演出，真实与虚拟的边界渐渐模糊。技术为游戏塑形，而艺术为游戏注魂。剧情与人物刻画中的史诗传奇、人生百味，对人、世界、存在本质的追问，对只有游戏才能做到的叙事手段的创新，对美术风格、音乐制作的突破，都让游戏向着第九艺术的桂冠不断迈进。

对于发行商而言，游戏是一种商品。游戏的艺术性与商业性是硬币的正反两面。游戏 APP 是移动互联网中盈利最为丰厚的 APP 类型，游戏产业也是许多国家文化产业的重要支柱。最优秀的开发者和最精明的商人云集于此，最前沿的软硬件技术也常常成为游戏创作的试验田。在主流商业模式仍是将产品交由专业公司发行的今天，得益于 Kickstarter 等众筹网站，一些小团队在立项阶段就能得到潜在玩家的金钱支持从而完成开发。在 App Store、Steam 等在线发行平台的支持下，开发者只要同意一定的分成比例，就能免费向全世界玩家推介自己的作品，甚至获得平台编辑的推荐。

玩家、开发者、发行商这三者分别透过一个巨大棱镜的不同侧面去观察游戏，得出不尽相同的结论。只有把这些侧面重新拼合起来，才能得到对"游戏"的更深层次的认识。游戏发展的良性循环是，开发者为玩家开发不同类型和风格的游戏产品，创造多样化和有深度的游戏体验，玩家向开发者支付合理的报酬，而发行商在二者间建立平台和做好沟通。在这一流程中，游戏的使用价值、艺术价值、经济价值都得到了体现。游戏价值是游戏的体验性、技术与艺术性、商品性的统一。

在学术研究领域，目前已有多位学者对游戏这一概念进行过探讨。赫伊津哈对文明的游戏要素进行了深入的研究，使游戏研究真正成为一个独立的领域。他认为，在整个文化进程中，游戏元素都非常活跃，它产生了众多基本的社会生活形态。游戏式竞赛的实质是一种社交冲动，比文化本身还古老，而且渗透到生活的方方面面。仪式在神圣游戏中成熟；诗歌在游戏中诞生并在游戏中得到滋养；音乐和舞蹈则是纯粹的游戏。表达智慧与哲学的词语和形式源于宗教比赛。战争规则、高贵的生活习俗都是在游戏模式中发展出来的。最初阶段的文明是玩出来的；游戏并非产自文明，恰恰相反，文明在游戏中产生并成为游戏，并且与游戏永不分离。

众多学者对赫伊津哈的研究进行了继承与批判，提出自己对游戏的定义。为了在这片茫茫森林中找到一条道路，我们参考杰斯珀·尤尔（Jesper Juul）的研究，将部分学者对游戏的定义汇总于表 1-1。

表 1-1   部分学者对游戏的定义

来源	定义
Johan Huizinga	游戏是一种完全有意置身于"日常"生活之外的、"不严肃"的但同时又强烈吸引游戏者的自由活动。不与任何物质利益相联系，无利可图。按照固定的规则并以某种有序的方式在自己的时空范围内进行。游戏可以促进社会团体的形成，这些社会团体喜欢用诡秘的气氛包裹自己，同时倾向于以乔装或其他方式强调它们与普通世界的不同
Roger Caillois	该活动必须包括：自由（自愿），独立的（时空上），不确定性，无收益的/非生产性的，规则设定，有信任
Bernard Suits	玩游戏就是进入一种特殊事件状态，只运用游戏规则所允许的手段，选择较低效率的手段，规则就会禁止高效率，这种规则仅仅因为可以使该活动成为可能而被接受
Elliot Avedon & Sutton Smith	从最基本的层面我们可以将游戏定义为自愿控制系统的运用，其中存在各种力量的对抗，由一定的程序和规则限制以产生非平衡结果
Chris Crawford	我认为有四个共同的要素：再现（在一个封闭的正式系统内，主观呈现一系列真实）、互动、冲突和安全（游戏的结果总是不如游戏的模式严酷）
David Kelley	游戏是一种由一系列规则组成的娱乐方式，有明确的目标和达到目标所允许使用的手段
Katie Salen & Eric Zimmerman	游戏是一个让玩家进入一个人为的冲突系统，有规则限制，并有可计算的结果
David Parlett	非正式游戏是无目的的；相反，正式游戏是为取得某项目标而竞争，以一人胜利告终，并需要一组大家都认同的规则
Clark C. Abt	在限制性文本中为达到目标而做出决策的活动
Greg Costikyan	制定决策、分配资源、达成目标的艺术形式

通过比较可以发现，这些定义不仅存在一些反复被提及的共性元素，也存在很强的异质性，这是因为这些定义并非在描述游戏的同一侧面：有些侧重于游戏本身，有些则侧重于游戏行为。例如，"规则"强调游戏作为一个正式系统；游戏"置于日常生活之外"描述了游戏与游戏外世界的关系；而"有明确的目标"则强调游戏作为正式系统的特征，以及玩家与游戏的关系。为了进一步看清定义中的联系与区别，我们总结了各要素在定义中出现的情况（见表1-2）。

表1-2　　　　　　　　　游戏定义中的元素

游戏定义中的元素	Par-lett	Abt	Huiz-inga	Cail-lois	Suits	Craw-ford	Cost-ikyan	Avedon & Smith
通过规则限制玩家流程	√	√	√	√	√	√		√
对抗	√					√		√
目标导向/结果导向	√	√			√		√	√
活动，事件		√			√			√
决策		√				√	√	
不严肃，吸引人			√					

续前表

游戏定义中的元素	Parlett	Abt	Huizinga	Caillois	Suits	Crawford	Costikyan	Avedon & Smith
与物质获取无关			✓	✓				
安全/在日常生活之外			✓	✓		✓		
产生独特的社会群体			✓					
自主性				✓	✓			✓
不确定性				✓				
象征性				✓		✓		
低效率					✓			
各部分组成的系统/资源及代币						✓	✓	
一种艺术形式							✓	

　　在这些定义中，形成共识的要素是"通过规则限制玩家流程"，其次是"目标导向/结果导向"。但如果游戏仅仅是"规则＋目标"

的话，就缺失了人们在实际游戏体验中感受到的"乐趣"等因素，未免和经验中的游戏相去甚远。遗憾的是，在这几位学者中，仅有一位提到了游戏"不严肃/吸引人"，某种程度上可能是因为"乐趣"本身过于主观因而不稳定。

我们认为"乐趣"是游戏不可或缺的核心要素，甚至是将游戏与其他人类活动截然分开的最主要界限。例如，"学习"这一行为就是基于"规则＋目标"的，解应用题时需要遵循数学定律和书写规范，并且使结果回应题目所问，但这一行为与游戏毫不相关。单单用"规则＋目标"并不能概括游戏的本质。

进一步讲，在当今，开放世界和无目的的游戏设计已成为主流中的一支。这类型的游戏设计思路就是最大限度给玩家以自由，鼓励玩家探索和发现，在游戏中完成创作和奇思妙想。我们可以大胆畅想电影《头号玩家》中开放、自由的绿洲世界成为我们的未来。

如果要用一个近似的概念来代替"规则""目的"，让它们看起来与"乐趣"的矛盾性减弱，可以考虑"规律"。游戏只在最低限度上提供游戏世界运行的规律，如《星之卡比》中吞掉敌人并拥有敌人的能力，《我的世界》中的合成规则。如何发现和利用这些规律是对玩家的挑战，也是赋予玩家的自由。

认为游戏是在规律中发现乐趣的这一想法，与伯纳德·舒兹（Bernard Suits）的观点有异曲同工之妙。他认为，玩一场游戏，意味着自愿去克服非必要的障碍。如果用一条线将规律、障碍、乐趣、挑战四个元素划分为两个象限，我们会发现，游戏是开发与消费的博弈，开发者创造游戏世界的规律，以谜题、关卡、敌人的形式设置障碍，玩家则主动挑战这些障碍并获得乐趣，好的游戏必须使各种元素趋于平衡（见图 1‐3）。

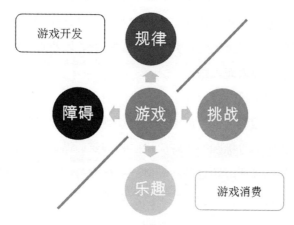

图 1-3 游戏的必要元素

不过，尽管我们可以概括出许多游戏的共性元素，但如前文所述，当今时今日的人们谈论游戏时，他们所指的很可能是完全不同的东西。产生这种情况的原因可能包括如下几点：

首先，游戏这个词的本义太广了。抛开学者对游戏与文明的研究范畴不谈，几乎所有智力型、对抗型、消遣型活动都能称作游戏。数独是游戏，跳房子是游戏，摔跤是游戏，打麻将是游戏。维特根斯坦在《哲学研究》中直言不讳："我们怎么能把游戏的概念封闭起来呢？什么东西仍然算作游戏，什么东西不再是游戏呢？你能说出界限来吗？不能。你可以划界限，正因为从前并未划过界限。"

其次，即使在电子游戏这个领域中，人们对游戏所指代的对象也存在分歧。游戏可以指具体的产品，比如"《塞尔达传说》这款游戏真好玩"；可以指新媒体交互艺术范畴，如许多游戏设计类院校的培养方向和作品；也可以指一种产业业态，一种拥有强大流量聚合能力及变现能力的"吸金"产品。因此，不同的人对游戏的定位与期待完全不同，在一些问题的争论上针尖对麦芒，例如"中国为什么没有 3A 大作""什么样的游戏是好游戏"等等，也很难形成有效的讨论，更别说达成共识。

再次，现有的游戏概念体系中虽然已经形成了一些二级概念，但太过专业化，因而只在小群体中使用，难以向大众传播。这一问题的核心是游戏研究跟不上游戏的快速、大众化发展。比如 F2P（Free to Play）游戏这一概念，标志着游戏消费方式从一次性买断到"免费＋增值"的历史性发展。F2P 游戏概念的引入能够解释很多问题，如游戏设计思路为什么从"让玩家花钱享受快乐"到"让玩家花钱消除痛苦"转变，为什么东亚文化圈更易接受 F2P 模式等等。直译后的"免费游戏"，似乎在刻意回避这类游戏对人性弱点的利用，而用"免费"为其裹上一层糖衣。一些具有优越感的玩家和媒体人不屑地将其称为"氪金游戏"，去人为构建游戏生态内的鄙视链。F2P 游戏、免费游戏、氪金游戏，对同一事物的三种不同表达，显示出游戏圈子内越来越缺乏共同话语，立场越来越趋向分裂。

最后是游戏在儒家文化下的原罪，即游戏和玩乐、不正经、不务正业相关联。历来君子的人生追求都是修身齐家治国平天下，主要任务是读书考取功名，恨不得囊萤映雪悬梁刺股，游戏一说自然无从谈起。这种文化背景下，游戏始终难以成为主流，也得不到舆论的支持。直到今天还有不少人认为游戏误人子弟，是电子海洛因，能激发人的犯罪欲望。

可喜的是，新的游戏类型不断产生，例如严肃游戏、教育游戏、功能游戏等。对这些游戏的传播使得越来越多的人开始了解和关注游戏，认识到游戏的积极社会意义，针对这些游戏类型的讨论也更加聚焦和有价值。这是游戏概念发展和传播中好的一面。但同时，这些游戏类型仍旧不是游戏的主流。

为了使对游戏的讨论范畴明确、角度一致，减少冲突、误解和迷惑，便于在本书的后文中展开叙述，在此我们有必要明确本书第三章及其之后的内容中，所探讨的游戏特指数字游戏、电子游戏，包括运行在家用机、掌机、PC 和手机平台上的以数据形式存在的游戏软件或应用。

第二节　游戏的基本性质

综合游戏的历史发展和游戏内涵，我们初步认为游戏具有五个基本性质：规则核心性、目标导向性、娱乐性、交互性和二象性。

一、规则核心性

游戏作品的构成以游戏规则为核心；而游戏活动，必须以游戏规则为最高准则进行。

这一性质揭示了游戏的存在方式——游戏作品往往以游戏道具、游戏软件这些有形的载体出现，以游戏活动的形式为人类所接受；但游戏的核心是一种理念，这种理念以规则的形式存在并被表述。

所有的游戏都拥有规则[①]，但不同的规则对游戏活动的限制不同。相对而言，某些游戏的规则限制较强，某些则较弱。我们分别

---

　① 关于此点，学界存在一定争议。

将其称为强规则和弱规则，这是一组相对概念。一般而言，规则越强，游戏的学习难度和运行难度就越低，但游戏中的变量就越少，游戏者的再创造空间也就越小①。

不同的游戏，规则的复杂程度不同。相对而言，某些游戏的规则较为简单，而某些却较为复杂。我们分别将其称为简单规则和复杂规则，这同样是一组相对概念。一般而言，规则越复杂，游戏的内容就越丰富，但再创造的空间也就越小。

二、目标导向性

如前文所述，许多学者在对游戏下定义时，都认为游戏的核心元素之一是"有明确的目标"。以目标的达成作为游戏规则设计和游戏参与的导向，是游戏重要的基本性质之一。

在本书中，我们所谈及的目标导向性是从游戏开发与设计的角度进行探讨的。游戏在设计尤其是规则制定之初，就设置了较为明确的游戏目标供游戏玩家达成，以此吸引玩家的注意力，提高玩家的参与度。此处的目标导向性强调了游戏作为一个具有规则的正式系统所具有的特征。

许多游戏之所以对人们具有极强的吸引力，往往是因为游戏中设置了具有挑战性的目标。比如，找茬类游戏，其目标就是找出两幅图（或其他物品）中不一样的地方；消除类游戏如《俄罗斯方块》，其目标是尽可能消除屏幕上的方块以延续游戏；闯关类游戏如《超级马里奥兄弟》，其目标是闯过层层关卡，拯救被大恐龙绑架的公主。

———————

① 这一概念在研究中一般被称作"自由度"。

三、娱乐性

游戏是一个以娱乐为重要目的的人类活动。在较早期的观念中，游戏先天就是以娱乐性为最重要属性的事物，甚至是一种无功利或低功利性的人类活动。需要明确的是，尽管游戏是具有娱乐性的人类活动，但并非具有娱乐性的人类活动都是游戏。

日常生活中有很多并非以娱乐为目的，却具有主观或客观娱乐性质的人类活动并不能作为"游戏"而存在。这些人类活动，即使不从游戏规则、交互性角度判断，仅从娱乐性（或功利性）角度来看，也并不属于游戏。例如对某些摄影师而言，摄影是他们"极有乐趣"的"游戏"。但在大多数人看来，摄影并不是那么具有娱乐性。并且，即便是对那些摄影师来说，摄影活动的最终目的仍然是摄影作品的创作而并非娱乐，它更不是专门性的娱乐活动（见图1-4）。因此，无论是从主观还是客观角度来看，摄影，都仅仅是那些摄影师们的主观娱乐活动而不是游戏。

图1-4　摄影是纯粹的创作活动，但某些电子游戏可以以摄影为游戏方式

四、交互性

游戏本身带有交互性。游戏的过程是若干种交互形态的总和。交互，可以是对游戏样态的改变，也可以是与其他游戏者的各种交流。

游戏是人类文明的一种特殊产物，它与文学、绘画、音乐、影视艺术相区别，并有着本质上的不同。这种不同，存在于游戏本身和游戏作品的接受阶段（游玩的过程）——游戏是"交互"的。例如欣赏文学作品时读者只是单方面接受着作品的影响，即使读者和批评家写出了对作品的评述，他们也很难影响作品，作品本身几乎不会因此而产生改变；而游戏与我们从一开始便是在互相影响的，游戏的样态也会因我们的介入而产生着各种改变，比如在魔方游戏中，魔方的形态在随时发生着变化（见图1-5）。

图1-5　游戏作品会随着游戏者的游玩过程，不停进行改变（魔方）

从游戏诞生伊始，游戏的创作者就在不停地与游戏产生着交互。所有的游戏也都必须经过游戏者（包括创作者本人）的游玩才能够最终完成。正是由于交互性的存在，游戏在教育活动（尤其是儿童教育活动）中，往往能够起到很大的作用。

五、二象性

游戏既是人类的一种具有交互性的活动，又是人类的一种能够独立存在的创造物。当游戏作品没有被进行游玩时，它是一个"作品"或者说是一套虚拟的规则，是静态的，但当它被人们玩的时候，它便是动态的"活动"（见图1-6）。活动与作品这两种特性又可以互相转换，这种转换往往表现为一种动与静的交替。

图1-6 桌面游戏作品和桌面游戏活动（《卡坦岛》）

第三节 从游戏到游戏学

经过这么多年的发展，游戏已经彻底融入我们的日常生活，对我们的社会产生十分重要的影响。2001年，缔造了中国最年轻的互联网首富的盛大网络剑走偏锋，以仅剩的30万美元从韩国AC-TOZ公司拿下《传奇》的代理权，陈天桥自己都没有料到，《传奇》这款游戏一经上线，竟如此受中国网民的追捧，彻底改变了中国网游甚至互联网的进程。在《传奇》这款游戏造就了全球市值最高的游戏公司、市值最高的中概股公司的同时，身为盛大网络董事长兼首席执行官的陈天桥却发出了"《传奇》是个烂游戏，盛大是个好公司"的感慨，他曾对外一再表示，游戏只是其赚钱的工具。

而如今，游戏依然仅仅是赚钱工具吗？游戏的本质到底是什么？游戏到底对人类对社会会造成怎样的影响？如何建立完整的学科体系与研究范式并以此对游戏进行研究？在电子设备即将普及到每一个人的今天，游戏也即将普及到每一个人，我们有必要对游戏领域的研究加以高度重视。

游戏学并不是伴随着诸如信息科学、社会学、心理学等学科在游戏领域的成果不断丰富所催生出来的学科。这些学科在游戏领域的研究并不是催生游戏学研究的核心动力，真正推动游戏学的研究，需要有一个完整的学科体系和研究范式的力量，需要根植于60多年来电子游戏的不断发展和从游戏开发者到游戏用户的不断实践。与音乐、文学、电影一样，游戏已成为文化娱乐产业的重要组成部分，但在文化研究领域、在游戏工业领域的教育和研究却远远没有跟上。全世界有数不清的音乐学院、文学院和电影学院，但如今游戏玩家已经超过20亿人，真正从事游戏研究的学术机构和高等教育机构却寥寥无几。

一方面，加强游戏研究和游戏专业教育已经十分必要。

游戏已经成为人类社会生活的一部分。2016年中国的游戏用户人数已经达到5.66亿，全球游戏用户人数超过20亿。随着网络游戏的分类越来越多元，越来越多的游戏已经可以适应不同年龄、不同性别的用户，上至耄耋老人，下至学前儿童，游戏已经成为伴随人类生活成长的一个元素。

全球游戏产业已经颇具规模，经济影响初现。2016年全球娱乐行业收益总额为 8 698 亿美元，其中，游戏收益总额为 1 011 亿美元，电影收益总额为 399 亿元，电视及影片收益总额为 3 143 亿美元，出版收益总额为 3 293 亿美元，音乐收益总额为 484 亿美元，广播收益总额为 369 亿美元。从这里可以看出，游戏产业作为文化娱乐产品已经占据相当重要的地位。

据中国音数协游戏工委（GPC）、伽马数据（CNG）联合发布的《2018 年中国游戏产业报告》，2018 年中国游戏市场实际销售收入达 2 144.4 亿元，同比增长 5.3%，占全球游戏市场比例约为 23.6%；游戏用户规模达 6.26 亿人，同比增长 7.3%；中国自主研发网络游戏海外市场实际销售收入达 95.9 亿美元，同比增长 15.8%。如今，中国俨然已经成为全球第一大游戏市场，拥有全世界最多的游戏玩家，游戏产业已经进入精品化时代，但是游戏行业人才缺乏的状态却没有明显的改善。2013 年，中国游戏行业人才缺口为 60 万；到了 2018 年，游戏行业人才缺口依然为 60 万甚至更多。这种现象的背后，既有游戏长期被"污名化"的影响，更重要的是中国还没有系统化的游戏人才培养体系和真正围绕游戏的高等教育。

此外，在玩家数量最多的中国，人们仍普遍对游戏存有多种误解。游戏在中国一直处于"玩物丧志""游戏成瘾"的认识中，大多数人都因为少数游戏成瘾的案例而对游戏望而生畏，尤其是对青少年而言，玩游戏更是被社会和家长所诟病。随着 80 后、90 后等玩着电子游戏长大的一代开始步入中年，为人父为人母，游戏的污名化和极端化认知正在逐步改变，也应当有研究用科学系统的调研来证实游戏对社会的影响，要肯定游戏对于社会发展起到的正面积极作用。

另一方面，游戏方面的理论研究和学科建设严重不足。

当前以游戏开发为核心的游戏研究教育已经远不能解决游戏在社会发展中所遇到的问题，而从其他学科进行的游戏研究的主体仍然会存在研究不够系统化、跨学科研究整合缺失、研究理论和范式不足的情况。

游戏意蕴丰富，与人类的生活密切相关。以电子游戏为例，它既是电脑程序，又是人类行为，既能使人们沉迷，侵占人们的时间甚至危害人体健康，又能锻炼人们操作，辅助教育治疗，带来良好效果。游戏本身体现着技术、心理、行为、文化、艺术、经济和社会的诸多方面。

因此，游戏需要有一个更全面的视角和更切合的理论范式去进行研究，尤其是在游戏实践已经远远走在游戏研究前面的时候，在游戏研究已经错综复杂、学科交替的时候。

在这个问题上，历史给我们提供了重要的参考，让我们回顾一下电影到电影学的发展历程：

1895年卢米埃尔兄弟进行了首次电影公映，电影正式诞生，此时电影仅是小规模的社会活动。而随着1928年有声电影和1933年彩色电影的出现，电影逐渐进入全盛时代，电影成为影响广泛的社会现象。在电影发展的同时，电影逐渐与技术、市场、艺术等领域结合，对电影的忧虑也成为人们关心的重要话题。在这样的背景下，20世纪40年代，电影学作为一门独立学科正式出现。

反观游戏，也经历了与电影同样的历程。从现实游戏的缓缓起步，到电子游戏的大放异彩，游戏逐渐从个人的游玩行为发展为群体的社会现象，前文多种主体视角对游戏的解读正说明了游戏与社会领域的广泛联系，而对游戏的担忧更是不胜枚举，关于游戏的研究问题层出不穷。从有限的行为到广泛的社会现象，再到与社会的广泛联系和思考如何更好地利用此类行为，产生了一系列对应的研究问题，游戏目前已经具备了成为独立学科研究领域的条件。

在先前的游戏研究中，学者将游戏研究归为与电影学类似的文化研究，研究对象限定为游戏行为、玩家以及关于游戏的文化，这样的划分不无道理，但已无法很好地概括目前游戏研究应包含的范围。

我们认为，游戏学是系统地研究游戏行为与游戏现象的学科，其研究对象可从上述主体解读游戏的视角出发，即包括个体层面的游戏体验和游戏行为，社会层面的游戏发展历程、游戏艺术现象、游戏社会现象乃至游戏社会结构与系统。研究内容上则兼具理论研究和应用研究，目前应更倾向于应用研究。研究方法则较为多元，既包括问卷调查、实验法等社会科学方法，也包括叙事学、现象学等人文科学方法以及涉及计算机图形、人工智能等的工程学方法等。

在上述的观点之下，我们依照前人关于社会行动分析的基本参照系和衍生特征，建构了游戏学的研究与分类框架。

首先，我们认为游戏行为是一种受目的驱动的个体化行为，也是一种结果。在这一行为从目的到实现的过程中，必然涉及目的、手段与条件、环境和结果四大部分，以此为基础，个体的行为框架可分为：心理与动机研究，对应游戏动机与需求；手段与条件研究，对应游戏设计与开发；情境与环境研究，对应游戏机制与模式；以及个体与行为研究，对应用户特征与行为。

而当游戏行为与社会产生广泛而复杂的互动与联系后，社会衍生的各类特质便与游戏结合，产生了诸多并列的社会研究领域。强制性的规范、有效性的产业和群体性的社会是社会领域中最为重要的特质，它们分别与游戏结合，成为游戏规范研究、游戏产业研究和游戏社会研究三大领域。而作为社会思维的存在，艺术与历史同样与游戏不可分割，游戏艺术研究和游戏历史研究相应成为重要的研究领域。

值得注意的是，以上提出的框架仅是基本的参照系，各领域之间也并非截然分开的，领域间的交叉和新增领域的加入都是可能且现实的。

其次，在社会科学研究的四大要素——概念、解释、教化和想象中，想象在游戏学中应着重强调。这一方面是由于玩家在游戏中的创造性和主体性，远非以往的艺术形式可以比拟，另一方面是因为游戏存在着建构纯粹拟态环境的可能性，这样的全新空间如何运作，其中会产生怎样奇妙的现象，难以预料。

第二章　游戏的历史与发展

　　游戏的历史，与人类的历史相伴相生。人类社会的进步推动了游戏的发展，而游戏让人快乐，也推动了人类的进步。研究游戏的历史，可以让我们形成更好的游戏观念，了解过去的真实，创造未来的美。

　　本章旨在以具有划时代意义的经典游戏作品为轴，以承前启后的游戏设计和游戏文化、游戏研究为引线，将波澜壮阔的游戏发展史，呈现给每一位读者。

第一节　游戏的诞生与早期发展

　　本节介绍的是从新石器时代到公元前的游戏历史。

　　游戏活动，在人类出现之前的动物世界中，就已广泛存在，著名动物学家珍·古道尔就曾记载黑猩猩游戏的诸多方式①。依据动物已有的游戏行为，以及一系列考古发现和文献记载，学界有一个著名的共识：游戏诞生于人类的婴儿时期——有人类就有游戏。

---

　　①　Jane Goodall. In the Shadow of Man. Houghton Mifflin Harcourt，2000.

在远古时期，因为文字还没有出现，人类的活动是无法记录的，但作品会成为物品，以各种形态得到保存。那么，就让我们通过考古发现，从即时制游戏与回合制游戏两个方面，来揭开公元前游戏的面纱。

一、最早的即时制游戏范例——陶陀螺

陶陀螺，于上世纪下半叶在中国北方的各大新石器时代遗址中都有发现，而其中最早的三个，出土自距今已有约 6 300－6 800 年历史的西安半坡遗址[①]（见图 2-1 和图 2-2）。

图 2-1　西安半坡遗址中出土的陶陀螺实物

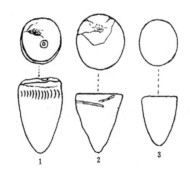

图 2-2　西安半坡遗址中出土的陶陀螺剖面图

西安半坡遗址、商县紫荆遗址等地出土的陶陀螺，有一种特有

---

① 中国科学院考古研究所实验室. 放射性碳素测定年代报告（二）. 考古，1972（5）.

的螺旋纹沟槽（见图2-3），这便于游戏者使用专用工具——陀螺鞭抽打陀螺时所用①。宋代的《武林旧事》以及明代的《帝京景物略》中，都有对陀螺和螺旋纹沟槽的记载。并且，螺旋纹沟槽这一陀螺的经典设计，连同"抽陀螺"的传统游戏一起，一直流传至今。

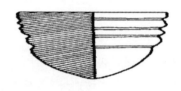

半坡遗址中出土的陶陀螺，大小长短不一，纹路各异。细长的陶陀螺，容易抽打而转速较慢；短的陶陀螺，转速很快，但需有精准的抽打操作以保持高速旋转，更具观赏性。可见，早在汉字尚未被发明

图2-3　陶陀螺的螺旋纹沟槽

的新石器时代，我们的祖先就熟练掌握了陶陀螺的游戏技巧，掌握了陶陀螺的设计和制造原理，对二者之间的关系也有深刻的认识。无疑，陶陀螺已经是一个高度发达的成熟游戏了。

直到今天，陀螺游戏，依旧作为中国传统游戏的代表，被传承并发扬（见图2-4）。

图2-4　重庆少年抽陀螺

资料来源：重庆市摄影家协会，2013-03-18。

————————————

① 王宜涛. 我国最早的儿童玩具：陶陀罗. 考古与文物，1999（5）.

二、回合制游戏的起源与早期形式

1. 乌尔王族局戏与四面骰子

乌尔王族局戏（Royal Game of Ur）是世界上已知最早使用骰子的桌面游戏。

乌尔王族局戏于 1920 年代出土自美索不达米亚地区乌尔第一王朝的代表性遗迹——乌尔王族古墓（The Royal Tombs of Ur），游戏道具装饰华丽，应该为贵族娱乐所用。据大英博物馆网站记载，整个游戏由画有 20 个格子的棋盘、14 枚棋子（双方各 7 枚）以及 3 个不同颜色的四面骰子组成（见图 2-5）。

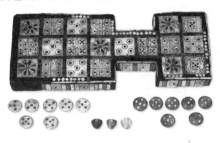

图 2-5 乌尔王族局戏

资料来源：大英博物馆特供图片，授权编号 FI-000787577，博物馆展品编号 120834。

这一游戏的规则在古墓中没有记载。但根据著名桌面游戏研究者罗伯特·查尔斯·贝尔医生（Robert Charles Bell，1917—2002）推测[1]，它属于"掷赛游戏"（race game），即通过骰子（见图 2-6）将棋子移动到

图 2-6 现代版四面骰子

————————
[1] Robert Charles Bell. Board and Table Games from Many Civilizations. Courier Corporation，1979.

终点以取得游戏胜利的游戏类型。贝尔医生还进一步推测了游戏的详细规则，认为其除了具有掷赛游戏的传统规则外，还具有"蛇形前进"的棋子特殊移动规则；另外，当棋子前进到敌方棋子所在的格子时，将会把对方棋子踢出场，等等。

2. 塞尼特与长棒型骰子

与乌尔王族局戏相近的游戏，还有古埃及文明的塞尼特（Senet，见图 2-7）。塞尼特最早的考古实物，经测定属于古埃及第一王朝时期（公元前 3100 年左右），比乌尔王族局戏还早了 500 年以上。

图 2-7 塞尼特

注：出土自阿蒙霍特普三世（Amenhotep Ⅲ）陵墓的塞尼特版本，现藏于布鲁克林美术馆（The Brooklyn Museum）。

塞尼特在某种意义上是乌尔王族局戏的雏形，因为虽然塞尼特也属于掷赛游戏，规则甚至与乌尔王族局戏大体相同，但它所用的棋盘更加简单，且未拥有成熟的骰子系统。现有的塞尼特，是使用一种类似铅笔形状的、拥有数个面的长棒道具来代替骰子的功能[①]（见图2-8）。但毫无疑问，这种长棒，就是骰子的前身。

图2-8　现代版长棒型骰子（四个一组）

塞尼特和乌尔王族局戏，都被认为是一直流传至今的著名游戏、上古掷赛游戏的集大成者——双陆的前身。

3. 使用最广泛的游戏道具——正方体六面骰子的起源和发展

现有的正方体六面骰子是怎样起源的呢？这就要从羊距骨说起了。掷距骨，或称掷羊拐骨、掷髀石，是一种历史悠久的儿童游戏。羊距骨，由于天然的类长方体形状，可以掷出四个不同的面，所以是一种天然的游戏道具（见图2-9）。目前，已有充足的文献和考古证据表明，在古希腊、古埃及、古巴比伦以及我国上古时期，以羊距骨作为游戏道具的游戏形式曾经广泛存在。

---

① Peter A. Piccione. In Search of the Meaning of Senet. Archaeology，July/August 1980.

图 2-9 羊距骨

羊距骨对游牧文明的影响尤其大。在中国北方，早在秦汉时期的鲜卑和匈奴墓中，就常发现羊距骨。北魏鲜卑墓、辽代契丹墓、金代女真墓、明清墓都有随葬的狼、牛、狍、羊的距骨，甚至还有金、玉、铜的距骨工艺品。这些羊距骨的工艺品和羊距骨本身，都被叫作髀石。

我国历代正史对游戏的记载不够全面，所以羊距骨类游戏的规则在很长一段时间内都处于不明状态。直到明末，描述北京地区风俗民情的权威著作《帝京景物略》才有了此类游戏的规则的记载。据其介绍，这是一种双人对战游戏。双方轮流投掷羊距骨到对方的羊距骨上，然后根据碰撞后双方羊距骨朝上的面决定胜负关系。羊距骨天生的"凹、凸、勾、轮"四面，甚至有了独立的叫法"真、诡、骚、背"①。

目前，我们有充分的证据证明，羊距骨在人类发展的早期阶段，曾作为一种重要的游戏道具，在远古社会中广泛存在，并且在

---

① 刘侗，于奕正. 帝京景物略. 北京：北京古籍出版社，1983.

游牧民族的文化体系中，一直保存到了今天。

　　而在农耕文明中，羊距骨就变成了更加方便、精美的人造游戏道具——骰子。骰子的"骰"字本身，便是它脱胎自骨头的证明。

　　让我们把视角转回美索不达米亚平原。公元前 2334 年，闪米特人建立了人类历史上第一个帝国——阿卡德帝国（Akkadian Empire）。阿卡德帝国在游戏上的成就很高，人类历史上最早的六面骰子，就出土于阿卡德墓葬（见图 2 - 10）。然而遗憾的是，阿卡德的游戏还停留在掷赛游戏的早期阶段，并没有能够利用六面骰子，发展出更加先进、成熟的游戏玩法。

图 2 - 10　阿卡德帝国六面骰子
（焙烧黏土制）

4. 六博——桌面游戏走向成熟的一个例子

　　游戏玩法的完善会催生游戏道具和制作技术的革新，而游戏道具的进步也会直接催生更加先进的游戏玩法。六面骰子出现后的一千年，在中国游戏六博中，终于有了全然不同于掷赛游戏的更加复杂的游戏玩法，以及令人惊艳的十四面骰子。

　　1981 年文物出版社出版的《云梦睡虎地秦墓》[①] 一书中称，湖北云梦县睡虎地遗址第 11 号、第 13 号秦墓出土的六博棋局，年代为秦昭王五十一年（公元前 256 年），是现存最古老的六博棋局。该棋局中，便发现了十四面骰子"茕"（见图 2 - 11）。

---

① 《云梦睡虎地秦墓》编写组．云梦睡虎地秦墓．北京：文物出版社，1981.

图 2 - 11　秦十四面骰子（茕）

注：1976 年于陕西临潼秦始皇帝陵区毛家村出土。

六博是一种精致的掷赛游戏（见图 2 - 12），具有鲜明的中国文化特色，虽然它的规则和玩法已经湮没在漫漫的历史长河中，但作为中国游戏的先驱者之一，它值得我们永远纪念。

图 2 - 12　东汉六博对局陶俑

注：藏于纽约大都会艺术博物馆（Metropolitan Museum of Art）。

第二节　近现代以前的游戏

本节介绍的是从公元 1 世纪到 18 世纪的游戏历史。

游戏经历了漫长、缓慢的早期发展阶段，在人类社会的中古时期，终于走向成熟，迎来了历史上的第一次大发展时期。

远古、上古时期的游戏，普遍因玩法和规则不合理、不完善被淘汰，绝大多数都已失传。与其不同的是，中古时期的游戏，往往经历了长时间的发展完善，游戏规则成熟精练，游戏形式规范，游戏道具剔除了冗余部分，能够直接反映规则的核心，并且娱乐性也有了很大增强——中古时期的游戏，确实变得更好玩了。

中古时期，种种经典游戏也开始大规模传播，跨国甚至跨文明的游戏形式比比皆是。但这些广泛流传的游戏，形式、规则却又往往能够保持某种程度上的统一，这不能不说是人类文明史上的奇迹。

双陆、围棋、象棋、扑克游戏等游戏作品，就是这一时期游戏的代表。

而在欧洲进入中世纪时期，中国经过连年战乱被外族统治、思想文化被程朱理学主导以后，游戏在世界范围内都遭到了主流社会，尤其是封建统治阶级和宗教势力的误解、排斥甚至残酷压迫。游戏的第一次大发展时期就此结束了。大量精美的游戏作品遭到封杀，甚至因人为原因逐渐失传、消失。这不能不说是一大遗憾。

但是，无数热爱游戏的玩家和游戏设计师，以种种办法，保留了大批游戏作品，并书写了各种游戏研究著作，让这些诞生于数百上千年前的游戏，得以流传至今。并让它们在 18—19 世纪，在那个游戏迎来解放的年代，成为下一次游戏大发展的宝贵火种。

那么，让我们在这一节以一个经典游戏——双陆为轴，揭开这个波澜壮阔的时代的面纱。

一、双陆——古代全球游戏史的缩影

双陆（backgammon①），是古代掷赛游戏中最为知名、流传最

---

① "gammon" 在中古英语中有 "游戏" 之意，所以 backgammon 即 "后退的游戏"。该词最早在 1650 年的牛津英语词典中出现。

广的游戏形式。

双陆被公认为脱胎自前文所述的塞尼特、乌尔王族局戏,其规则、形式是在二者的基础上,经过一定的发展完善,在罗马帝国前期(前 27—200 年)初步成型的。史料记载,古罗马人这时爱玩一种叫作"十二条线"(XII scripta 或 Ludus duodecim scriptorum)的游戏(见图 2 - 13),规则与后来的双陆大致相同①。这证明双陆的规则已经基本形成了。

图 2 - 13　公元 2 世纪的罗马"十二条线"石质棋盘

但与今天形式一致的双陆游戏还没来得及在罗马帝国出现,西罗马帝国便灭亡了,而欧洲也进入了漫长的中世纪。双陆的发展因此陷入了沉寂,它以今天双陆的面貌出现在历史舞台的时候,已经是在 11 世纪的法国了②。

在欧洲进入中世纪,游戏的发展陷入停滞之时,中国正处于南北朝后期到唐宋时期(5 世纪后半叶—13 世纪)的繁荣时代。这

---

① Austin, Roland G. Roman Board Games I. Greece & Rome,1934,4 (10):24 - 34.
② 欧洲双陆的历史有着 600 年左右的空白,其在法国有着时代较早、较为详细的文字记载,很大程度上也是因为法国国王路易九世(Louis IX)在 1254 年颁布的著名法令——"禁止全国官员进行双陆游戏"。这不能不说是一大讽刺。

时，双陆在中国开始流行起来。

双陆在中国除本名外，还有握槊、长行、双六等名称。它传入中国的时间和源头众说纷纭，但普遍认为是在东汉末年，从印度传入。

双陆在中国的第一次大规模流行，则始于唐朝。盛唐时期，双陆风靡一时，连武则天、唐玄宗都非常喜欢。《唐国史补》记载，武则天梦见与大罗天女打双陆，局中只要有武则天的棋子，就会被打回起点，走不到想要走的位置，频频输给天女。狄仁杰则告诉她说是"双陆不胜，无子也"，劝说是上天用棋子来警示武则天①。

唐朝时，由于双陆广泛流行所带来的影响，系统的游戏文化开始形成。唐代著名画家周昉就曾作有《杨妃架雪衣女乱双陆图》（描绘杨贵妃玩双陆的情景，已失传）、《内人双陆图》等一系列记载双陆的画作（见图2-14）。此外，诸多唐传奇小说中，也有着双陆的记载。但可惜的是，由于双陆于明朝时在中国消失，这些记载今日往往被误解成"下围棋"或者"下象棋"。

图 2 - 14 （唐）周昉《内人双陆图》（局部）

注：现藏于美国华盛顿特区弗利尔美术馆（Freer Gallery of Art）。

---

① 语出《唐国史补》卷下，收录于《二十五史艺文经籍志考补萃编》第十七卷（旧唐书经籍志/新唐书艺文志），清华大学出版社，2013.

由于封建社会统治阶级对游戏的限制，曾经一度发达且独具特色的中国古代游戏文化，大都在明清两代消失，只有很小部分被保存下来。不得不说，这是游戏史的遗憾，更是中国文化的遗憾。

在中古时期的阿拉伯世界，双陆也遭到了被限制的命运。伊斯兰教六大部圣训之一的《艾布·达乌德圣训集》中就有穆罕默德说"玩双陆棋是违抗真主及其使者"的记载①。

但是，即使双陆在世界各地的社会生活中常常遭到限制和打击，也依旧有着无数热爱游戏的人们，试图以自己的力量保全它。例如，在13世纪具有地下传播意味的德国诗歌古抄本《马内赛古抄本》（Codex Manesse），就曾经以彩绘的方式，详细描绘了游玩双陆的情景（见图2-15）。在伟大的文艺复兴到来之前，以双陆为代表的游戏，与诗歌、绘画一起，成为中世纪的黑暗时代里始终不灭的一盏明

图 2-15　《马内赛古抄本》中的双陆对局图

资料来源：Codex Manesse, UB Heidelberg, Cod. Pal. germ. 848, fol. 262v: Herr Goeli.

---

① 艾布·达乌德，辑录.艾布·达乌德圣训集.余崇仁，译，北京：宗教文化出版社，2013.

灯。在文艺复兴的洪流到来时，它也迅速复苏，丰富了人们的生活，活跃了人们的思想，为人类的思想解放做出了贡献。

二、近现代以前的游戏研究——游戏研究的先驱时代

1. 古代的游戏研究——一笔带过的负面评价

游戏作为人类生活的重要组成部分，在文化领域占有重要地位。然而，游戏作为一种以娱乐为最终目的的纯粹活动，在学术界一直得不到应有的重视。对游戏的研究论述，在中古以前的中国并不多见，而在古希腊，也只有柏拉图、亚里士多德等哲学家曾对游戏予以关注，在他们的著作中，有少量关于游戏的论述，但均以负面评价为主。

在此仅举一例，柏拉图曾有过"游戏是劳作后的休息和消遣，本身不带有任何目的性的一种行为活动[1]。……幸福决不在消遣和游戏之中"的论述，反映了古希腊时期学术界对游戏的认知。

2. 中古时期的游戏研究——从东亚到西欧

真正从游戏的规则、形式、样态方面进行系统和专门的游戏研究，是从中古时期开始的。

宋朝时，有双陆的专题研究著作《谱双》问世。《谱双》记载了东亚、东南亚、南亚、西亚等地共 15 种双陆玩法，书中，作者洪遵[2]还对各种不同的双陆棋盘形制和布局规则做了系统的研究[3]。

----

[1] 英文文本为："After the game is the work of the rest and recreation，for any purpose with itself an act of sexual activity." 出自 S. H. Butcher. Aristotle's Theory of Poetry and Fine Art：With a Critical Text and Translation of the Poetics. Kessinger Publishing，2010.

[2] 洪遵为南宋著名爱国重臣洪皓之子，洪皓一家因在靖康年间护国有功而名满天下，是士大夫阶层的翘楚，洪遵本人更是 1142 年的南宋状元。洪遵能够写作此书，足以说明双陆在宋朝的流行已达到一定的高度。

[3] 杨荫深. 中国古代游艺研究. 上海：世界书局，1946.

但同样可惜的是，这本书在后世也随着双陆一起，在中国消失了。

几乎是同一时期，伊比利亚半岛的卡斯蒂利亚王国（Kingdom of Castile[①]）有位以博学著称的国王"智者"阿方索十世（Alfonso X the Wise），也写了一本游戏研究著作《游戏之书》（*Libro de los juegos*，即 *Book of Games*，见图 2-16）[②]。这本完成于 1283 年的书成了古代西方游戏史上最重要的著作之一。

图 2-16   《游戏之书》象棋谜题与双陆变体游戏

本书分为象棋与"桌面游戏"（主要是使用骰子的桌面游戏）两个部分，堪称最早的游戏分类学实践。在象棋部分，他研究了上百个国际象棋谜题、定式和若干个象棋变体规则。而在桌面游戏部分，他像洪遵一样，也介绍了双陆和欧洲、中东双陆的变体规则[③]。

洪遵与阿方索十世，两人的生活年代整整相差一百年，而且分别生活在欧亚大陆的最东端与最西端，不可能知晓对方的存在，但他们一位是中国状元、一位是欧洲国王，却在那个游戏只是由中东

---

①　卡斯蒂利亚王国是现代西班牙王国的前身，西班牙语为 Reino de Castilla。

②　又译《对弈集》，古西班牙语正式名称是 Libro de axedrez，dados e tablas，即"象棋、骰子和桌面游戏之书"。

③　Sonja Musser Golladay. Los Libros de Acedrex Dados E Tablas：Historical，Artistic and Metaphysical Dimensions of Alfonso X's Book of Games. University of Arizona，2007.

向亚欧大陆各地单向扩散传播的时代，以极为相似的方式，针对同样的游戏作品，进行了同样的研究。从文化史角度来说，在缺少文明间的文化交流的中古时代，能够以不同的语言，不同的写作方式，针对相同的文化载体，做出同样的研究，这不得不说是人类游戏史和文化史的奇迹。

三、中国游戏研究的核心——围棋研究

围棋在中国文化中拥有琴、棋、书、画"四艺"之一的崇高地位，所以自秦汉以来，中国便有着大量的围棋研究著作。相传最早的围棋专著《围棋势》成书于西晋年间，拥有 29 卷的规模。而现存最古老的围棋专著是《敦煌碁经》，成书于北周年间，现存七篇半，实际上是一本更大规模的《碁经》的

图 2-17 成恩元所著《敦煌碁经笺证》

序文，主要介绍了围棋行棋的规律和方法①（见图 2-17）。

北宋时，大学士张拟著有《棋经十三篇》，分为论局、得算、权舆、合战、虚实、自知、审局、度情、斜正、洞微、名数、品格、杂说等十三篇，将围棋理论研究提升到了一个新的高度。其中

---

① 陈祖源．《敦煌棋经》：世界上最古老的棋著//中国棋文化峰会文集．广州：广州出版社，2011．

涉及围棋战略战术的篇章，至今还影响着我国围棋界。

清朝前期，我国围棋研究又达到了一个高峰，出现了徐星友的《兼山堂弈谱》和施襄夏的《弈理指归》等作品。此外，自唐代诞生以来一直独立发展的西藏围棋，也出现了名为《密芒吉单居》（即《藏棋之理论》）的理论研究著作。可惜的是，清中后期围棋在中国逐渐式微，人才凋零，围棋研究一度依靠日本、韩国的努力才得以延续。

文艺复兴以后，游戏研究在西方达到了一个高峰，并且与其他领域的文化研究一样，具有鲜明的现代性。

第三节 近现代的游戏

本节介绍的是从公元 19 世纪到 20 世纪中期（电子游戏出现之前）的游戏历史。

游戏，在西方社会经历过文艺复兴、启蒙运动两次思想解放之后，开始朝着规范化、系统化的方向发展，各类游戏作品在精密程度和复杂性上有了较大的提高。游戏开始进入第二个大发展时代。

这一历史阶段，人类社会生产力的发展、生活水平的提高，尤其是工业社会中城市人口密集、闲暇时间平均分配的特质，使得游戏终于从贵族走向平民，玩家数量大幅增长，专业的游戏比赛大量出现，有些还具有世界级的影响力。大量以游戏为生的职业游戏玩家、选手也随之开始涌现。竞技和游戏，正是在这个时代开始变得密不可分。

这一历史阶段，现代桌面游戏（tabletop game）开始产生并兴起，它从规则和理念上奠定了电子游戏诞生和发展的基础。

这一历史阶段，很多游戏作品，如即时制的足球、篮球，回合制的《地产大亨》（Monopoly)[①] 等，开始世界性流行，并成为当代人类文化的重要一环。

这一历史阶段，全面、系统的游戏研究开始大量出现。而尤其需要关注的是，与古代学者倾向于否定游戏不同，主流学术领域对游戏的评价也开始正面化、客观化。

了解这个承前启后的时代，可以从一个这一历史阶段诞生的，对后世具有重大影响的经典游戏开始。

一、《地产大亨》——现代桌面游戏的先驱者

桌面游戏（简称为桌游）在广义上，是一切以桌子或类似平面作为游戏载体，拥有实体道具且不使用电力，具有一定程度策略性的游戏作品的总称[②]。

桌面游戏大体上有棋盘游戏（board game）、卡牌游戏（card game）、骨牌游戏（tile-based game）、使用骰子的其他游戏（dice game）、线下角色扮演游戏（role-playing game）、沙盘战争模拟游戏（miniature wargaming）等各种形式。本章之前介绍的从乌尔王族局戏、塞尼特到围棋、双陆各类游戏作品，都属于桌面游戏。

由于人类社会生产力的发展，生活水平的提高，游戏玩家和对游戏感兴趣的人不断增多；工业社会城市人口密集、闲暇时间平均分配的特质，又使得人们对策略性适中、娱乐性较强的游戏的需求

---

① 这里采用内地官方译名，但香港译名"大富翁"更加广为人知。

② 定义参考了笔者认为最简洁严谨的美国桌游玩家校际联合会（Collegiate Association of Table Top Gamers，CATTG）的定义加以修改和完善。参考网址：http://www.cattg.org/about/.

更为迫切。同时，这一时期工业水平的提高，使得游戏道具的复杂度和精细度有了较大的提升，但成本却降低了。这些都非常有利于桌面游戏的普及。

一个划时代的游戏——《地产大亨》，便在此时应运而生。

1.《地主游戏》——别出心裁的经济学教具

《地产大亨》最早的非正式雏形可以追溯至19世纪中后期。而它的第一个拥有正式专利的游戏原型是1904年的《地主游戏》（The Landlord's Game，见图2-18)[①]，由女经济学家伊丽莎白·玛吉（Elizabeth Magie)[②] 设计，设计目的是阐释左翼经济学家亨利·乔治（Henry George）的学说[③]。

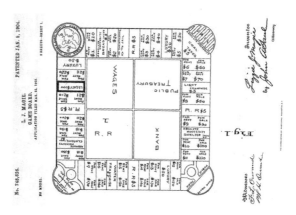

图 2-18　《地主游戏》棋盘设计图

---

① 美国专利编号 U. S. Patent 748，626。

② 全名为 Elizabeth "Lizzie" J. Phillips née Magie（1866—1948），游戏设计师和经济学家，绰号 "Lizzie" 更加广为人知，可见于多种文献。

③ 即"乔治主义"——每个人拥有他们所创造的东西，但是所有由自然而来的东西，尤其是土地，都属于全人类共有。地租上涨不创造社会的总财富，只是一种财富分配的手段，使得那些房地产所有者获得暴利，而这些钱原本是应该属于整个社会的。《地主游戏》的设计正是为了说明这一点。

《地主游戏》继承了双陆等传统掷赛游戏最常用的带有起点/终点的矩形棋盘和双骰子行棋规则，但创造性地不再以"到达终点"作为胜利条件，而是借助带有"地产格"的棋盘和多种游戏道具（模拟钞票、房子等），构建了一个模拟房地产交易的经济系统。玩家走到空地产格，投资购买地产，而走到他人所有的地产格，要支付地租，地租会随着时间的推移不断上涨，加剧了地产投资的成本，反复循环直至有玩家资金归零，破产退出游戏。但是，《地主游戏》本身只是玛吉的教具，规则没有强调娱乐性，加上并未加以广泛商业化，所以并不流行。

2.《地产大亨》

1935 年，在美国经济陷入低谷的大萧条时期，继承《地主游戏》设计理念的《地产大亨》，终于横空出世（见图 2-19）。玩具业巨头孩之宝公司（Hasbro，Inc.）改进了《地主游戏》的规则和道具体系，用"Monopoly"[①] 的新名称，大张旗鼓地推向市场。在信贷体系崩溃、失业率暴增的大萧条时代，一个带着"垄断"这样一个人们最痛恨的名字的游戏，

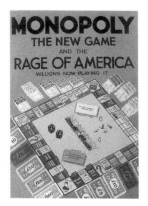

图 2-19 1936 年《地产大亨》美国标准版示意图

无疑是极为吸引眼球的。值得一提的是，改进《地主游戏》使其成为《地产大亨》的设计师查尔斯·达罗（Charles Darrow），就是一

---

① 即"垄断"之意，为《地产大亨》的英文原名。

位在大萧条中失业的工程师。

《地产大亨》在大萧条和之后的第二次世界大战时期，在西方国家广泛流行。究其原因，是因为比起《地主游戏》，《地产大亨》在规则的精密程度、合理性和娱乐性方面有了很大的提升。作为现代桌面游戏中最著名、影响力最大的游戏，它不仅很好地继承了古典桌面游戏的规则传统，还深刻影响了之后电子游戏的发展。在规则和玩法设计方面，它强调数值策划的作用，注重娱乐性与策略性的平衡，并通过制造随机事件来为游戏过程增加不确定性的设计思想，具有鲜明的现代性，为后世的电子游戏设计树立了榜样。

《地产大亨》诞生已有 80 余年，被翻译成 37 国文字的版本，在 103 个国家发售并流行至今，使得它催生了最早的现代游戏文化。比如在美国，"四座房子一个旅馆"（Four houses one hotel）的童谣家喻户晓。而今天流行的世界版《地产大亨》的每一个地产格的代表城市，是在 2008 年经过数百万人参加的全球投票选拔才决出的①。可见《地产大亨》对游戏文化的发展和"游戏"这一事物的社会地位提升，是有很大促进的。

二、近现代的游戏研究——游戏研究领域的思想解放

19—20 世纪是游戏大发展的时代，这种大发展，除了生产力、生产方式发展的原因外，也与主流学界对游戏评价正面化、客观化

---

① 资料来自在中国发售的《地产大亨现代电子银行：世界版》包装盒。原文为："自 2008 年 1 月 23 日开始，全球数百万《地产大亨》迷们即开始了一场争夺国土的荣誉之战。如今，在脱颖而出的 22 座城市中，加拿大的蒙特利尔获得选票最多，将被放置在游戏道路上土地价值最高的板块之上，而中国台北也在国人们的力挽狂澜下，在世界版图上争得一席之地。我们希望所有地产大亨的玩家们可以通过他们自己的投票，来设计这次的世界版图，然后在这个版图上，尽情享受游戏所带来的乐趣。"

有关。

　　游戏研究领域的思想解放，是从启蒙运动时期的德国著名诗人、哲学家席勒（Johann Christoph Friedrich von Schiller，见图 2 - 20）写于 1795 年的《美育书简》（*On the Aesthetic Education of Man in a Series of Letters*）开始的。席勒在这本书里说："人类在生活中要受到精神与物质的双重束缚，在这些束缚中就失去了理想和自由。于是人们利用剩余的精神创造一个自由的世界，它就是游戏。这种创造活动，产生于人类的本能。"①

图 2 - 20　弗里德里希·席勒（1759－1805）和他的签名

　　席勒眼中的游戏世界是超然于现实的，是符合人类的文化理想的，是美好而自由的，并且最重要的是，它是人类本能所必需的。

① 席勒 . 美育书简 . 北京：社会科学文献出版社，2016.

席勒从人类本性层面出发，对游戏高度认可。这标志着人类社会从此真正开始正视游戏，解放游戏。

19世纪末，精神分析理论的开山鼻祖、著名心理学家弗洛伊德（Sigmund Freud，见图2-21）在《超越唯乐原则》（*Beyond the Pleasure Principle*）里，提出了"游戏的对立面不是工作和劳动，而是现实世界……所以，游戏是通过虚拟的想象，来满足现实世界的欲望"[①]的观点，打破了"游戏与劳动对立，是无意义的消耗"这个曾经广泛流行于东方和西方的错误观念。并且，他将游戏研究引入心理学领域，使得游戏从那时至今一直是心理学研究的重要课题。借助心理学的东风，"游戏对人的影响"这个研究领域，在当代被研究得较为透彻。

图2-21　弗洛伊德（1856—1939）

荷兰著名历史学家约翰·赫伊津哈（见图2-22）在1938年所

① 弗洛伊德. 弗洛伊德后期著作选. 上海：上海译文出版社，1986.

写的《游戏的人》，是西方现代游戏研究的重要著作。它讨论了在文化和社会中游戏所起的重要作用。作者认为，游戏是文化的本质，它对现代文明有着重要的价值。他旗帜鲜明地断言："文明在游戏中诞

图 2 - 22   约翰·赫伊津哈（1872—1945）

生，并且以游戏的面目出现。"第一次从人类文明史的角度，肯定了游戏对人类文明的决定性影响。他还进一步肯定和发展了席勒的观点："人只有在游戏中才最自由、最本真、最具有创造力，游戏是一个阳光灿烂的世界。"[1] 影响了后世非常多的研究者。

另外，分析心理学创始人卡尔·古斯塔夫·荣格（Carl Gustav Jung，见图 2 - 23）对游戏娱乐性的成因分析也值得一提。他认为游戏给人带来快乐的过程是"动力、压力和压力的释放"。这是非常经典的论断，代表着游戏心理学这一研究领域的发展水平。

从 19 世纪到 20 世纪中叶，无数热爱游戏、推崇游戏的研究者，

图 2 - 23   荣格（1875—1961）

前赴后继地研究游戏，论述游戏。经过一百多年的努力，他们终于

---

① 约翰·赫伊津哈. 游戏的人. 何道宽，译，广州：花城出版社，2007.

使游戏在历史上的地位和在人们心中的地位牢不可破，从而从社会文化上，为下一个"全民游戏"的时代的到来铺平了道路。

第四节　电子游戏的产生与发展

20世纪中期，第三次科技革命爆发，电子计算机技术开始发展并逐渐成熟，游戏也随之有了大的变化。借助电子计算机技术存在和运行的游戏形式开始出现，我们称之为"电子游戏"。

电子游戏是游戏史上最重要的游戏形式。首先在游戏的规则上，电子游戏借助计算机的运算处理能力，加快游戏的运行速度和交互速度，使得从前必须借助人手和道具进行的冗长游戏过程，可以由计算机快速完成。因此，更加丰富的游戏玩法、复杂的系统和精密的数值体系，都可以在电子游戏中存在。千变万化的游戏规则和玩法，开始出现[①]。

其次，在游戏的形式上，电子游戏借助计算机的空间处理能力，让游戏可以在虚拟空间中存在，使得游戏的运行方式不再受地球重力和现实空间影响。因此，游戏可以在自由的空间中，以更自由的方式存在和运行。无论是像纸一样的二维世界，还是外太空一般的失重空间，都可以在电子游戏中出现。

最后，在游戏的样态上，电子游戏借助计算机的图形处理能力和崭新的显示技术，让游戏拥有更加强大的动态表现力，直接从感官上带给玩家前所未有的震撼体验。

---

① 例如《龙与地下城》一类的传统角色扮演类游戏，在使用桌游道具和角色书时，整个游戏过程需要数十天甚至更久，而借助电脑玩的话，只需要几小时就能完成。电子游戏的出现，使得很多原本没有实现可能的复杂的游戏创意能够成为现实。

电子游戏使游戏有了质的飞跃，使游戏进入了第三次大发展时期。游戏正是从电子游戏时代开始，具有了全方位的吸引力。游戏玩家的数量规模，呈几何级数上升。这一时期，游戏终于成为人类最重要的艺术形式之一。

一、早期的电子游戏——实验室里的先驱者

1. 最早的电子游戏

人类历史上的第一个电子游戏，是一项美国的专利技术——"阴极射线管娱乐装置"（cathode ray tube amusement device）。该专利由小托马斯·T. 金史密斯（Thomas T. Goldsmith Jr.）与艾斯托·雷·曼（Estle Ray Mann）于 1947 年 1 月 25 日申请并于 1948 年 12 月 14 日发布。该设计描述用了八根真空管以模拟导弹对目标发射，包括使用许多旋钮以调整导弹航线与速度。因为当时电脑图形无法以电子化显示，小型目标被画在单层透明版上，然后覆盖在 CRT 显示器上。然而，该游戏出现得太早，只能以实验性作品的形态存在，运行在当时庞大的电子管计算机（见图 2-24）上，没有任何普及的可能。但它的名字，是值得我们永远铭记的。

图 2-24 1940 年代庞大的电子管计算机

被誉为计算机科学之父的阿兰·图灵（Alan Mathison Turing），以及编程语言最早的设计者克里斯托弗·斯特雷奇（Christopher Strachey），都曾经在 1950 年之前，编写过象棋程序；亚历山大·S. 道格拉斯（Alexander S. Douglas）也在 1952 年制作了具备图形显示的井字棋游戏《OXO》（见图 2-25）。他们三人都为古典游戏的电子游戏化做出了自己的贡献。

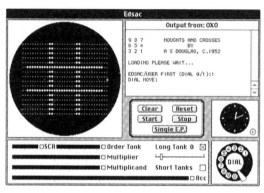

图 2-25　《OXO》在模拟器上的运行（左上角为游戏点阵画面）

2.《双人网球》——第一个真正意义上的电子游戏

第一个从游戏规则到游戏运行上都算得上是真正意义的电子游戏，到 1958 年才出现。这就是《双人网球》（Tennis for Two），该游戏由纽约布鲁克海文国家实验室（Brookhaven National Laboratory，BNL）的物理学家威廉·辛吉布森（William Higinbotham）设计及制作（见图 2-26）。游戏展现了一个网球场的侧视图，两名玩家分处屏幕左右两端，把球击向对方。这是第一个使用完全图形显示和第一个具有与主机相分离的两个游戏控制器以及相应的对战功能的电子游戏。在某种程度上，它定义了电子游戏的基本形态，后世的电子游戏，尤其是家用机游戏，至今还在沿袭这一模式。

图 2-26 《双人网球》2007 年展览版

3.《宇宙战争!》——第一个走出实验室的电子游戏

1961 年，麻省理工学院（Massachusetts Institute of Technology）的学生史蒂夫·罗素（Steve Russell）等人，在学院的 DEC PDP-1 计算机上，开发了一个名叫《宇宙战争!》（Spacewar!）的对战游戏（见图 2-27）。在这个游戏里，两名玩家需要各自控制一架可发射导弹的太空飞行器争取击毁对方，而画面中央则有个给飞行器带来巨大危险的黑洞。该游戏最终在新型 DEC 电脑上发布，并曾经在早期的互联网上发售。《宇宙战争!》同样制作了专用的游戏控制器，并且更接近后来的控制器样式，它被认为是第一个在科学界之外具有一定影响力的电子游戏。

图 2-27 《宇宙战争!》

　　早期电子游戏虽然几乎只存在于实验室中而不为人所知，然而，它们依旧在电子游戏的技术理论、设计、制作乃至商业化等很多领域，为电子游戏最早的商业化形态——街机游戏（arcade game）的诞生奠定了基础。

二、街机游戏——商业电子游戏崭露头角

1. 街机游戏的诞生——诺兰·布什内尔与雅达利

　　1971 年，美国计算机工程师诺兰·布什内尔（Nolan Kay Bushnell）在《宇宙战争!》的基础上，设计了一个叫作《电脑空间》（Computer Space）的游戏（见图 2-28）。它的规则和玩法与《宇宙战争!》大同小异。两个玩家各自控制自己的宇宙飞船用导弹攻击对方的宇宙飞船，但具有引力的场所由屏幕中央的黑洞

图 2-28　《电脑空间》

变成了移动的星体。然后，他把一台预装好《电脑空间》的电脑，装上外壳和可以投币控制的开关，放在了一家提供弹珠游戏的酒吧里。这就是世界上第一台商用投币式电子游戏机，也就是我们所说的街机。

　　诺兰坚信电子游戏绝不仅仅属于计算机技术的领域，它也一定具有巨大的商业价值。基于这个想法，诺兰进行了更大的投入，1972 年 7 月 26 日，他与同事泰迪·达布尼（Ted Dabney）在加州

的森尼韦尔创建了人类历史上第一个电子游戏公司——雅达利（Atari，Inc.，见图 2 - 29）。"Atari"一词，来自日语中的围棋术语"当たり"（叫吃）[①]。

图 2 - 29　雅达利的商标

在雅达利正式成立一个月之后的 1972 年 8 月，诺兰聘请的计算机工程师艾伦·奥尔康（Allan Alcorn）就开发完成了《乓》（Pong）。《乓》的玩法非常简单：两名玩家控制两条线（模拟击球板），将画面中的白点（模拟球）击打到对方一侧，如对方无法挡回，便得 1 分，首先得到 11 分的玩家获胜。随后，诺兰带领雅达利员工把它制作成了街机，放在当地一个叫安迪·卡培的酒吧（Andy Capp's Tavern）里。如图 2 - 30 所示，这台街机所有的控制器，只有两个旋钮。《乓》里面击球板的移动，是通过旋钮控制的。可以说，这是一个在接触 3 秒之内就可以弄懂的游戏。

[①]　本节雅达利相关资料来自：Steve Fulton. The History of Atari：1971 - 1977. Gamasutra，2000.

图 2 - 30　《乓》第一版街机框体

注：藏于美国威斯康星州内维尔公立博物馆（Neville Public Museum of Brown County）。

街机摆放在酒吧的第二天，老板便打来了电话："你们用来玩的机器出故障了，一个币都投不进去！"诺兰连忙赶过去，打开机箱，他发现，所谓的投不了币是因为，他的机器里面，早就被 1 200 个 25 美分硬币塞满了！原来，这个游戏在一天之内，就征服了酒吧的客人，还让很多从来不去酒吧的人，专程来到安迪·卡培酒吧，仅仅为了一睹《乓》的芳容。

雅达利的第一个游戏《乓》，以令人不可思议的方式取得了成功。截至 1973 年，他们就收到了 2 500 台的订单，而 1974 年，这个数字更是增长到了 8 000 台，其中包括许多来自海外的订单。《乓》在出现后的几年间，是大众能玩到的唯一的电子游戏，也正是在《乓》之后，电子游戏才为人们所知，才开始拥有市场价值。

可以说，《乓》和雅达利，缔造了电子游戏产业。

但是，由于雅达利前期资金不足和申请专利的进度较慢，雅达利的市场被抄袭者占领了一大部分，《乓》的山寨版，也是电子游戏史上最早的盗版游戏。据诺兰·布什内尔本人估算，美国市场的《乓》街机，只有不到三分之一是由雅达利生产的。因为专利被他人捷足先登提前申请，雅达利无法把这一问题诉诸法律手段解决，他们只能通过进一步创新，维持自己在电子游戏市场的领先地位，这直接促成了家用游戏机（game console）的兴盛。

值得一提的是，鼎鼎大名的苹果电脑创始人史蒂夫·乔布斯（Steven Paul "Steve" Jobs）和斯蒂夫·盖瑞·沃兹尼亚克（Stephen Gary "Steve" Wozniak），都曾是雅达利公司的游戏开发工程师。1974 年，他们两人一同合作，仅用四天时间就完成了一个诺兰设计的游戏的开发，这就是后来风靡一时的《打砖块》的雏形——《突出重围》（Break Out，见图 2-31）。在这个游戏里，玩家需要控制一个圆球（囚犯）滚动撞击上方的平板（墙壁），滚动速度越快则撞击的破坏力度越大。《突出重围》还首次加入了斜角度的物体运行概念，圆球反弹到两侧的墙壁上可以造成连锁撞击效果。随着平板被逐渐消除，圆球滚动的速度也会加快，变得越来越难以掌控，而当障碍物完全清除干净后，游戏会自动切换到难度更高的下一个版面。《突出重围》是游戏史上第一个具备"关卡"（level 或 stage）系统的电子游戏，由于关卡的不断变化，简单的游戏系统就被赋予了不断变化的丰富可玩性。而且，这款游戏还是历史上非常早的拥有故事背景设定的电子游戏，这个故事背景相当离奇，主题为一个被捕入狱的囚犯试图突破警察设置的层层关卡逃出生天。

图 2 - 31　乔布斯和沃兹尼亚克开发的游戏《突出重围》框体及海报

1976 年，诺兰·布什内尔以 2 800 万美元的价格将公司卖给了华纳集团（Warner Communications）。在雅达利开始转向家用游戏开发之后，研发街机游戏的脚步开始慢了下来。这时，来自日本的街机新星升起了。

2. 旭日东升——太东和《太空侵略者》

1973 年初，曾发明了抓娃娃游戏（Crane Game），日本最大的街机游戏会社太东集团（Taito

Corporation，见图 2 - 32）[①]，与另一家

图 2 - 32　太东的商标

街机业的著名企业世嘉（现名 SEGA Games Co.，Ltd.）[②] 共同获得了《乓》的代理权。《乓》在日本同样大获成功，这时，太东的硬件工程师西角友宏在理解了《乓》的技术和创意的基础上，于 1973 年 11

---

① 日文原名"太東貿易株式会社"，1972 年改名为株式会社 TAITO（タイトー，与"太東"同音），在此采用原名作为汉语译名。创始人和社长是日本籍犹太人米哈依尔·科根（Michael Kogan）。

② 日文原名"株式会社セガ"，现名"株式会社セガゲームス"。

月，制作了太东第一个，也是日本第一个电子游戏《足球》（Soccer），这个游戏一度由代理商出口到美国，并在美国取得了商业成功。

而后，西角友宏又在 1974 年中期，开发出了日本第一个赛车类电子游戏《高速赛车》（Speed Race），该作品还开创了使用方向盘进行控制的先河，进一步开拓了街机游戏的领域（见图 2-33）。随后，在 1975 年，他又制作了续作《高速赛车 DX》（Speed Race DX）和日后成为美国 1978 年最佳游戏的《西部枪手》（Western Gun），二者都是大获成功的名作。短短四年间，西角友宏就帮助太东成长为日本第一、世界第三的著名游戏巨头。

图 2-33　《高速赛车》框体及海报

1978 年 6 月，一个足以改变游戏史的游戏作品《太空侵略者》（Space Invaders），经西角友宏之手横空出世。游戏利用 8080 街机基板的动态表现力和当时最先进的开发技术，描绘了人类抵抗军消灭外星侵略者的场景。

在这个游戏中，外星人以纵 5 横 11 的方式矩形列阵，组成庞大的侵略军团，从屏幕上方缓慢向下方玩家的基地进军，不时还会发射炮弹攻击。而玩家控制的人类飞船，要借助四个堡垒作为掩护，躲避外星人的攻击，并找机会还击，把外星人军团全部消灭，以进入下一个关卡。这是电子游戏中第一次出现能够主动攻击玩家的敌人。这样的崭新玩法和动态表现是前所未见的，再加上当时"科幻热"的东风，该游戏一炮而红。该作在游戏系统上的创新还包括每币三条命的生命系统，可破坏的掩体系统等。

随后，在1979年，西角友宏又制作了《太空侵略者第二版》（Space Invaders Part Ⅱ），添加了对电子游戏具有里程碑意义的积分和排行榜系统（见图2-34）。《太空侵略者第二版》以24小时为一个循环，每天自动排列出游戏积分的排行榜，并且可以记录玩家的姓名，大大激发了玩家的竞争意识。

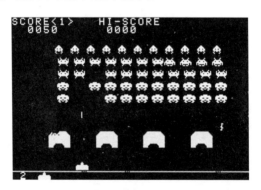

图2-34　《太空侵略者第二版》的游戏画面

《太空侵略者第二版》采用桌面型迷你街机框体的设计，使之得以迅速进入遍布日本街头巷尾的咖啡屋和家庭餐厅，由此完全激活了电子游戏消费市场。1979年9月，《太空侵略者》系列达到了空前的鼎盛时期，警视厅的调查报告显示，该时期日本全国的电子游戏市场街机保有规模约28万台，其中《太空侵略者》系列产品就占据23万台，完全呈现空前绝后的市场独占景象。1979年，TAITO的年营业额达到了762亿日元，比前一年增长了600%，其营业收入约 91％来自《太空侵略者》系列产品，该社一举成为全球最大的街机游戏发行商（同年度日本第二大街机厂商世嘉的营业收入仅 103 亿日元）。而北美游戏发行商 MIDWAY 于 1979 年末独家代理了《太空侵略者》在北美地区的发行权，推出仅一个月，累计营业收入即达到了 850 万美元，创造了美国街机游戏框体月平均收入 1 700 美元的最高纪录。MIDWAY 于是全力追加生产，最终《太空侵略者》在北美累计发售了 7.3 万块基板。敏锐的诺兰·布什内尔也把它移植到了雅达利刚刚发售的主机雅达利 2600 上，获得了 500 万套的惊人销量，拓展了家用游戏机的市场[①]。

3. 南梦宫和吃豆人

在《太空侵略者》之后，街机游戏的黄金时代（golden age of arcade video games）开始，街机游戏市场被完全打开，大量的优秀作品如雨后春笋般层出不穷。南梦宫（NAMCO LIMITED，见图 2 - 35）[②]的《吃豆人》（Pac-Man），便是其中的代表。

namco

图 2 - 35　南梦宫的商标

1979 年的一天，南梦宫的游戏设计师岩谷彻在吃比萨的时候，看到了自己桌面上缺了一角的比萨饼，他灵机一动，于是创造了一个嘴一张一合的"大脑袋"形象。这就是吃豆人的原型。随后，他为吃豆人设计了在一个屏幕大的迷宫地图内一边来回走动吞咽丸子，一边躲避幽灵攻击的游戏玩法——而在吃到大丸子的时候，可

---

① 徐继刚. 太东风云录（上）//游戏·人：卷 32. 西宁：青海人民出版社，2009.
② 日文原名为"株式会社ナムコ"。

以变身反咬幽灵，这也被视作游戏史上第一个角色升级系统。鉴于太东和世嘉在街机游戏业的领先地位很难动摇，而当时的电子游戏玩家 90％以上都是男性玩家，岩谷彻便别出心裁地想要拓展女性玩家市场，从而赢得先机，于是他便把吃豆人和游戏中的幽灵设计成 Q 版的可爱形象，配上了黄、红、粉、蓝、橙多种鲜艳的色彩（这在从前的电子游戏中是很少见的），连加分道具都变成了水果和蛋糕（见图 2 - 36）。

图 2 - 36　《吃豆人》街机框体和游戏画面

1980 年 5 月 22 日，南梦宫把制作完成的《吃豆人》推向了市场。他们始料未及的是，《吃豆人》比《太空侵略者》获得了更为巨大的成功。在发售后的七年间，《吃豆人》街机版取得了 293 822 枚正版框体的销售业绩，获得了吉尼斯认证的"最为成功的街机游戏机"的世界纪录[①]。《吃豆人》进一步推动了街机黄金时代的发展，刺激了更多企业和人才进入电子游戏领域。此外，它还标志着

---

① クレイグ・グレンディ编. ギネス世界记录 2006. ポプラ社，2005.

电子游戏的创作重心开始从美国向日本转移。

不过，《吃豆人》对电子游戏更为重要的功绩是，它获得了文化领域的全球影响力，真正缔造了电子游戏文化。1982 年 9 月，美国汉娜-巴伯拉动画（Hanna-Barbera Productions，Inc.）制作了以吃豆人为主角的动画作品《吃豆人秀》（The Pac-man Show），在美国大获成功，拷贝销售量超过 100 万套，并获得了哥伦比亚唱片公司（Columbia Records）颁发的金唱片奖（Golden Disk）。这是历史上第一个大获成功的由游戏改编的文艺作品，它的成功，推动了更多游戏作品开始改编创作，使电子游戏文化得以发展壮大。吃豆人也成为第一个拥有广泛影响力的游戏角色。

4. 走向王者之路——任天堂和《大金刚》

在电子游戏史上，还有另一款街机游戏不得不提，它就是 1981 年任天堂（见图 2-37）发售的人类历史上最著名的游戏设计师宫本茂的作品《大金刚》（Donkey Kong，见图 2-28）。

图 2-37　任天堂的商标

在这个游戏里，玩家需要扮演一位水管工跳跳人（Jumpman），跳过场景里不断滚来的水桶，躲过火焰、锤子等等障碍物，爬上一层层梯子，从大猩猩"大金刚"的手里，拯救跳跳人的女友宝琳（Pauline）。玩法简单有趣，具有里程碑意义的是，这是游戏史上第一个可以进行跳跃动作的游戏。

图 2 - 38　《大金刚》街机框体和游戏画面

　　《大金刚》上市之后，取得了不错的业绩，但是，《大金刚》的影响力之深远，并不是因为游戏本身。

　　《大金刚》是任天堂第一个成功的电子游戏作品，该作的成功，让任天堂这家拥有百余年历史的日本传统玩具公司，坚定了在电子游戏领域持续发展的决心，而任天堂在电子游戏产业上的巨大投入和不断创新，推动了电子游戏领域的几次重大变革，加速了电子游戏领域的发展步伐。

　　《大金刚》是天才设计师宫本茂的第一个原创作品。它的一炮而红，不仅提升了宫本茂本人的创作信心和热情，还使得保守的任天堂愿意给他的团队提供更多的资源和协助，让他的很多超前和惊人的创意，得以贯彻和实施。这让他最终成为世界级的伟大设计师，此后缔造了一个又一个划时代的游戏作品。

　　《大金刚》是人类历史上最伟大的游戏角色的诞生地。一个在几年之后席卷全世界，深刻影响了整个游戏领域的游戏角色，就诞生在这个游戏里。我们将在下文中进行阐述。

　　街机游戏作为电子游戏的第一个成熟形态，具有里程碑式的意义，在 1980 年代前期，街机游戏达到了鼎盛，专业的街机厅遍布世界的各个角落，在社会生活的公共领域中，人们已经习惯了游戏的存在。而下一阶段，随着技术的进步、游戏设备成本的降低，游戏就必然从公共领域进入私人领域，从街机厅走向家庭，更加深入地影响每个人的生活。

三、家用机游戏——电子游戏的中流砥柱

从 1980 年代中叶到 2011 年前后将近 30 年的时间里，家用机游戏在电子游戏领域一直居统治地位，它的玩家人数最多，游戏作品阵容最丰富，市场规模最庞大；而划时代的重要游戏作品，在家用机上也出现得最多。可见，家用游戏机是电子游戏最重要的平台。家用游戏机的产生和发展，在电子游戏发展史上具有重要的意义。

1. 第一世代家用游戏机

人类历史上的第一个家用游戏机是美国电子厂商米罗华（Magnavox）于 1972 年 5 月公布、8 月发售的奥德赛（Odyssey，见图 2-39），它与雅达利的《乓》街机版几乎是同一时刻出现的。值得一提的是，诺兰·布什内尔正是玩了奥德赛发布会上的网球游戏，才开发出了《乓》①。

图 2-39 奥德赛机身、游戏卡带及控制器

---

① David Winter. Pong Story：Magnavox Odyssey. Pongstory. com，2012-04-27.

　　奥德赛发售的时候，个人电脑（personal computer，PC）还未出现，将完整的计算机缩减至小型家用电器的体积，使其可以连接电视机使用，还要保证成本在一般家庭可接受的范围内，几乎是无法实现的。所以，奥德赛没有搭载中央处理器（CPU），机器结构只保留了最低限度的游戏性能——只可以在电视上显示两到三个由玩家控制移动的白色光点。没有图形、没有文字、没有声音。就连光点的移动，还是通过一个只能控制水平方向的旋钮和另一个只能控制垂直方向的旋钮，以一种非常脱离常识的方式控制的。

　　那么，游戏该如何进行呢？奥德赛的发明者拉尔夫·亨利·贝尔（Ralph Henry Baer）别出心裁地设计了彩色的塑胶贴纸贴在屏幕上，作为游戏的"画面"，由玩家控制光点在其上移动，从而进行各种游戏。因为游戏不能显示文字，游戏的文字部分被印在了卡牌上，而数字和分数部分使用骰子、筹码、玩具钞票等常用的桌游道具表示。图2-40中的儿童游戏《西蒙说》（Simon Says），就是一个由一位玩家翻动印有人体、动物各种部位的纸牌，另一位玩家将光点移动到纸牌所指部位的游戏，得分是使用塑料筹码记录的。

图2-40　奥德赛游戏《西蒙说》的"画面"和奥德赛的配套游戏道具

　　奥德赛没有中央处理器，只能显示黑白画面，并且不具备技术意义上的更换游戏功能，这些都是第一世代家用游戏机（first-generation video game consoles）的特征。

奥德赛上的游戏非常原始、简陋，奥德赛主机也只发售了33万部，未能大规模流行。然而，作为电子游戏的先驱者之一，它第一次把电子游戏带入了家庭，带到了人们的客厅，把"电子游戏可以在家里玩"的理念，深深根植在人们心中。

在奥德赛发售三年之后，雅达利推出了家用版《乓》（Home Pong），这是一款只能运行《乓》的家用游戏机（见图2-41）。虽然只能玩一款游戏，但是它做到了完美复制《乓》的游戏体验。家用版《乓》和奥德赛一样，属于第一世代家用游戏机。

图2-41　家用版《乓》

家用版《乓》取得了一定成功，但早期的游戏市场非常混乱，抄袭、仿制处于无人监管的状态，几年内，家用版《乓》的山寨品就超过了一百种。而更令人瞠目结舌的是，《乓》类家用游戏机的专利竟然被一家叫作Coleco的厂商获得，仅他们卖出的山寨《乓》

游戏机就超过 100 万台①。相比之下，雅达利的正版游戏机只在最开始的 1975 年圣诞商战卖出了 15 万台，之后的发售量并不多。所以诺兰·布什内尔决定向公司新东家华纳寻求资金支持，创造全新的具有划时代意义的游戏机，从而彻底把抄袭者甩在后面。

2. 雅达利的巅峰——雅达利 2600

1970 年代中期，诺兰从硅谷招募了一批有才能的工程师，以"Stella"为代号，开发了一款带有完整的 8 位 CPU，具备更换游戏卡带功能，可以连接彩色电视、显示彩色画面的游戏机。这款游戏机经历了研发经费短缺和华纳接管雅达利等一系列事件，终于于1977 年 12 月 11 日正式在北美发售，这就是具有划时代意义的雅达利 2600（Atari 2600②）。

图 2－42 这张 1981 年的海报，就生动地介绍了雅达利 2600 的种种特性：多种多样的游戏卡带，带有摇杆的分离式游戏控制器，像街机游戏一样的彩色画面和音效。更重要的是，雅达利借由雅达利 2600 的游戏卡带系统，打破了游戏与机身绑定——买游戏就是买游戏机——的定律，开创了游戏主机和游戏软件分开销售的商业模式，从而拉开了第二世代家用游戏机（second-generation video game consoles）的序幕。

游戏软件独立销售的商业模式，使得希望制作游戏的厂商和开发者不再需要背负高昂的游戏机研发费用和极高的市场风险，可以依托雅达利 2600 这个成熟的、大众化的平台进行游戏发行，这一点大大降低了游戏行业的准入门槛。对于电子游戏产业，这是一次

---

① Herman，Leonard. Phoenix：the fall & rise of videogames 2nd ed. Rolenta Press，1997.

② 在 1982 年之前叫作 Atari VCS（Video Computer System）。

图 2 - 42　1981 年的雅达利 2600 海报，展示了移植版《吃豆人》的画面

生产力的解放。很快，历史上第一个第三方游戏软件厂商——动视
（Activision Publishing，Inc.）便在 1979 年成立了，随后，大量的
游戏软件厂商开始出现，游戏作品也层出不穷（见图 2 - 43）。而对
于玩家来说，雅达利一家公司的游戏本就无法满足需求，这样一
来，有了更多的游戏选择，玩家的消费欲望就会不断增加。在两方
面的共同作用下，电子游戏的市场规模迅速扩大了。

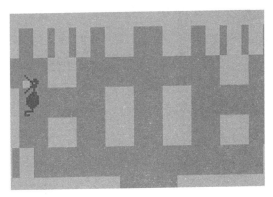

图 2 - 43　历史上第一个冒险类电子游戏
《冒险》（Adventure）的游戏画面（雅达利 2600）

雅达利 2600 一经推出，整个美国为之倾倒。仅 1981 年，雅达利 2600 的销售额，就突破了 10 亿美元，1982 年更是接近 30 亿美元。而它整个生命周期的全球总销量，突破了 3 000 万台①。这是电子游戏历史上第一次创造了千万级别的游戏机销量。在游戏软件方面，全球各地共有 2 687 个游戏作品在这个平台上发售。在 1980 年代前期，雅达利在整个电子游戏产业都处于支配性的绝对领先地位。

但雅达利的成功背后，也孕育着危险的阴影。雅达利 2600 平台前期主要依靠移植市场上比较受欢迎的街机游戏维持游戏阵容，而后期为鼓励游戏制作，带动平台盈利，雅达利允许众多游戏厂商随意开发游戏，随意登录雅达利 2600 平台，并不加以审核或限制。在雅达利的纵容之下，美国游戏厂商普遍重开发数量不重质量，"花 100 万做个好游戏可以赚 200 万，花 100 个 1 万做 100 个差游戏，当中也会有 1 个赚 200 万的"，在这种错误理念的导向下，当时雅达利游戏的质量每况愈下，最终也影响到了雅达利自身。

1982 年，雅达利的母公司华纳看中了刚刚上映、大获成功的斯皮尔伯格电影作品——《E. T.》，希望可以将这一经典电影改编成游戏，以此抵御大批劣质游戏对市场的侵蚀。但 1982 年 7 月双方达成协议时，电影的版权方环球影业为华纳开出了非常苛刻的条件，要求雅达利在 1982 年圣诞节前发售游戏。这意味着雅达利要在 9 月之前完成游戏的开发，开发时间只有一个半月，是雅达利 2600 游戏平均开发时间的 20%。雅达利的资深游戏设计师霍华德·斯科特·沃肖（Howard Scott Warshaw）成功地完成了开发

---

① A Brief History of Game Console Warfare. Business Week，2008（1）.

任务，但是游戏的品质非常糟糕。《E. T.》拥有异常简陋的美工、与原作相背离的故事设定、令人难以忍受的音效，而在游戏核心玩法方面的问题更加严重——无论怎么操作，玩家绝大部分的游戏时间都要重复掉进一个洞的过程，这使得这个游戏根本无法正常通关（见图 2 - 44）。

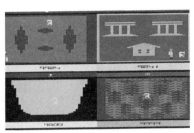

图 2 - 44 《E. T.》糟糕的游戏画面（雅达利 2600）

在《E. T.》之前，消费者原本认为，第三方开发商开发的游戏总体质量比较差，但那些老牌厂商，尤其是雅达利自己制作的游戏是有质量保障的。但《E. T.》彻底摧毁了美国人对电视游戏的信心。随后的三年间，游戏产业迎来了史无前例的大萧条。整个北美游戏市场的规模从 1982 年的 30 亿美元锐减到 1985 年的不到 1 亿美元，数十家游戏公司倒闭或退出游戏市场①。这次几乎使得电子游戏产业在北美消失的事件，史称雅达利休克（Atari shock）②。雅达利这家曾经统治游戏业的巨头，也从此一蹶不振，基本退出了历史舞台。

3. FC 时代——任天堂的十年霸业

雅达利休克，证明了日渐走向成熟的电子游戏玩家群体和电子游戏市场对低品质游戏的抛弃。游戏市场需要走向规范化，游戏作

---

① Toy Trends. Orange Coast，1988（12）：88.
② 另一个更加精准的表述是"1983 年电子游戏崩溃事件"（The video game crash of 1983）。

品也需要朝高品质方向迈进，一场行业自律运动，势在必行。游戏业呼唤着可以引领变局的新领导者，这时，任天堂站了出来。

任天堂在电子游戏领域起步较晚，依靠《大金刚》取得初步成功时，已经是 1981 年，这时雅达利 2600、Intellivision① 等游戏机已发售多年，并且取得了骄人业绩，而任天堂在家用游戏机市场上只有不可更换游戏的第一世代家用游戏机 COLOR TVGAME，此时已经非常落后。因此，对游戏业前景满怀信心的任天堂总裁山内溥（1927－2013）决定开发一款先进的家用游戏机，并定下了野心十足的三大开发目标：（1）售价在 10 000 日元以下（最终没有完成）；（2）在三年内没有竞争对手；（3）可以直接运行《大金刚》。

在合作硬件厂商理光（Ricoh Company，Ltd.）和它旗下大量热爱游戏的年轻工程师的支持下，一款拥有 8 位 CPU 和专用图像处理器（PPU）的游戏机，很快开发完成了。这就是著名的 FC（Family Computer，或简称 FamiCom②，见图 2-45）。1983 年 7 月15 日发售的 FC 不仅拥有当时最佳的家用游戏机性能和最便宜的价格（14 800 日元），还拥有划时代的游戏控制器设计——位于手柄左侧的十字方向键③，这一设计以后几乎为所有的家用游戏机所沿用。FC 也因此成为第三世代家用游戏机（third-generation video game consoles）中最重要的机种。而 FC 的成功，不仅是因为它的性能和售价，更是因为它的游戏作品。

---

① Intellivision 是 Mattel 在 1979 年发售的家用游戏机。开发从 1978 年开始，比主要竞争对手雅达利 2600 晚不到一年。主机销量突破 300 万套，有 125 款游戏发行。

② 在华人圈俗称"红白机"，因日本版 FC 机身的红白配色而得名。欧美版本名为 Nintendo Entertainment System（NES），机身为灰黑配色。

③ 由时任任天堂第一开发部部长的著名玩具设计师横井军平（1941－1997）设计。十字方向键的原型诞生于任天堂的便携游戏机 Game & Watch。

图 2 - 45　任天堂 Family Computer 第一版主机（型号 HVC-001）

FC 发售后的 1984 年，山内溥启用宫本茂作为新成立的任天堂游戏开发部门——第四开发部的负责人。在第四开发部，宫本茂同时启动了两个 FC 专用游戏开发项目，亲自担任制作人，并负责了绝大部分的玩法设计工作。这两部游戏，都是改变了整个游戏领域的划时代作品。

还记得《大金刚》的主角跳跳人吗？他在 1983 年的街机游戏《马里奥兄弟》（Mario Bros.）里，正式改名为马里奥（Mario），走向了成为游戏明星的第一步。而 1985 年 9 月 13 日发售的《超级马里奥兄弟》（Super Mario Bros.）①，更是让他成了一个传奇（见图 2 - 46）。

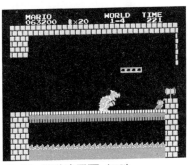

图 2 - 46　《超级马里奥兄弟》的游戏画面（FC）

---

①　日文原名为《スーパーマリオブラザーズ》，中文官方名称为《超级马力欧兄弟》，俗称"超级玛丽"。

  《超级马里奥兄弟》讲述了住在蘑菇王国（Mushroom King-dom）的水管工马里奥和他的双胞胎弟弟路易吉（Luigi）从带有龟壳的巨大恐龙库巴（Bowser）[1] 手里拯救被绑架的蘑菇王国碧琪公主（Princess Peach）的故事。游戏把阿尔法电子（Alpha Denshi Corporation）在 1981 年的街机游戏《跳跳虫》（Jump Bug）中首创的卷轴平台（scrolling platform）玩法[2]进一步发扬光大，融合了跳跃、踩踏攻击、角色变身、多重组合关卡、道具收集、隐藏奖励、位置传送、迷宫、水下场景、Boss 战等多种系统创新，加上精准的动作设计，使得该作成为完成度极高的集大成作品。

  绝大多数第一次接触《超级马里奥兄弟》的玩家，都可以在 30 秒之内，迅速懂得游戏的玩法，并且了解到游戏的核心乐趣所在。而想要达到比较高的水平，完成该作全部的 32 个关卡，没有数百小时的游戏时间积累是无法做到的。"易于上手、难以精通"的关卡设计理念，使得该作的耐玩度得到了极大提高，最终成了长盛不衰的优秀作品。该作最终达到了惊人的 4 024 万套全球销量[3]，保持最畅销电子游戏的世界纪录长达 24 年之久，直到 2009 年才被任天堂的另一个作品《Wii Sports》打破。

  《超级马里奥兄弟》是电子游戏的象征，直至今日依旧影响着整个游戏领域。而马里奥也成了电子游戏界最耀眼的明星角色，是优秀游戏的代名词，绝大多数以马里奥为主角的游戏，都拥有出色的品质，市场也给予了马里奥系列游戏（见图 2 - 47）高度认可

---

  [1] 日文名为クッパ，音 Kuppa，故在华语圈一般译作库巴。

  [2] 在 2D 水平面上使用各种方式令游戏角色穿过障碍、到达终点的游戏方式。画面会随着角色的移动而平移。

  [3] 2004 年统计数据，未计算 Game Boy Advance 版和 Wii 系列平台的 Virtual Console 版的销量。

——截至 2015 年，该系列共有超过 5.28 亿套的全球销量，是世界上最受欢迎的游戏系列[①]。

图 2 - 47　马里奥系列游戏角色全家福

宫本茂在 FC 平台的另一个游戏项目，是 1986 年 2 月 21 日发售的历史上第一个动作角色扮演游戏（action role-playing game，ARPG）《塞尔达传说》（The Legend of Zelda）。

游戏讲述了主人公林克（Link）在海拉尔大陆（land of Hyrule）收集 8 个碎片，获得三角力量（The Triforce），从魔王伽农（Ganon）的手里拯救塞尔达公主（Princess Zelda）的故事（见图 2 - 48）。与《超级马里奥兄弟》的线性叙事结构相反，《塞尔达传说》第一次展示了开放的游戏世界。玩家可以在整个海拉尔大陆探索、冒险，解决各类谜题，收集道具和武器，根据自己寻找到的线索来推动故事发展，完成游戏任务。此外，《塞尔达传说》还首创了地图即时战斗和语音控制系统，还是家用游戏机上第一个可以保存游戏记录的游戏，所有这些创新，在 1980 年代都是非常超前的。

---

① List of best-selling video game franchises，en. wikipedia. org，数据截至 2016 年 3月 27 日。

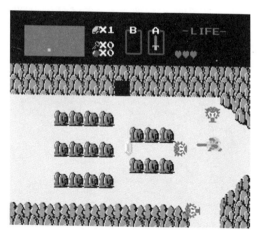

图 2 - 48 　《塞尔达传说》的游戏画面（FC）

　　作为角色扮演类游戏的标杆作品，《塞尔达传说》系列游戏（见图 2 - 49）共发售了 7 557 万套。而《塞尔达传说》对游戏史也具有重要的意义，它重新定义了角色扮演类游戏（RPG）的形态，对后世的一系列著名 RPG 作品的设计，都具有指导性的作用，在《塞尔达传说》之后，ARPG 成为主流的 RPG 形态，如《王国之心》（Kingdom Hearts）系列、《暗黑破坏神》（Diablo）系列等，都是著名的游戏作品。

图 2 - 49 　《塞尔达传说》系列游戏角色全家福

FC 是史上最成功的，也是市场寿命最长的游戏主机，它在 2003 年 7 月诞生 20 周年之际，才被任天堂正式宣布停产。20 年间，FC 的全球销量已突破 4 910 万部[①]，如果再加上其他未经授权的山寨产品，其数量则不止于此。至今世界各地（甚至日本自己）仍然在制造 FC 的各种兼容机。

FC 的成功是主机自身的优秀品质、强大的游戏阵容、相对优越的外部竞争环境等多方面因素共同作用的结果。但在此期间，任天堂创立的第三方厂商授权制度也功不可没，而任天堂对于整个游戏产业的贡献正在于此。主要的政策内容可以归纳为以下几条：

（1）FC 的加盟游戏厂商需要向任天堂上缴高额的"平台授权费"；

（2）每家加盟厂商每年发售的游戏数量有限制，且游戏内容需要经任天堂审核通过才允许发售；

（3）游戏卡带的制造和销售都由任天堂官方全权代理。

仔细分析后可以发现，任天堂对游戏设计、制造、发行的整个流程，都进行了精细化的监督和管理。这套制度最大限度地排除了浑水摸鱼的小型厂商和粗制滥造的游戏作品的出现，对游戏品质的提升有着非常明显的作用。对雅达利休克之后的玩家而言，高品质的 FC 游戏，无疑是重新提振信心的良药。在《超级马里奥兄弟》和《塞尔达传说》在北美发售后的 1988 年，北美电子游戏市场的规模，也迅速回升到了 23 亿美元[②]，此后的每一年，都保持着稳步增长的态势，从未再次衰退过。这套教科书般的授权制度，也迅速成了几乎每家游戏机厂商都会借鉴和奉行的准则。

---

① 前田寻之. 家用游戏机简史. 周自恒，译. 北京：人民邮电出版社，2015.
② Toy Trends. Orange Coast，1988（12）：88.

4. 世嘉 MD 与刺猬索尼克——差异化竞争的成功典范

世嘉公司（见图 2-50）在 1988 年 10 月 29 日推出了游戏主机 MD（Mega Drive①，见图 2-51）。MD 搭载了两块 CPU 和专用的 PCM 声音处理系统，堪称 80 年代末 90 年代初性能最好的家用游戏机。它的出现，也标志着家用游戏机全面进入第四世代（fourth-generation video game consoles）②。

图 2-50　世嘉的商标

图 2-51　Mega Drive 日本版

MD 上市之初，就有清晰的战略布局——重点经营海外市场，尤其是北美、欧洲等地区。因此，他们决定创造一个可以和马里奥分庭抗礼的游戏角色和相应的游戏系列，角色特征要反映出 MD 的性能——快速！世嘉的年轻设计师中裕司开始了角色的塑造，很快他就设计出了刺猬索尼克（Sonic the Hedgehog）。长相酷帅、性格鲜明的索尼克形象在 1991 年年初的各大游戏展上一经发布，便引起了轰动。世嘉趁热打铁，于 1991 年 6 月 23 日发售了《刺猬索尼克》（Sonic the Hedgehog，见图 2-52）。

索尼克依旧沿用了横向卷轴平台的游戏模式，但内核截然不同，它突出的是"高速冲刺"的理念，玩家要控制索尼克不停加

---

① 欧美版本名为 Sega Genesis。

② 最早的第四世代家用游戏机应该是由 Hudson Soft 与 NEC 两家日本公司联手开发的 PC Engine（简称 PCE），在欧美叫作 TurboGrafx-16，同样搭载了 16 位 CPU，但整体性能不如 MD。该机种于 1987 年 10 月 30 日发售。

图 2 - 52　《刺猬索尼克》的游戏画面（MD）

速，并且要尽可能长时间保持高速冲刺不被打断。而且，它的游戏关卡平均长度是《超级马里奥兄弟》系列的 4～5 倍，关卡有多条路线可供选择，还拥有独具特色的过山车道路和加速道路等，玩家可以按照自己擅长的方式选择合理的路线跑完关卡。《刺猬索尼克》不仅把卷轴平台玩法推向了新的层次，还成为日后非常流行的跑酷游戏（parkour game）的开山鼻祖。

　　《刺猬索尼克》系列游戏（见图 2 - 53）活跃于家用游戏机、街机、掌上游戏机、个人电脑、手机等多个平台，堪称覆盖面最广的游戏系列。截至 2016 年，该系列游戏共售出了 1.4 亿套以上，在史上最受欢迎的游戏系列排行榜上名列第八位。

图 2 - 53　《刺猬索尼克》系列游戏角色全家福

但是，索尼克更加重要的贡献是在游戏文化方面。仅在北美地区，索尼克系列就拥有 6 部改编动画，其中《刺猬索尼克历险记》（*Adventures of Sonic the Hedgehog*，*AOSTH*）是美国动画史上的知名作品，曾在中国发行。此外还有一部改编电影和大量的漫画作品、音乐专辑发售。可以说，索尼克的影响力是没有国界的，它的流行，让游戏文化朝着主流文化的方向前进了一大步。

任天堂为应对 MD 的冲击，于 1990 年 11 月 21 日推出了 16 位游戏机 SFC（Super Family Computer 或 Super Famicom）[1]，特色是在游戏控制器中首创了肩部按键（L/R 键），在日本和亚洲市场成功延续了 FC 的成功，维持了竞争优势（见图 2 - 54）。最终全球销量为 4 910 万台。SFC 平台有《超级马里奥世界》（Super Mario World）等知名作品。

图 2 - 54　SFC 日本版及带有肩部按键的控制器

在第四世代游戏机统治市场的 80 年代末 90 年代初，市场上同时存在着超过十种家用游戏机，是名副其实的混战时代。而在此期间，在技术上领先的街机游戏领域率先开始了从 2D 游戏到 3D 游

———————

①　在欧美地区称作 Super Nintendo Entertainment System（SNES）。

戏的技术革新，1993 年前后，大量 3D 街机游戏作品如《VR 战士》《山脊赛车》等，受到了玩家的青睐。家用机领域，也呼唤着新的游戏形态的出现。但此时，曾经引领市场的 SFC 与 MD，显得技术落后，几乎无法完美移植任何主流街机作品，而作为既得利益者的任天堂与世嘉，推动技术变革的决心也并不大。

5. 三足鼎立的家用游戏机第五世代

革新的重任，历史性地落在了一家本与游戏无缘的家电厂商肩上。它，就是索尼（Sony Corporation）。

1992 年，原计划与任天堂合作生产 CD-ROM 版 SFC 新主机的索尼，突然得到了任天堂单方面撕毁合作协议的消息。这时，索尼为任天堂开发的 CD-ROM 游戏机 PlayStation 已经基本完成，如果此时退出，将会面临巨额损失，于是索尼游戏事业部的负责人久多良木健便决心独立进军游戏产业，与抛弃自己的任天堂决一高下。随后，以游戏机业务为主营业务的索尼电子娱乐（Sony Computer Entertainment Inc.，SCE）宣告成立（见图 2-55）。

1994 年 12 月 3 日，SCE 正式发布了自己的第一台游戏主机——PlayStation（简称 PS，见图 2-56）。PS 搭载了美国 LSI 生产的 32 位 CPU R-3000A，此外还拥有独立的图形处理器（GPU）CXD8514，带有 1MB 显存，运算能力为每秒 150 万多边形（polygons），具有 24 位色彩取样深度，可以显示 16.7 百万色。SCE 还为 PS 打造了全新研发的游戏控制器 DualShock，它带有独特的震动功能和双摇杆，为 3D 游戏中最流行的冒险、射击类游戏的控制铺平了道路。这是第一部真正拥有比较成熟的 3D 处理能力的家用游戏机，它的出现，标志着家用游戏机全面进入了第五世代（fifth-generation video game consoles）。

图 2 - 55　索尼电子娱乐的商标　　　　图 2 - 56　PlayStation

PS 是史上最成功的家用游戏机之一，全球销量突破了 1.249 亿台。这跟 PS 优秀的性能、便宜的价格息息相关。然而，SCE 的商业模式也功不可没。与任天堂依靠授权费把软件研发的门槛拔高——"只限大厂"——相反，由于 SCE 第一方游戏研发实力较薄弱，PS 平台采取了比较宽松的授权制度和审查制度，这使得大量希望打造精品的中小厂商有机会一显身手。PS 平台的软件阵容，拥有压倒性的优势，据统计，全球范围内，PS 平台的游戏作品在 11 000 种以上，这个纪录直到今天，都没再被任何一个游戏机平台打破过。

PS 平台百花齐放、名作辈出，最有代表性的、最具划时代意义的游戏作品，非 1997 年的《最终幻想 7》（Final Fantasy Ⅶ）莫属。

《最终幻想 7》融汇了当时最先进的 3D 即时渲染和 CG 技术，向玩家展现了一个高度文明和科技化的宏大星球（见图 2 - 57）。所有的故事，都发生在这个星球之上。游戏讲述了主角克劳德·斯特莱夫（Cloud Strife）、蒂法·洛克哈特（Tifa Lockhart）等人，对抗疯狂采集星球能源"魔晄"并制造怪物的邪恶企业"神罗公司"的故事。

图 2 - 57 《最终幻想 7》的游戏画面（PS）

　　《最终幻想 7》划时代的精美画面、宏大的世界观架构、感人至深的故事设定、优秀的游戏系统，都使得它成为日式角色扮演游戏的代表性作品（见图 2 - 58）。该作在日本发售仅三天，就突破了 230 万套销量，并最终创下了突破 1 000 万套的全球销量。

图 2 - 58 《最终幻想 7》游戏角色全家福

　　家用游戏机第五世代强手如云，但无论是比 PS 更早发售的世嘉土星（Sega Saturn），还是性能远超 PS 的任天堂 N64（Nintendo 64），都没能阻止 PS 的全面成功。而 PS 的成功，在事实上宣告了电子游戏业任天堂垄断时代的结束。SCE 在家用游戏领域站稳了脚跟，家用游戏市场正式进入了三足鼎立的时代。

6. 第六世代家用游戏机——DC、PS2、XBOX、NGC

1998 年 11 月 27 日，急于挽回市场劣势的世嘉，发售了新主机 Dreamcast（简称 DC），揭开了家用游戏机第六世代（sixth-generation video game consoles）的序幕。DC 搭载了当时非常先进的日立 SH-4 型 CPU（主频 200 MHz）和拥有 100MHz 核心频率的 PowerVR2 系列 GPU，拥有划时代的图形处理性能。而且，DC 还是历史上第一款将调制解调器作为标准配置，可以全面支持线上游戏的家用游戏机（见图 2 - 59）。

图 2 - 59　Dreamcast

不幸的是，DC 刚刚投入市场，就由于显示芯片产能不足，遭遇了严重的货源短缺问题，并且持续了一年多的时间，这令世嘉白白浪费了在竞争中赢得先机的机会。而索尼的 PlayStation 2（简称 PS2）上市之后，仍未能充分供货的 DC 处境变得更加困难。最终，在 2001 年初，世嘉宣布永久退出家用游戏机市场，变为纯粹的游戏软件厂商。

生来便带有悲剧色彩的 DC 是历史上最短命的游戏机之一，但它却在短暂的生命中为我们留下了数十款非常优秀的游戏作品。而其中有数款在电子游戏史上甚至具有划时代的意义——如历史上第一个真正意义上的 3D 开放世界游戏（open-world game）《莎木》（Shenmue，见图 2 - 60）；第一款家用机上的 3D 大型多人在线角色扮演游戏（massively multiplayer online role-playing game，MMORPG）《梦幻之星 Online》（Phantasy Star Online）；历史上唯一一款只依靠声音进行而没有游戏画面的冒险游戏《真实声音～风的悔恨～》（リア

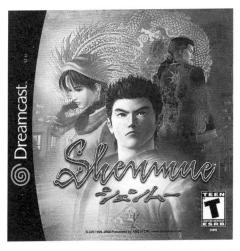

图 2-60　充满东方哲学和美学韵味的《莎木》（DC）

ルサウンド ～風のリグレット～）；重新定义了 3D 平台游戏玩法，完成了自身进化的《索尼克冒险》（Sonic Adventure）；历史上第一次将连续空间理念应用于回合制战斗的《樱花大战 3》（Sakura Wars 3）……在这些游戏里，我们可以感受到设计者的非凡创意，这些 DC 平台的经典游戏作品，是每一个希望成为游戏设计师的人值得铭记的。

　　索尼的第六世代游戏机是发售于 2000 年 3 月 4 日的 PlayStation 2（简称 PS2），销量突破 1.5 亿台，再次缔造了 PlayStation 神话（见图 2-61）。PS2 沿袭了 PS 强化游戏阵容的商业思路，为扩大游戏阵容，移植很多 PC、街机和其他家用机的游戏，这让 PS2 在商业上取得了很大成功。PS2 平台上销量最高的作品是移植自 PC 的《侠盗猎车手：圣安地列斯》（Grand Theft Auto：San Andreas）、赛车游戏名作《GT 赛车 4》（Gran Turismo 4）和最终幻想系列续作《最终幻想 12》（Final Fantasy Ⅶ）等（见图 2-62）。

图 2 - 61　PlayStation 2（SCPH-30000 系列 &SCPH-70000 系列）

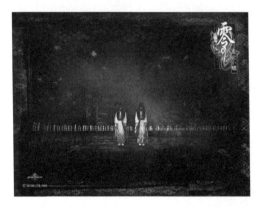

图 2 - 62　日式恐怖游戏的集大成之作《零·红蝶》（Fatal Frame Ⅱ）（PS2）

2001 年 11 月 15 日，微软
（Microsoft Corporation）在美国发
售了他们的第一台家用游戏机
XBOX（见图 2 - 63）。搭载了英
特尔（Intel Corporation）奔腾 3
（Pentium Ⅲ）系列 CPU 的 XBOX，配置堪比一台当时的主流 PC，在

图 2 - 63　XBOX

第六代家用游戏机中拥有压倒性的最强性能。XBOX 最终销售了
2 400万套，使得微软取代世嘉，成功跻身主流游戏主机厂商队伍。

XBOX 平台的代表游戏是外星人入侵题材的第一人称射击游戏《光环》（Halo）系列（见图 2 - 64）。

图 2 - 64　堪比当时顶级 PC 画面表现力的《光环 2》的游戏画面

7. 家用游戏机第七世代——体感游戏的主场

2005 年 11 月 22 日，微软发售了 XBOX 系列的第二款主机——XBOX 360，正式将家用游戏机带入第七世代（seventh-generation video game consoles）。而 2006 年的 11 月 11 日，索尼也发售了性能极为强大的第七世代游戏机 PlayStation 3（简称 PS3），这是历史上第一台使用蓝光光盘（Blu-ray Disc）作为存储媒介的游戏机（见图 2 - 65）。

图 2 - 65　PlayStation 3（第一版和 Slim 版）

任天堂的第五世代游戏机 N64 和第六世代游戏机 NGC（Nintendo GameCube）都未在市场上取得成功，因此他们在第七世代研发了一款代号为"革命"（Revolution）的家用游戏机，意在为家用游戏机领域带来一场革命。随后，任天堂宣布该台主机的正式名称为 Wii，2006 年 11 月 19 日，Wii 正式投放市场（见图 2-66）。

图 2-66　Wii 和它的体感控制器 Wii Remote

Wii 的特殊之处，是它没有像竞争对手那样专注于提升主机性能，而是如同它的研发代号一样，通过革新游戏的操作方式，创造"动作感应游戏"的新玩法，拓展游戏的深度和广度，从而在竞争中获得优势。而动作感应游戏的开山之作，是《Wii Sports》。《Wii Sports》包含了五种运动模拟游戏——网球、棒球、保龄球、高尔夫球和拳击。玩家要使用 Wii Remote 做出与真实运动时相同的动作，例如挥动网球拍、投掷保龄球等，从而完成游戏（见图 2-67）。游戏带有多人模式，最多可供四人同乐。

图 2-67　《Wii Sports》网球项目的游戏画面（Wii）

需要说明的是，自从 FC 退出主流游戏舞台之后，全民游戏、全家游戏的时代就一去不复返，之后的游戏业越来越朝着核心向的方向发展，讨好具有消费能力的重度玩家的做法，成为业界的主流。而 Wii 和《Wii Sports》以简单却老少皆宜的画面和游戏方式，重新激活了玩家的客厅，使得父母可以和孩子们一起，在自家客厅里玩游戏，许多很少接触电子游戏的轻度游戏玩家，也加入了 Wii 的阵营，而他们的第一款 Wii 游戏，就是《Wii Sports》。这使得该作获得了极大成功，取得了不可思议的 8 272 万套全球销量[①]，是人类历史上销量最高的电子游戏。而 Wii 也取得了 1 亿零 163 万套的全球销量[②]，成为第七世代中最成功的家用游戏机。

8. 家用游戏机第八世代——谁将取得胜利?

2013 年前后，家用游戏机进入了第八世代（eighth-generation video game consoles）。第八世代的家用游戏机——索尼的 PlayStation 4（见图 2 - 68）、任天堂的 Wii U、微软的 XBOX one，至今仍活跃在游戏市场上。

图 2 - 68　PlayStation 4 和它带有体感与触摸控制功能的控制器 DualShock 4

---

① 数据截至 2015 年 9 月 30 日。
② 数据截至 2015 年 12 月 31 日。

四、PC 与移动端游戏——从非主流到主流

1. 早期的 PC 游戏

《宇宙战争！》时期的计算机，大部分的设计需求都是"在实验室中使用"，其售价昂贵，硬件的更新换代非常迅速，因此计算机领域并没有形成一个统一而稳定的平台。也正是出于这种原因，专门为游戏设计的街机和家用机在很长的一段时间里都占据着游戏发展的主流地位，并成功书写了游戏发展最辉煌的一段时期。而计算机平台上的游戏在那段时期里就略微显得暗淡无光。1970 年代，随着苹果（Apple Inc.）和国际商业机器公司（International Business Machines Corporation，IBM）崛起，个人电脑（PC）在民众中的占有率逐渐提升，PC 平台也诞生了一些对后世产生重要影响的游戏。同时，在游戏类型的探索上，PC 平台也起到了不可忽视的作用。

1981 年，《巫术》（Wizardry）问世（见图 2 - 69）。它是由 Sir-Tech 开发的电子角色扮演游戏系列，首部《巫术》游戏对《勇者斗恶龙》（Dragon Quest）和《最终幻想》等早期游戏机角色扮演游戏产生了深远影响。系列首作制于 Apple Ⅱ平台（见图 2 - 70），之后又移植于多个平台。最后一部官方游戏是由原开发商 Sir-Tech 制作的《巫术 8》，于 2001 年在 Microsoft Windows 平台独占发行。Sir-Tech 的《巫术》的特殊意义在于它是第一个有着成熟角色扮演系统的大型电脑游戏。它和《魔法门》（Might and Magic）系列、《创世纪》（Ultima）系列并称为 PC 平台上的三大 RPG。在游戏性上，《巫术》也有许多创新之处：它是第一个使用了指令式团队战斗的游戏，这个系统后来被《最终幻想》发扬光大；另外，它也是

图 2 - 69　《巫术》

图 2 - 70　Apple Ⅱ 型计算机

第一个开创了进阶职业和转职的游戏。

　　《巫术》上市一年时间，就取得了 24 000 份的销量，这对比当时的 Apple Ⅱ 拥有量来说是一个很好的成绩，主流媒体对它的评价也非常高，*Next Generation*[①] 杂志在 1996 年将其收录进史上最伟

────────────

　　① 　*Next Generation*：游戏产业杂志，1995－2002。

大的 60 个游戏之中。

1989 年，历史上另一个具有重要意义的游戏《模拟城市》（SimCity）发布了，这是一款城市建造类型的游戏，是 Maxis 公司①发行的第一个产品（见图 2-71）。游戏最初在 DOS 平台上运行，之后又陆续推出了 Mac、Windows 与超级任天堂等平台上的版本。

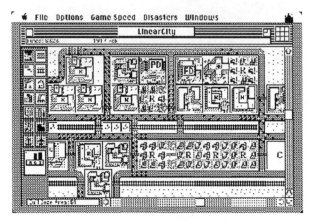

图 2-71　《模拟城市》

《模拟城市》的成功与其出色的玩法密不可分，这在当时开创出了一种完全不同的游戏类型。这款游戏的主要内容，就是在一个固定范围的土地上，由玩家担任市长一职，满足城市内所有市民的日常生活所需，自由规划心目中的理想城市，并慢慢看着城市随着时间而发展。《模拟城市》中没有结局，也没有特定的游戏路线要遵循，有的只是玩家无限的创意及挑战性。同时，其使用鼠标的操作方式，也让当时普遍使用手柄的家用机难以实现这一玩法。

———————————

① 该公司因为《模拟城市》系列的成功，成为历史上最大的模拟游戏制作公司，于 1997 年被美国艺电（Electronic Arts）以 1.25 亿美元收购，后者也是当前《模拟城市》系列的版权所有者以及发行商。

2. 1990 年代的 PC 游戏

（1）1990：第一人称射击游戏的崛起

1990 年，世界迎来了计算机技术的黄金发展时期，IBM 个人电脑为整个软件业带来了前所未有的机遇。

受聘于软件公司 Softdisk 的卡马克（John D. Carmack Ⅱ）开创了第一人称射击（first person shooter）这一游戏类型。依托于当时的计算机硬件技术的高速发展——大容量硬盘和内存、高分辨率显示器、高速运算的 CPU 和 3D 加速卡等等，他与另一个游戏软件天才约翰. 罗梅洛（John Romero）共同开发出了全球首款 3D 射击游戏《德军总部 3D》（wolfeniten 3D），这款 3D 游戏采用了他独创的 3D 游戏引擎（见图 2 - 72）。紧接着，他又开发出了《毁灭公爵》（Doom）和《雷神之锤》（Quake）两款 3D 游戏。一时间，所有的电脑用户都争相购买这些游戏，人们甚至为了能玩上 3D 游戏而去购买昂贵的 PC。不到一年的时间，仅《毁灭公爵》一款游戏就售出了几百万张拷贝，带来了上亿美元的商业利润。

图 2 - 72　《德军总部 3D》

（2）1991：席德梅尔和他的《文明》系列

说到卡马克，就不能不提另外一位在游戏界举足轻重的人物——席德梅尔（Sid Meier）。1991 年，席德梅尔在 PC 平台发布了一款回合制策略游戏——《文明》（Civilization），游戏的目标是"建立一个伟大的帝国并经受时间的考验"（见图 2-73）。玩家需要从公元前 4000 年开始发展并扩展版图，一直发展到现代以及轻度科幻的未来。游戏内容相当多元化，包括经济、战争、贸易、政体、科技等，全方位模拟了一个国家和文明发展所要经历的历程。

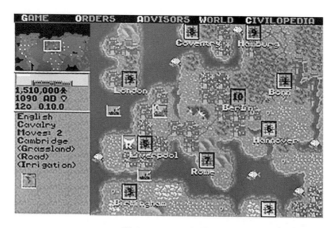

图 2-73 《文明》

席德梅尔曾承认，《文明》的某些灵感来自桌面游戏设计师弗朗西斯·特瑞瑟姆（Francis Tresham）设计的同名桌面游戏①。在设计初期，《文明》被设计为一个即时的策略游戏，但席德梅尔觉得这样与《模拟城市》的系统过于相似，于是他选择了一个预先下达指令，然后统一执行的方式进行游戏（回合制）。但很遗憾，其

① 《文明》桌面游戏于 1980 年发布，与《文明》系列的母公司有过版权纠纷。

他游戏设计者并不喜欢这个方案，因此席德梅尔在此基础之上不断地做出修改。他放弃了模拟真实的国家历史兴衰，采取了减少游戏地图的大小、降低自动化指令的数量、让玩家更具操作性等措施；同时他还尽其所能提高了 AI 的强度，甚至为此删除了某些还不成熟的 AI 系统。最终，游戏的可玩性得到了大家的认可。

但让人意外的是，游戏并没有加入多人系统，席德梅尔对多人游戏持非常保守的态度，他曾表示："如果你有朋友，那你就不需要玩电脑游戏。"[1] 这一观点和现在的游戏设计理念大相径庭。

尽管没有多人系统，《文明》依然是世上最成功的游戏之一。它被称为历史上最伟大的策略游戏，并在 1990 年代拿下了非常多的最佳游戏荣誉和满分评价。2000 年，游戏发行 10 年之后，Gamespot 将《文明》评选为七个最具影响力的游戏之一。同年，IGN[2] 将其评选为所有 PC 游戏排行榜第四名。2007 年，《文明》被《纽约时报》评选为十大经典游戏之一。《文明》在国际互联网前 100 名游戏的排行榜上长期处于前三位。游戏的最新续作为 2014 年发行的《文明：太空》。

《文明》系列的成功还为策略游戏的发展提供了方向，参与制作的许多开发者都发行了自己的游戏作品。例如《文明》合作设计师布鲁斯（Bruce Shelley）开发的《帝国时代》（Age of Empires）系列，《文明Ⅱ》首席设计师布莱恩（Brian Reynolds）开发的《国家的崛起》（Rise of Nations），《文明Ⅲ》设计师、《文明Ⅳ》首席设计师约翰逊（Soren Johnson）开发的《孢子》（Spore），等等。

---

① 原文为："If you had friends, you wouldn't need to play computer games."
② Gamespot 和 IGN 均为知名游戏媒体网站，网址分别为 www. Gamespot. Com 和 www. IGN. Com。

（3）1992：即时战略游戏的崛起——《沙丘Ⅱ》

《沙丘Ⅱ：王朝的崛起》（Dune Ⅱ：The Building of a Dynasty）是一个由 Westwood 工作室制作、维珍互动（Virgin Interactive）发行的即时战略游戏（real-time strategy game），该游戏由弗兰克·赫伯尔特（Frank Herbert）的同名小说和大卫·林奇的同名电影改编而来，于 1992 年 12 月发布（见图 2 - 74）。

图 2 - 74　《沙丘Ⅱ：王朝的崛起》

《沙丘Ⅱ》把许多游戏的特点组合在一起，开创了即时战略类型游戏的时代。比如战争迷雾、基于鼠标交互的军事管理、科技树，以及资源收集和基地建设的经济模式，都在日后成为即时战略游戏的标志。它作为模板衍生了后续的许多脍炙人口的即时战略游戏，包括《帝国时代》《星际争霸》《横扫千军》等，尤其是 Westwood 自己的《命令与征服》系列。

受到 Apple Ⅱ 电脑图形界面的启发，《沙丘Ⅱ》是第一个让鼠标成为首要操作工具的 PC 游戏，玩家可以直接点击战场上的单位并下达指令，无须去记忆复杂的快捷键和选择指令栏。这也拉开了 PC 游戏和主机游戏不同操作方式的序幕。

　　紧接着，在 1995－2000 年的五年时间里，PC 单机游戏迎来了发展的黄金时期。随着硬件水平的不断提升和 Windows 操作系统的垄断式发展，《暗黑破坏神》《辐射》《古墓丽影》《星际争霸》《半条命》等一系列影响深远的作品接连上市（见图 2-75）。PC 端游戏的市场份额和销售收入也终于有了和家用机分庭抗礼的资本。

图 2-75 《暗黑破坏神》

　　（4）1995：中国游戏市场的启蒙者——《仙剑奇侠传》

　　《仙剑奇侠传》是由中国台湾大宇资讯开发，并于 1995 年 7 月出品的角色扮演游戏（见图 2-76）。游戏之后移植于 Windows 95 平台和世嘉土星游戏机。故事以古代中国为背景，以武侠为题材。游戏一经发售就获得非常大的成功，各版本累计已售出 100 万，并屡获殊荣，令该游戏成为中文电脑游戏发展史上的里程碑。虽然《仙剑奇侠传》不是第一款中文武侠 RPG 游戏，但是它使中文武侠角色扮演游戏成为一个真正的游戏流派，开启了中国本土游戏发展的一个时代。因此，在它的影响下，一些开发商推出了许多《仙剑奇侠传》风格的中国风武侠游戏。《仙剑奇侠传》目前共有九部作品面世，根据游戏剧情所改编的电视剧也已经搬上荧幕。

图 2-76　《仙剑奇侠传》

1997 年 10 月，《仙剑奇侠传》以 "98 柔情篇" 名义在中国大陆正式发售。游戏于 1999 年 3 月 4 日还在日本世嘉土星平台上发行了主机版本。

（5）1997：《网络创世纪》——图形化网游的里程碑

1995 年，第一届 E3 大会（The Electronic Entertainment Expo）召开，游戏行业开始进入一个快速发展的时代，越来越多的专业游戏开发商和发行商涌现出来，而正是在此时，大型多人在线游戏（MMOG）的概念浮出水面，游戏不再依托于光盘和一台主机而存在，而是直接接入互联网，在全球范围内形成了一个大型的市场。

相比较传统的单机游戏而言，网络游戏在当时有三个明显的特点：网络游戏出现了长期游戏的概念，玩家所扮演的角色可以成年累月地在同一世界内不断发展，而不像单机游戏那样，以完成剧情或者通关为游戏目标；游戏可以跨终端运行，只要玩家拥有电脑和调制解调器，且硬件兼容，就能连入当时的游戏世界之中；按游戏时长付费被接受，成为主流的计费方式。

当时的市场上也不乏颇具实力的竞争者，例如《栖息地》（Habi-
tat）、《The Realm Online》、《无冬之夜》（Neverwinter Nights）和大
名鼎鼎的 3DO 工作室所开发的《子午线 59》（Meridian 59）。但在那
个网络并不是非常发达，并且上网费用普遍居高不下的年代，网络游
戏始终是少数人的爱好。直到 1997 年 9 月 24 日，一个游戏——《网
络创世纪》（Ultima online）——改变了这一切（见图 2 - 77）。

图 2 - 77 《网络创世纪》

《网络创世纪》是世界上第一款图形大型多人在线角色扮演游
戏，它身上的光环不计其数，对后续网络游戏的发展具有里程碑式
的影响。它还拥有 8 项吉尼斯世界纪录，其中包括第一个达到 10
万在线的网络游戏和运行时间最长的网络游戏[①]。

《网络创世纪》可以让数千人同时在线互动。游戏提供一个开
放式的世界供玩家探索，包括各大城镇、森林、地下城等地区。它
的玩法和系统在现在看来也是非常先进的。例如真实时间的流逝，

---

① 截至 2016 年，《网络创世纪》已经运行了 19 年。

玩家角色会长大，会饥饿，会因为白天夜晚的改变而拥有不同的能力值。有丰富的职业分工——剑士、弓手、法师，还有生产类的裁缝、铁匠、木匠等等。职业技能的升级基于"熟练度"系统，反复使用才能提高技能的等级。游戏中的资源和道具系统也堪称经典，玩家自己建造房屋，自己生产道具。丰富的资源采集和生产系统与现代的网游相比也毫不逊色。极度开放的交互设计也允许玩家直接交易、合作，甚至是抢夺。

同时，基于自由游戏的设计理念，游戏没有在系统层面设计惩罚或是预防机制，而是通过道德约束玩家行为，游戏中提出了八大骑士美德，并以此作为玩家的行为准则。另外，还可以通过玩家选出的 GM（game master）和非玩家控制的守卫来限制玩家的恶意行为。

不过，自由的设计也为游戏带来了一些麻烦，过度的 PK（player kill）行为让游戏的环境备受诟病，最终游戏在 2000 年的资料片中加入了禁止 PK 区域。

遗憾的是，这款游戏的发行商美国艺电始终没有将它引入中国，直到 1999 年开始才陆续有爱好者以民间服务器的形式，让中国玩家体验到这款游戏。《网络创世纪》正如它的名称一样，开启了网络游戏发展的一个新的纪元。

（6）1999：另一个 MMORPG 的奠基者——《无尽的任务》

1999 年 3 月 16 日，美国索尼在线娱乐（Sony Online Entertainment）发布了《无尽的任务》（见图 2 - 78）。这是继《网络创世纪》之后，历史上第二个在商业上取得成功的网络游戏，也是第一个采用 3D 引擎制作的多人在线网络游戏。这两款游戏在很长的一段时间里确立了网络游戏的主流游戏类型——大型多人在线角色

扮演，直到近十年之后才有其他类型的网络游戏在商业上取得
成功。

图 2 - 78　《无尽的任务》的游戏画面

《无尽的任务》的设计灵感来自文字 MUD 游戏①，结合了文字
MUD 的玩法和 3D 画面的表现形式。自发布后，该游戏的口碑和
市场反馈迅速发酵，到 1999 年年底，只用了 9 个月时间，游戏的
付费人数就超过了当时如日中天的《网络创世纪》。索尼在线娱乐
的公开资料显示，至 2004 年 1 月，该游戏的付费用户已经超过了
43 万。《无尽的任务》牢牢占据用户数最多的网络游戏宝座，并保
持这一殊荣将近 10 年之久，直到 2004 年底才易主《魔兽世界》。

3. 21 世纪的 PC 游戏——网络游戏时代开启

（1）2000：中国图形化网络游戏的开端

1995 年的《仙剑奇侠传》大获成功之后，中国的单机游戏发
展丝毫不逊色于国外，《金庸群侠传》《剑侠情缘》《生死之间》等

---

①　文字 MUD 游戏中，需要以打字的形式与 NPC 交流。而 NPC 则会检索对话中
的关键字，触发对应的对话来回应玩家。

优秀作品不断涌现。只是由于国内网络条件的差异，在国外发展迅猛的大型多人在线游戏并没有在国内落地开花，一种被称为文字MUD的游戏类型却在国内网络上顽强地生长着。MUD是英语Multi-User Dungeon 的缩写，直译成中文就是多人地下城冒险游戏。由于其简写跟英语"泥巴"的拼法相同，所以被简称为泥巴。MUD是一种文字类的游戏，通过输入命令来进行动作，当然动作的展现形式也是文字叙述。国内的文字 MUD 大多数以武侠为主题，这跟我们的文化密不可分。1996 年 1 月，MUD《侠客行》①发布，这款游戏成为国内文字 MUD 的代表（见图 2 - 79）。

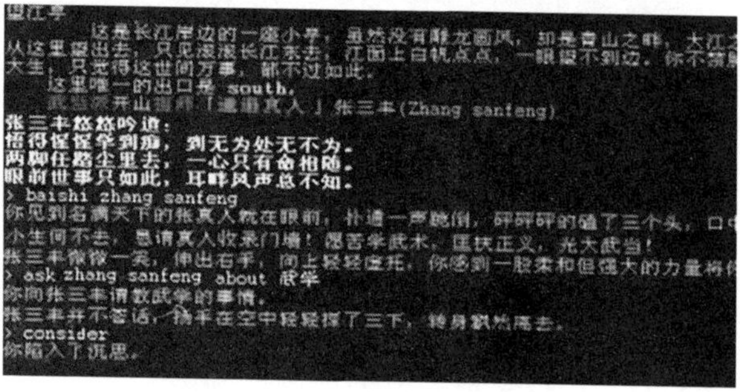

图 2 - 79　《侠客行》的游戏画面

　　文字 MUD 虽然具有一定的交互乐趣，但图形界面的缺失让其在真正的网络游戏面前并不具备竞争力。当 1999 年《网络创世纪》的民间服务器架设起来之后，文字 MUD 就渐渐退出了历史的舞台。而第一款真正意义上的中文多人在线游戏《万王之王》，于2000 年 7 月正式在中国推出，它脱胎于同名文字 MUD。开发者是台湾清华大学材料科学研究所的博士生陈光明和黄于真。凭借优秀

---

① 开发的五人团队为：方舟子、翔少爷、时空、丁、草鱼。

的游戏质量，配合特殊的历史条件，《万王之王》成为中国第一代网络游戏无可争议的王者之作（见图2-80）。

图2-80　《万王之王》

《万王之王》为网络游戏的运营模式开创了基本的雏形——玩家可以免费下载客户端，按游戏时长和运营服务付费。崭新的运营模式解决了长期困扰单机游戏产业的盗版问题，让行业振奋不已，也为游戏产业发展带来了无限的希望。

只不过，在《万王之王》开始商业化运营之初，玩家们显然对这种付费玩游戏的模式还显得十分陌生：单机游戏中花钱买光盘的观念根深蒂固，而且彼时整个在线支付行业并未发展。游戏依然要靠点卡、月卡这种物理媒介去出售游戏时长。一旦线下销售渠道出现问题，玩家在付费时就会出现极大的困难，这在很大程度上也影响了《万王之王》的推广。

如果说《万王之王》将互联网商业模式引入网络游戏行业，那么《石器时代》就是将商业化发扬光大的一款游戏（见图2-81）。2001年1月，《石器时代》进入中国，这也是第一个获得成功的国外引进网游，也是许多玩家的一个时代记忆，它开创了中国回合网游的先河，是网游发展史上的一座里程碑。但与此同时，《石器时代》也是首个将外挂带入玩家视野的网络游戏。

图 2-81 《石器时代》

外挂是指利用电脑技术针对一个或多个网络游戏，通过改变软件的部分程序制作而成的作弊程序。从网络游戏包括早期的文字MUD的诞生开始，外挂就已经出现。《石器时代》并不是第一个有外挂的网游，但外挂的形象借着《石器时代》的影响力深深地刻在了那个时代玩家的心里。使用外挂的玩家比例也越来越高。法不责众，《石器时代》甚至经历了一段"全民外挂"的时期，并在当时依然维持着相当不错的在线人数，成为代理公司的主要经济支柱。直到后来《魔力宝贝》的出现，《石器时代》的地位才逐渐被取代。

总的来说，2001 年，全球游戏产业大幅增长，基于 PC 的在线游戏也成为相对独立的一个市场。从《万王之王》开始，网络游戏商业化备受关注，而且不断有老牌的游戏厂商加入，中国网络游戏

也开始步入稳定成熟的发展期。也是在这一年，中国从韩国引进的
网络游戏数量，开始迎来一个井喷……

　　（2）2002：韩流来袭——中国网络游戏的"传奇"与"奇迹"

　　《千年》《龙族》《红月》《天堂》《决战》……这些游戏名在今
天听起来可能略显陌生，但它们都有一个共同的标签——韩国制
造。韩国是世界上知名的政府公开扶持电子游戏产业发展的国家。
在中国和欧美的网络游戏飞速发展的时期，韩国自然也没有停滞不
前。1998 年，韩国市场上发布了一款对整个游戏产业有着深远影响
的 MMORPG——《天堂》（Lineage，韩文：리니지，见图 2 - 82）。
游戏由 NCsoft 开发，1998 年 9 月开始运营。游戏结合了漫画剧情
与当时十分流行的角色扮演要素。以攻城战为主要特点，围绕这一
系统设计了许多创新性的玩法。开启了大型 PVP 类网络游戏的先
河。在很长的一段时间里，《天堂》都是韩国最为成功的网络游戏。
官方公布的游戏注册人数高达 1 000 万，是当时韩国人口总数的五
分之一。

图 2 - 82　《天堂》的游戏画面

《天堂》整个游戏最核心的玩法系统是基于攻城战展开的，由于占领城市的收益颇丰，并且一城之主象征着游戏中的最高荣耀，因此游戏中的各大"血盟"都对定期开放的攻城战有着极大的热情。而无法参与的人们也因为税率问题十分关注攻城战的结果。当时韩国的游戏媒体还定期刊登攻城战的战报。不得不说，以电子竞技闻名的韩国，确实为 MMO 带来了不一样的玩法，吸引后续的作品纷纷借鉴。

可惜的是，虽然《天堂》在韩国本土、中国台湾乃至香港都获得了巨大的成功，但它却没能在中国大陆市场获得应有的评价。真正让国人认识韩国制造的，是另一个画面并不出色，看起来也毫不起眼的游戏——《传奇》（见图 2 - 83）。

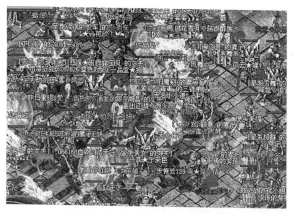

图 2 - 83 《传奇》的游戏画面

2001 年 11 月，《传奇》开始公开测试，在短短半年时间里，《传奇》的在线峰值就已经突破了 50 万，成为全世界在线人数最多的网络游戏。《传奇》在中国运营的成功也是史无前例的，盛大网络靠《传奇》起家，并于 2004 年在纳斯达克上市。直到 2015 年盛大游戏私有化退市前夕,《热血传奇》依然是盛大最主要的收入来源。这一游戏的火爆使得整个中国的网络游戏市场仿佛被点燃。

从游戏设计层面来看,《传奇》并非当时的佼佼者,传统的动作类角色扮演玩法并不新鲜。但是游戏中的物品掉落、PK、攻城、帮会和地牢内的资源争夺,无不体现了较强的社交和冲突属性。直到 2016 年,依然有大量的玩家为了夺取沙巴克城在服务器中厮杀。这也给后续的网络游戏设计提出了一个课题:网络游戏的核心,到底是人和游戏的交互,还是人和人之间的交互?

2002 年下半年,网络游戏开始 3D 化的浪潮,从文字到 2D,从 2D 到 3D,每一次视觉效果上的变革都对网络游戏的发展起了至关重要的作用。在这一年,网易代理的《精灵》作为中国的第一款3D 网络游戏进入中国,在运营初期就取得了巨大的关注度,但是游戏本身质量上的硬伤很快便显现出来,游戏漏洞百出,复制、刷钱成为公开的行为,再加上外挂的泛滥,游戏很快便走向没落。

在《精灵》迅速衰落的时间,第九城市(The9)将另一款 3D 网游带到了中国玩家面前——《奇迹 MU》,精美的画面表现让这款游戏短时间内就抓住了玩家的眼球,震撼了所有中国玩家(见图 2 - 84)。得益于 OpenGL 的 3D 技术,《奇迹 MU》中角色的服装可以任意组合搭配,并实时显示在游戏中,不同级别的服装还拥有截然不同的装备特效。即便是最初级的革衣,在升级之后也带有流光溢彩的特效,视觉效果上的满足感和成套装备带来的成就感极大满足了玩家的收集欲望。在这种斯金纳盒(skinner box)模式的奖赏设计下,玩家沉迷于打怪-升级装备-打怪-升级装备的循环不可自拔。如果说《天堂》《传奇》是以人与人之间的互动和丰富的游戏性获得了市场的认可,那么《奇迹 MU》的成功,则可谓是抓住了人性而创造的奇迹。

图 2 - 84　《奇迹 MU》

这些韩国网游在中国的成功，也间接带动了整个行业的发展。从 2001 年开始，以盛大、网易为代表的一批网络游戏公司，以《传奇》《奇迹 MU》为代表的一批网络游戏，迅速成为中国网民的网络娱乐主题，网络游戏行业成为新兴的热门行业。到 2002 年底，中国付费网络游戏用户从 2001 年的 168.1 万户增长到 401.3 万户。这个阶段中国网络游戏产业逐渐形成了完整的产业链，处于产业链上的零售者、销售渠道、代理商、媒体等，紧跟网络游戏产业的脉搏，飞速发展起来。

（3）2004：《魔兽世界》

2004 年底，经历了《网络创世纪》的缺席，《无尽的任务》和《魔剑》的失败，欧美的网络游戏大作在中国无一不折戟沉沙。所有人都认为韩国游戏会席卷一切，继续统治中国的游戏市场，直到《魔兽世界》（World of Warcraft）的出现。

这是暴雪娱乐（Blizzard Entertainment）开发的第一款大型多人在线角色扮演游戏（MMORPG），于 2004 年 11 月在北美发行。《魔兽世界》在中国于 2005 年 3 月 21 日下午开始限量测试，2005 年 4 月 26 日开始公开测试，2005 年 6 月 6 日正式商业化运营。至 2008 年底，全球的《魔兽世界》付费用户已超过 1 250 万，在全世界网络游戏市场占有率为 62%，被《吉尼斯世界纪录大全》收录。暴雪娱乐公布的数据显示，截至 2014 年，全世界创建的账号总数已超过 1 亿，人物角色达到 5 亿，共有 244 个国家和地区的人在玩《魔兽世界》。

　　《魔兽世界》无论是在游戏设计、画面表现，还是玩家口碑方面都达到了有史以来的顶峰（见图 2-85）。暴雪娱乐展现出了 MMORPG 设计的最高水平，时至今日仍无人能出其右。游戏中首创了许多非凡的设计，例如玩家阵营、无缝衔接的大地图、地下城副本、治疗-坦克-伤害输出的职业搭配、团队合作 Boss 战等等，不计其数。

图 2-85　《魔兽世界》

　　在中国的网络游戏市场上，虽然经历过若干运营事件的风波，《魔兽世界》也仍然一家独大，稳坐 MMORPG 第一的位置。有分析认为，《魔兽世界》垄断了 MMORPG 市场反而是网游类型多元化发展的一个促进因素。正是因为《魔兽世界》难以超越，才会有更多的厂商去开发其他类型的网络游戏。

（4）2005—2015：自研、免费、休闲——网游市场高速发展

2000—2005年，是中国网游市场发展最为迅速的几年，伴随市场规模的扩大，厂商收入的提高，游戏设计理念的不断发展，各式各样的问题也接踵而来。

首先是几乎所有的游戏都是国外引进代理，国内的厂商仅仅承担"运营"的角色，对游戏的设计和开发没有任何控制权。如果面对的是较为强势的开发商，代理方很容易沦为单纯的服务器维护者。同时，代理游戏面临收入的分成问题，由此而引发的官司和纠纷不在少数，《传奇》《魔兽世界》《劲舞团》都经历过法律诉讼。因此，自主研发可完全掌控的国产网游，尽量减少对韩日欧美同质化严重游戏的代理已经成了国内绝大多数厂商的共识。

其次，经历了五年的野蛮增长，网络游戏也进入了普通民众的生活，不再是什么新奇的事物。而当关注度和新鲜感褪去，游戏本身的娱乐属性也为其带来了一系列舆论上的抨击，玩物丧志、不务正业、电子海洛因等等评论此起彼伏。当时市面上大部分的网络游戏都是非常重度的角色扮演类型，需要投入大量的时间和金钱，游戏往往还包含一定的暴力因素，更是让这种情况雪上加霜。加上《魔兽世界》角色扮演类型上的垄断地位，开发创新类型，特别是休闲类的网络游戏也被提上了众多代理游戏公司的日程。

最后，自2000年网络游戏陆续登陆中国市场开始，绝大多数网络游戏都采用了按时长收费的商业模式。而2003年，韩国则出现了依靠出售游戏中的道具来盈利的新形态付费模式。其中包括跨平台的音乐游戏《DJMax》和2004年长期占据韩国网游排行榜榜

首的《洛奇》。中国有公司紧随其后，宣布旗下的网游也开始实行免费模式，到 2005 年，这种趋势越来越明显，《劲舞团》《热血江湖》这样的热门游戏也宣布免费。11 月 28 日，曾经玩家规模最大的《热血传奇》宣布永久免费。2006 年，随着中国自研产品《征途》的发布，中国市场开始全面进入免费游戏时代。

免费的一大好处就是降低了网络游戏的门槛，让新手也可以无成本地投入大量时间研究游戏，这对于游戏的推广起到了正面作用，而对游戏进一步产生兴趣的玩家，以及付费能力较强的玩家则可以选择购买道具和更多的增值服务。但另一方面，免费模式也让游戏的秩序变得更加混乱。付费玩家和非付费玩家很容易形成对立群体。游戏本身的设计上比时长收费游戏更难，更考验游戏策划的功力。急功近利，从收入至上的角度考虑而设计的付费功能破坏游戏本身平衡性的事件也频繁发生。

正是在这样错综复杂的环境下，多家以自主研发、代理运营网络游戏的公司迅速崛起，其中的代表腾讯把握住了 PC 网络游戏发展的趋势，异军突起，从一个游戏行业的门外汉一跃坐上了行业内的头把交椅[①]，于 2005—2015 年十年期间，在中国的游戏史上留下了许多具有代表性的游戏作品：《穿越火线》《QQ 飞车》《地下城与勇士》《英雄联盟》等。

虽然网络游戏在这 20 年中从非主流的类型变为占据游戏行业一席之地的主流类型，实现了飞速的发展，但任何一个行业都不可能毫无瓶颈地无限增长。只有那些顺应历史潮流的游戏，比如跨端

[①] 根据市场研究公司 Newzoo 公布的数据，全球游戏公司收入排行榜上，腾讯游戏以 17.14 亿美元跃居全球榜首，超过微软、索尼、任天堂、苹果以及 EA、动视暴雪。在中国市场内部，腾讯占有 51.43％的市场份额。

和移动端游戏，才能在网络游戏市场的变革中留存下来，迎来发展的新的高峰。

五、手机游戏——迎来新的高峰

1. 1994－2002：手机游戏发展的初期阶段

从家用机和 PC 游戏的发展史中我们能够看出，游戏的发展往往高度依赖硬件的进步，因此，随着手机渐渐成为我们身边的智能化中心，游戏也逐渐成为手机的一个不可或缺的功能。手机游戏也从手机面世初期的一个附属小功能，发展到现在月收入动辄超过 10 亿元人民币的商业产品，就像《皇室战争》（Clash Royale）。而这些年，手机游戏从小到大，从弱到强，从游戏市场的配角到核心，它是怎样一路走来的呢？

可查证的最早的手机游戏是 1994 年的《俄罗斯方块》移植版，搭载在一台由丹麦的手机厂商 HAGENUK 制造的 HAGENUK MT-2000 移动电话（见图 2－86）上，比手机巨头诺基亚早了整整三年。但这款游戏只是移植之作，且其游戏功能比起其他平台的版本有着很大缺失，如画面行数不到 20 行等。所以，它并没有受到市场的青睐，无论是当时的影响力，还是对后世而言的历史意义，都微不足道。

图 2－86　世界上首个搭载游戏的手机 HAGENUK MT-2000 及《俄罗斯方块》游戏画面

在小型手机厂商跃跃欲试的时候，当时的主要手机厂商诺基亚尚不知自己能利用手机来实现什么娱乐功能——或者换句话说，它知道，但办不到。黑白点阵屏幕的分辨率极低，处理器和操作系统的性能低下，还没有高速网络可用来推送游戏客户端；更重要的是商业模式的缺失，让这个曾经的巨人束手束脚；而手机用户对游戏的需求也仿佛一个黑洞。大家似乎对手机这个新奇设备的需求仅仅停留在打电话上，能通话已经足矣，还要什么游戏呢？但另一方面，同一时期，随着《精灵宝可梦》的盛行，任天堂的掌机已经在全球热销，这一切，诺基亚都看在眼里。

而在 1997 年，诺基亚终于下决心试水手机游戏，他们在 Nokia 6110 发布了《贪吃蛇》（Snake）——这款游戏同样移植自其他平台（原本是一款 PC 游戏）。《贪吃蛇》简单有趣的风格，吸引了大批手机用户（见图 2-87）。

图 2-87　Nokia 6110 和最早的《贪吃蛇》手游版游戏画面

在取得初步成功之后，2000 年，诺基亚又在 Nokia 3310 上推出了《贪吃蛇 2》（Snake Ⅱ），大获成功。在其后几年，这个游戏被预装在了几乎所有的诺基亚设备上。超过 3.5 亿台设备带着《贪吃蛇》走遍了世界的各个角落，这也使《贪吃蛇》系列成为世界上玩过的人最多的游戏之一。在后续的《贪吃蛇 3》（Snake Ⅲ）中，诺基亚甚至为这个游戏还开发出了蓝牙对战功能（见图 2-88）。

图 2 - 88　《贪吃蛇 2》和《贪吃蛇 3》的游戏画面

　　不过，与早期电子计算机上的《井字棋》类似，手游版《俄罗斯方块》和《贪吃蛇》只是两个移植游戏，它们并不是真正为手机这个平台量身定制的游戏作品，而只是作为手机厂商促进手机销售的一种手段。因此，它们都只是作为个案而存在，未能够使"手机游戏"作为一个游戏的重要门类登上历史舞台。

　　无独有偶，从 1997 年开始，日本的手机厂商也打起了移植游戏到手机平台的主意。这一阶段的作品代表就是《宠物蛋》（Tamagotchi）手机版。宠物蛋是万代（BANDAI）公司于 1996 年推出的著名电子玩具，开创了"电子宠物"这一特殊的便携游戏类型。而于 1997 年推出的《宠物蛋》的手游版，搭载在为其量身定制的 PHS 电话①上，具有非常好的游戏体验（见图 2 - 89）。

图 2 - 89　宠物蛋和搭载了《宠物蛋》的 PHS 移动电话

――――――――――

　　① 个人手持式电话系统（Personal Handy-phone System，PHS），某些市场称其为个人电话存取系统，在中国俗称"小灵通"。

这款《宠物蛋》手机，是史上第一款以游戏为主要功能之一的移动电话。此后，诺基亚在此基础上，把"游戏手机"的概念发扬光大，推出了 N-Gage。

在 PHS 版《宠物蛋》获得了一定成功之后，万代趁热打铁，出品了一系列《宠物蛋》的手机游戏，而彩屏手机在日本面世较早，又催生了一系列彩屏《宠物蛋》游戏（见图 2-90）。这在全球游戏市场中都是比较领先的。

图 2-90 搭载了《宠物蛋》的彩屏手机 Papipo

尤其值得注意的是，《宠物蛋》首开了为游戏作品量身定制游戏手机的先河，这对手机游戏的发展是一大贡献。

2. 2003－2008：手机游戏平台化的最早尝试——N-Gage

2003 年，诺基亚迎来了自己最为辉煌的时期，市值一度超过 2 000 亿欧元。这时，它终于有精力在移动游戏市场正式发力了。在这一年的 10 月，诺基亚推出了 N-Gage 手机，这也是历史上最著名的以游戏为核心功能的移动电话（见图 2-91）。

图 2 – 91　诺基亚 N-Gage 游戏手机

N-Gage 一代配置了当时旗舰级的 104MHz ARM 920T CPU，以及 Symbian OS6.1 智能系统。对于 N-Gage 的市场定位，诺基亚的考虑是，将其打造成一台多功能的游戏手机，本身除了具备手机的功能外，也具备 3D 游戏能力。此外，N-Gage 还有记事本、MP3、FM 广播、GPRS 无线上网等智能手机功能。至于对战功能，诺基亚也没有放过，这一点 N-Gage 做得不错，可基于蓝牙或网络支持多人对战，而非当时限制较多的红外线和线缆连接。

N-Gage 是诺基亚在手游的"史前时代"所研发的手游平台，其与后来的 App Store 的平台设定极为相似，根据技术开放接口，游戏开发商可以在 N-Gage 上开发或移植手游产品，用户可以通过免费试玩来决定是否购买，N-Gage 甚至支持用户创建社交关系、互动聊天、加入排行榜等功能。为了扶持 N-Gage 平台，诺基亚还生产了一系列以手游为核心主题的手机，最终也争取到了 EA、世嘉、Gameloft 等顶级游戏公司加入，为诺基亚提供手游产品。

尽管存在着诸如"游戏卡要拆开手机壳才能更换"等不少小问题，但 N-Gage 算是第一次把游戏功能比较完美地整合到移动通信平台领域，使手机用户也能享受到不输于掌机的移动游戏体验。得益于较为不错的机能，同期 N-Gage 不但有着和 GBA 相同的画面素质，而且还能运行较为精致的 3D 图形游戏（见图 2 - 92），这样一款设备放在当时堪称惊艳。

图 2 - 92　N-Gage《世嘉拉力》(Sega Rally) 的游戏画面

只是故事的发展并不是那么顺利，由于各种各样的原因，N-Gage 最终没能达成诺基亚的期望，即使是销量最高的时候，一年也没能突破百万台——这只相当于诺基亚鼎盛时期三天的手机产量。

而在 2009 年，诺基亚手机业务被智能机蚕食，公司出现亏损，风光不再。N-gage 也由软硬件一体化的宏大游戏体系，渐渐收缩成了诺基亚的游戏软件平台，而最终 N-gage 游戏平台也于 2011 年 1 月 1 日悄悄地停止了运营。它标志着功能手机游戏的最终谢幕，智能手机游戏的时代马上就要来临了。

3. 2008—2012 年的智能手机游戏——走向成熟之路

2008 年，苹果带着 iPhone 和 App Store，正式宣布进军手机市场。仅仅用了数天，App Store 的下载量就超过了 1 000 万次。苹果最大的功绩，就是打破了通信运营商垄断内容的时代。如果说 iPhone 和 iOS 平台有什么缺点的话，那可能就是比较高的价格了。但是，很快 Google 又恰到好处地出现，用 Android 平台填补了中低端市场的空白。

至此，一个完整的智能手机产业链初步形成，开发者、渠道、消费者被一线贯通。在支付、硬件、社交、下载、游戏体验都相对完善之后，市场和用户对手机游戏的需求终于被点燃了。从 2009 年开始，一大批优质的手机游戏，涌现在以 iOS 和 Android 为代表的智能手机平台上。

2009 年 4 月 6 日登录 App Store 的《涂鸦跳跃》（Doodle Jump，见图 2 - 93）是智能手机时代最早大范围流行的游戏作品（当时整个 App Store 上架的应用总数也只有 3 万多个①）。游戏描写了一个身背火箭，被称作"The Doodler"的四足生物，穿越各种障碍物向外太空跳跃的过程——而玩家只需通过简单的点触或倾斜操作，控制"The Doodler"的移动轨迹。

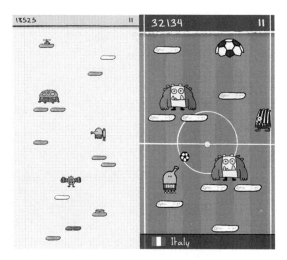

图 2 - 93　《涂鸦跳跃》的游戏画面

---

① 截至 2009 年 4 月 23 日，App Store 的应用总数为 35 000 个。见 Apple's Revolutionary App Store Downloads Top One Billion in Just Nine Months. Apple Inc.，24 April，2009.

除了传统的"向上跳跃"玩法之外，游戏在为期两年的不断更新当中，还创造了非常丰富的其他玩法，如 2010 年世界杯期间更新的足球玩法（见图 2 - 93 右侧）等。

智能手机游戏在整个 2009 年不断升温，而最大的惊喜，则无疑是在 12 月 11 日横空出世的《愤怒的小鸟》（Angry Birds，见图 2 - 94）。

图 2 - 94 《愤怒的小鸟》初版封面图和游戏画面

《愤怒的小鸟》由芬兰游戏公司 Rovio 娱乐（Rovio Entertainment Ltd.）开发，讲述了一群小鸟依靠大弹弓发射自己，消灭偷吃鸟蛋的入侵者——绿色小猪的故事。

在游戏中，玩家只需要滑动触摸屏，拖动弹弓发射器，调整发射小鸟的角度与力度，令小鸟以各种各样的抛物线准确地命中小猪即可过关。《愤怒的小鸟》的世界观、剧情与玩法高度契合，且玩法简单，又具有挑战性与研究深度，很快就俘获了诸多玩家的心，在 2010－2011 年度，成为地球上最受欢迎的电子游戏。

据不完全统计，《愤怒的小鸟》在其占领市场的两年时间里，共在 iOS、Maemo（Nokia N900）、webOS、Android、Symbian、PSP、PlayStation 3、Windows、Mac OS X、Google Chrome、Google Chrome OS、Windows Phone、Google ＋、任天堂 3DS、Facebook 等十余个平台登场，几乎覆盖了整个电子游戏玩家群。

而在 2011 年 7 月，该游戏的下载量就已经突破 3 亿次[①]，在全世界引发了一场手机游戏的狂潮。

在随后的五年时间里，Rovio 还开发了一系列《愤怒的小鸟》的续作和衍生游戏作品，共计 15 部。它们的出现，使得《愤怒的小鸟》系列形成了丰富鲜明的玩法体系。

此外，《愤怒的小鸟》标志着手机游戏独有的游戏文化开始形成，《愤怒的小鸟》的动画及电影作品也成为手机游戏文化具有代表性的衍生作品（见图 2 - 95）。

图 2 - 95　《愤怒的小鸟大电影》（the Angry Birds Movie）海报

2010 年，共有数部知名游戏作品诞生于 App Store 平台，其中最成功的游戏无疑是《水果忍者》（Fruit Ninja）。

---

① BBC News. Angry Birds maker Rovio sued over app patents，July 22，2011.

《水果忍者》由澳大利亚游戏公司 Halfbrick（Halfbrick Studios Pty Ltd.）开发，借鉴了任天堂 NDS 游戏《摸摸瓦力欧制造》（WarioWare：Touched！）的"触屏削物"小游戏玩法，加以简化和创新，创造了"滑动屏幕砍削水果"的成功玩法模式（见图 2-96）。

图 2-96　《水果忍者》的游戏画面

除经典的玩法之外，精良的动作表现和精致的画面细节也是《水果忍者》成功的关键因素。随手指而动的忍刀轨迹和爆裂四溅的果浆，使得切水果的动作在屏幕上栩栩如生，带给玩家特别的爽快感。

2011 年最值得注意的手机游戏是该年 8 月 4 日问世的《神庙逃亡》（Temple Run）。神庙逃亡由美国 Imangi Studios 开发，是最著名的手机 3D 跑酷游戏，也是智能手机平台最早的 3D 游戏之一，它的出现，标志着智能手机游戏正式进入 3D 时代。

《神庙逃亡》的玩法和规则非常简单，滑动控制始终处于屏幕下端的主人公向左右两侧移动和跳跃躲避障碍物即可（见图 2-97）。只要不按暂停键，主人公就会不停向前奔跑（偶有跳跃），而不会出现停止、行走等其他动作，直到生命值归零为止，最后，游戏是通过主人公生命值归零时的奔跑距离计算成绩的。游戏操作简单易懂，与难度循序渐进的关卡设计结合后，挑战性不断提升，可以为玩家带来绝佳的心流体验。在画面表现上，游戏的 3D 画面精美，人物的动作流畅，在早期的智能手机游戏中无疑是质量上乘之作。因此，在 2011—2012 年，该作是智能手机平台最流行的游戏之一。

图 2-97　《神庙逃亡》的游戏画面

4. 早期手机游戏的几个特点

到目前为止，我们列举了诸多成功的手机游戏。从游戏性层面对它们进行归纳分析的话，大致可以总结出以下这些共同特点：

（1）玩法借鉴自经典游戏，强调简单化、轻量化

总的来说，由于用户群的特殊性（手机游戏玩家首先是手机用户，然后才是非核心向的游戏玩家），手机游戏在设计上重视玩法的简单化、轻量化，而做到这一点最容易的方式就是借鉴和简化经典游戏的玩法——这也成为手机游戏的明显特征。比如，《愤怒的

小鸟》就几乎是照搬了 2009 年 4 月的游戏《粉碎城堡》(Crush the Castle，见图 2 - 98)。

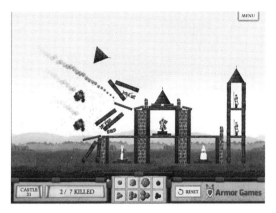

图 2 - 98　《愤怒的小鸟》的原型——《粉碎城堡》的游戏画面

这种做法使得早期手机游戏经典易学，便于吸引和扩大受众，但比起其他平台的电子游戏，也更加单调，高度重复的游戏体验让玩家没有持续游戏的动力。因此，大量手机游戏上市不久，就会因人气不足快速消失。即使是成功者，也很难通过续作等方式把游戏的血脉延续下去。

(2) 操作方式强调简单和模糊化

功能手机时代，手机的性能往往较薄弱，加之手机便携性的要求，只能采取其他游戏设备不会采用的薄膜式按键，这使得功能手机游戏的操作体验远远比不上其他游戏平台。

而智能手机游戏的操作方式以电容式触摸屏的点触和滑动为主。与从前电子游戏使用的手柄、街机控制台、键盘鼠标乃至功能手机的电阻式触摸屏等控制器相比，电容式触摸屏的最大特点是操作的精确度较弱，无法做到绝对精确。这对早期手机游戏设计具有

119

相当大的影响，不仅让手机游戏只能采用较为简单的操作方式——如《愤怒的小鸟》中玩家只需要滑动弹弓，还让许多从前流行的电子游戏种类——如格斗游戏、第一人称射击游戏等，都无法轻易移植到手机平台。

（3）游戏过程短平快，强调利用碎片时间

智能手机并非专门的游戏设备，手机游戏玩家的主要游戏场景，一般发生在日常生活的短暂闲暇时间里，如等公交地铁时、如厕时、课间、睡前等——也就是常说的碎片时间。所以，成功的手机游戏的一个核心玩法循环①，往往都只有几分钟。而如果游戏过程持续时间过长，玩家就可能不得不中断游戏——这对于手机游戏玩家的存留是致命的。

因此，早期手机游戏的游戏过程往往具有"短平快"的特点，这又使得它从整体结构到玩法设计上不得不偏向简单化的制作思路。

综上所述，与其他平台游戏相比，手机游戏在规则、玩法甚至制作上，具有简单化、快餐化的特点，而复杂的大制作、核心向游戏，要到2015年以后才在中国手游厂商的推动下逐渐出现并受到欢迎。

第五节　2012－2016 年智能手机游戏——中国手游的革新贡献

国产游戏自 1990 年代初诞生以来，近 20 年间，始终亦步亦趋地跟随着外国厂商的步伐，从 8 位电视游戏时代、PC 单机游戏时

---

① 核心玩法意义上，从游戏开始到结束的一个周期，一般常用"一局/一关/一场游戏"等方式表述。

代，直到 PC 网游时代，经历了完全复制、简单模仿、有限创新、深度创新等几大阶段。而在此期间，中国游戏业也随之积累了大量的人才、技术储备。当所有的种子均已种下，一个开花结果的时刻便必将到来。

在此，我们继续沿着时间线索，回顾中国手机游戏崛起的整个过程。

2012 年，智能手机游戏依然不断升温。这股热潮终于引起了中国游戏厂商的注意，一些中小型的游戏厂商迅速投入了手游的研发工作。很快，一批优质手游开始崭露头角。

成立于这一年年初的创业公司——凯罗天下所开发的塔防手游《保卫萝卜》就是这一时期的代表作品（见图 2-99）。

图 2-99 《保卫萝卜》初代游戏画面

2012 年 8 月 7 日登录 iOS 平台的《保卫萝卜》讲述了一群拟人化的可爱小生物从害虫的手里保卫大萝卜的故事。游戏为最基础的塔防玩法——点击地图建造炮台、等待炮台消灭敌人。游戏运行流畅，画面表现诙谐可爱。游戏取得了不错的成绩，仅在 2012 年，该作在 iOS 平台的下载量就突破了 5 000 万次，并获得了 App

Store 中国区 2012 年的年度最佳游戏提名。美中不足的是，该作在玩法创新方面没有太大的亮点，不过它证明了中国厂商的研发实力，还把中国手游市场的巨大潜能向全世界做了一次展示。

在《保卫萝卜》之后，一些更加重要的游戏厂商开始进入手机游戏领域，创造了一个又一个经典的游戏作品。

与创业公司相比，规模更大的中型游戏厂商的智能手机游戏之路，往往是从修改和移植现有作品开始的。边锋网络的《三国杀手机版》便是这一类型的代表作品（见图 2 - 100）。

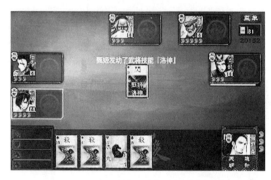

图 2 - 100　《三国杀手机版》早期版本游戏画面

《三国杀手机版》脱胎自中国最重要的桌面游戏作品《三国杀》，早在 2011 年 4 月，其便已以 Java 程序的形态，登录了功能手机平台。进入 2012 年后，Java 版本经过一年多的维护升级，已经发展得比较成熟。因此，边锋在这一年得以迅速转型，制作了智能手机平台的《三国杀手机版》，几乎与《保卫萝卜》同期面世，并获得了一定的商业成功。

在边锋网络这样有实力的中型企业投入智能手机市场之后，游戏业的巨头们也开始按捺不住了。它们开始投入力量，默默进行着自己的研发布局。而 2013 年，就是它们的努力开始收到成效的时刻。

2013 年，是腾讯游戏启动手游战略的一年，从微信《飞机大战》的牛刀小试开始，到年中的十余部优质作品连发，仅在 2013 年第四季度，手机游戏业务就为腾讯创收超过 6 亿元人民币[①]，可谓是势不可挡。

而在腾讯 2013 年的手游阵容中，最重要的作品无疑是《天天酷跑》（见图 2 - 101）。

图 2 - 101　《天天酷跑》的游戏画面

2011 年末，《水果忍者》设计团队打造的《疯狂喷气机》（Jet-pack Joyride）掀起了一股 2D 跑酷游戏的热潮。《天天酷跑》便是在跑酷游戏炙手可热的背景之下制作出来的，但在设计上做了一些比较大的突破。比起之前的跑酷游戏来，该作的动作更加丰富，不仅有从前跑酷游戏常见的跳跃和悬浮一类，还加入了滑铲动作。并且，该作还添加了独特的双人跑酷玩法，使游戏的乐趣大大增加了。

①　资料引自《腾讯控股有限公司截至二零一三年十二月三十一日止年度全年业绩公布》，即 2013 全年财报。

除《天天酷跑》外，三消类益智游戏《天天爱消除》也是2013年腾讯游戏比较重要的作品，它们直到三四年之后，依然保持着极高的人气。

进入2014年，国内业界的另一个巨头——网易游戏，也开始在手游市场发力。这一年，他们推出了融合了MOBA与ARPG玩法的《乱斗西游》（见图2-102）。

图2-102　《乱斗西游》的游戏画面

游戏以类MOBA的"推塔"玩法为核心玩法，只是把MOBA的人人对战变成了人机对战。玩家需要操作自己的人物，通过移动、释放技能、使用道具等种种手段，达到消灭敌人防御塔以及Boss的胜利条件。

《乱斗西游》拥有较好的操作体验和画面表现力，在2014年的3D动作手游中，无疑是质量上乘之作，而网易成熟的运营又为该作增色不少。该作曾经夺得App Store中国区畅销榜榜首，还入选了"App Store 2014年度精选"。这些好成绩，鼓舞着网易进行下一阶段的尝试。

2015年注定是国产手游辉煌的一年。这一年的大幕，是由网易的《梦幻西游》手机版拉开的（见图2-103）。

图 2 - 103 　　《梦幻西游》手机版游戏画面

《梦幻西游 online》是网易游戏于 2003 年推出的 MMORPG，也是国产 MMORPG 中最优秀的作品之一。十年之后的 2013 年，网易游戏又推出了《梦幻西游 2》，而手机版《梦幻西游》，便是基于《梦幻西游 2》制作的游戏。

与诸多 IP 改编手游只是借用原作的世界观和剧情设定，套用一个借鉴来的简单的核心玩法，呈现出一款与其他游戏高度相似的手游不同，《梦幻西游》手机版是一款"真正的回合制 MMOR-PG"。这是这款手游最大的特点，也是它最出色的地方。

该作不仅拥有流畅的回合制战斗，精美、宽广的大地图，还把崭新的语音社交方式嵌入到了游戏过程之中——这在全世界都是非常领先的。它的出现，标志着 PC 平台大型网络游戏的体验已经可以在手机端呈现，更标志着中国手游已经开始为世界手游的发展做出重要的贡献。

腾讯游戏是 FPS 手游的最早尝试者，自 2014 年起开发的《全民突击》《全民枪王》等游戏均在市场上取得了一定成功。而在这些作品的基础上，腾讯游戏继续发力，在 2015 年下半年推出了《穿越火线：枪战王者》，这是 FPS 手游的集大成者（见图 2 - 104）。

图 2 - 104　《穿越火线：枪战王者》的游戏画面

2015 年时，智能手机游戏已经历六七年的发展过程，技术和设计经验的积累已足以应对高水平游戏的制作需求，但对于 FPS 等操作复杂、对操作精度要求较高的游戏，业界经过了大量尝试，却迟迟无法做到还原 PC 端甚至家用机端的操作体验。自 2013 年、2014 年以来，不同种类的 FPS 手游往往都是通过剥夺玩家角色的自主移动功能或自主瞄准功能实现基本的游戏体验的，这样的游戏虽然流畅，却无法真正达到 FPS 游戏的要求，大大降低了游戏的可玩性。

而《穿越火线：枪战王者》最大的贡献，就在操作方面。游戏采用了双模拟摇杆的操作模式——左摇杆控制角色的移动，右摇杆控制角色的视角；此外，跳跃、下蹲等按键一应俱全。而游戏设置了两套操作模式，一套面向核心玩家——玩家完全自己手动控制方向与射击，另一套则设置了自动开火功能——玩家只要控制方向，对准想要攻击的敌人，就可以自动完成射击。两套操作适应了不同水平玩家的需求，可以说是比较完美地解决了手游 FPS 的操作问题。

2015 年末，又一部重要的游戏——《王者荣耀》横空出世，与《穿越火线：枪战王者》对 FPS 的贡献相似，它同样通过对操作的革新打开了 MOBA 类手游的新局面（见图 2 - 105）。

图 2 - 105　《王者荣耀》的游戏画面

MOBA 游戏玩法在本质上是一种 RTS、ACT 与 RPG 元素的组合①，这样的玩法，结合高强度的玩家间对战需求，使得此类游戏对操作精度先天拥有极高的要求。MOBA 诞生十余年来，成功的作品几乎清一色是 PC 游戏，而在家用机、掌机平台上，连普通的 MOBA 作品都极为少见。这归根结底就是除键鼠之外的控制器，无法适应 MOBA 高精度的控制需求。在手机端更是如此。在《王者荣耀》之前，游戏业界曾有过许多 MOBA 手游，例如《九龙战》《虚荣》等，均未能较好解决手机端的 MOBA 操作问题。

《王者荣耀》作为一款 MOBA 游戏，大胆借鉴了日本著名手机 ARPG《白猫计划》（白猫プロジェクト）首创的移动式摇杆系

---

① MOBA，即 multiplayer online battle arena，多人在线战术竞技场。

统——将玩家的点击点作为摇杆的轴,再识别在此点旁边的滑动,以此判定摇杆的操作方向——再将这套系统向 MOBA 的特性做了改良,做出了"移动摇杆＋滑动技能按钮"的新型操作系统(见图 2-106)。它使得玩家在手机屏幕左下区域的所有点击及滑动都可以识别为移动操作;而点击屏幕右侧的技能按钮后再向不同方向滑动,即可向不同方向放出技能。这套操作系统,较好地规避了手机 MOBA 游戏密集操作中容易产生的误操作问题,尤其是定向技能的释放操作问题,是手机 MOBA 游戏的一大突破。

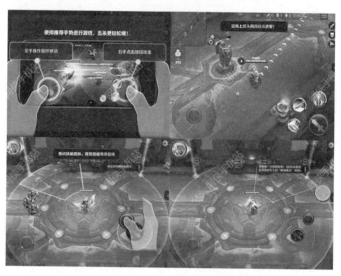

图 2-106　《王者荣耀》具有革新性的操作方式

　　另外,在玩法模式上,《王者荣耀》也做了一定的革新。在战斗中智能购买装备和道具,并可以自动融合、升级的系统,也减轻了手游端玩家的操作负担。在 MOBA 传统的 5V5 玩法之外,《王者荣耀》还制作了 1V1、3V3、5V5 大乱斗等等更加适应手机端的玩法模式,丰富了 MOBA 的玩法内容(见图 2-107)。

图 2 - 107　《王者荣耀》中的多种娱乐模式

　　《王者荣耀》在 2016 年和 2017 年，成为中国市场的现象级产品。据权威移动应用数据分析平台 App Annie 统计，《王者荣耀》的用户数量和营收规模均已达到世界第一，成为世界手机游戏领域的一大里程碑式作品。

　　即使移动端游戏的浪潮已经来临许久，我们对于它的未来，仍可以有许多想象空间。新型智能手机搭载的硬件和传感器，例如摄像头、GPS、麦克风、陀螺仪、温度/气压传感器甚至指纹识别器等等都可以为游戏所用，使未来的游戏形态更加多样化。

　　也许未来，移动端游戏并不仅局限于手机，手机仅仅是一个窗口，一个开关，引导我们向着更广阔的游戏世界发起探索。

第三章　游戏的社会功能

　　游戏对社会的影响广泛而深入，同时承担着重要的社会功能，包括娱乐功能、教育功能、跨文化传播功能、文化功能等等。电子游戏在全球范围内拥有数以亿计的玩家，并伴随数代人的成长轨迹。随着人们对游戏理解的深入，游戏的应用场景也在不断丰富和拓展，功能游戏作为游戏的重要分支，已经在军事训练、教育培训等活动中承担仿真及教具的角色，未来随着 VR、AR 技术的进一步发展将拥有更广阔的舞台。同时，电子竞技、游戏直播允许更多人以观看而非直接参与游戏的方式获得满足，游戏中的剧情、角色、音乐、符号等文化要素也作为一种流行文化扩散至更广大的群体。这一系列影响使得游戏成为社会发展和文化繁荣不可忽视的组成部分。

　　作为生产之外的个人活动，游戏让人们身心放松、沉浸，体验日常生活外的不同经历，体现其娱乐功能。作为一种社会行为，游戏带来了新的文化、新的产业、新的人际交往模式、新的教育方式与新的家庭关系。本章我们主要对游戏的社会功能进行一个梳理，这里仅仅是从游戏诸多社会功能中介绍一些具有影响和发展的功能。

第一节　游戏的娱乐功能

一直以来，游戏都被看作是文化娱乐消遣的工具，今天娱乐功能依旧是游戏最主要的社会功能。一方面，当"逃离北上广""全民焦虑"成为网络热词，不断加快的生活节奏和不断加大的生活压力让社会中的每一个人都有获得心理松弛和缓解压力的需要，抛开现实生活的烦琐与压力，在游戏世界中放飞自我成为大多数游戏玩家满足自己娱乐需求的重要选择。另一方面，游戏营造的幻想空间，使得其同音乐、戏剧、小说、电影等载体承担了相似的"造梦"功能，为人们体验另一种人生、实现理想中的真善美世界提供了一种可能性。

游戏作为一种互动媒体，其所建立的即时性的刺激-反馈模式，能让玩家在一系列精心营造的声、光、影效果中获得沉浸感和愉悦感。《开心消消乐》是一款益智消除类型的游戏，当玩家将三个及以上的小动物连成一排时，会触发消除、下落的效果，同时游戏画面会播放闪光、放大的消除特效，并且发出"excellent""unbelievable"的音效。《刺客信条》系列游戏中，玩家扮演的主人公穿行于高度还原的历史城镇中，完成潜行、攀爬、跳跃、刺杀等一系列操作。自然景观美妙绝伦，人文景观栩栩如生，动作场面流畅真实，潜行刺杀又具有风险和挑战，整体营造出穿越历史时空的代入感与紧张感。

游戏是一种在满足人类物质需求之后，追求精神需求的社会行为方式。在最广泛的"任务-完成"的游戏模式中，玩家通过各种努力，克服障碍、完成任务后能够获得极高的满足感，这种满足感既包括了游戏机制提供的各种声光电效果的刺激–反馈，也包含了游戏中的有形回报，如金钱、分数、道具等，同时也是玩家对自身游戏技巧提升的自我肯定。游戏中的任务既包括游戏中的小任务与小障碍，例如击败一个强大的敌人，通过一个关卡，解锁一个成就等等，也包括游戏的终极任务，例如《超级马里奥》中的救出公主；《精灵宝可梦》中的集齐图鉴、成为冠军；《2048》中的合成出方块 2048 等。在很多对战类型的游戏中，游戏目标被清晰地设定为战胜玩家的对手。单机游戏中，对手通常由电脑操控。在网络游戏中，对手则同玩家一样是活生生的人，因此对战过程通常更充满不确定性与挑战，而战胜对手后获得的成就感则会格外的强烈。"赢"，无论是作为个人的胜利，还是和其他玩家协作后取胜，都是游戏娱乐功能中最核心的要素。《魔兽世界》《英雄联盟》《王者荣耀》《绝地求生》一系列游戏之所以能赢得众多玩家群体与重大社会影响，都与人们在其中争取胜利、获取满足的行为息息相关。

不仅如此，玩家也通过挑战自己和他人的游戏成绩、打败包括电脑和其他玩家在内的对手来获取成就感。李开复在自传中专门讲了自己在大一时玩一款名叫《太空侵略者》的电子游戏的故事，他为了保持自己最高分的纪录，一边玩游戏一边计算自己的分数，以保证自己能够以 9 999 分（最高分）结束游戏，然后将自己的名字 KFL 写在游戏记录中。人们不仅能通过挑战游戏中的关卡和障碍获得满足，也可以通过观看他人的游戏视频、竞技比赛获得类似的乐趣。例如 IG 战队在 2018 年 11 月为中国赛区夺下首个《英雄联盟》全球总决赛冠军。一时间，和"IG 夺冠"相关的动态席卷了各大社交媒体平台，成为所有热爱《英雄联盟》和电子竞技玩家的盛事。

今天，游戏的娱乐功能被大大扩大化，游戏不仅仅有"任务－完成模式"，各种各样的沙盒游戏更是极大满足了玩家的创造欲望和自我实现欲望。沙盒游戏一般有较大的游戏地图，玩家可以自由探索而非按部就班地完成任务，或者按自己的想法进行创造。例如，在《我的世界》中，玩家在游戏中创造出各种各样宏伟的建筑、各种各样创意无限的产品。在《荒野大镖客：救赎2》中，玩家在开放的西部荒野中展开冒险，会随机触发警匪枪战、抢劫马车、强盗掳人等各式各样的事件，使游戏世界显得生机盎然。游戏版图涵盖了从美国中心地带到边陲的广阔地带，地形则包含了山路、森林、沼泽、沙漠、小镇以及城市等等。从预告来看，每种地形还有截然不同的气候状态。丰富的游戏剧情、互动、细节为玩家塑造出一个开放而可信的西部世界。

同样，在移动互联网时代，游戏不仅仅是对玩家成就感的满足，更是通过虚拟世界为玩家带来社交和情感方面的满足，例如游戏《恋与制作人》中，玩家可以结识不同的虚拟人物并通过对话和事件提升好感度，让许多少女玩家感受到恋爱的感觉。《剑侠情缘网络版三》等大型多人在线角色扮演游戏中，玩家通过游戏内系统形成了多种多样的社会关系，包括师徒、同门、帮派、密友等，群体间能够在线聊天、进行交易、协力战斗，从而进一步加深关系强度，甚至进一步发展为线下社交，有部分游戏玩家在现实世界中成为朋友，甚至结为伴侣。

时至今日，游戏已经演化发展出多种多样的细分类型，来满足不同玩家的娱乐需求。大致包括：ACT（action game）动作游戏，主要是控制游戏角色进行跑动、攀爬、翻滚、格斗达到过关的目的；AVG（adventure game）冒险游戏，通过各种危险的地形、地貌或者机关，达到过关的目的；益智游戏（educational games），锻炼脑、眼、手的游戏，提升玩家逻辑思辨力和反应速度；FTG（fighting game）格斗游戏，通过不同招式的组合进行对打，或者车轮战的方式达到胜利的目的；FPS（first personal shooting）第一人称射击游戏，通过选择武器、躲避敌人攻击和进攻来过关；RPG（role playing game）角色扮演游戏，通过扮演某个角色在一个写实或虚构世界中活动；RTS（real time strategy）即时战略游戏，通过资源采集、建造、战斗循环来击败对手；SLG（simulation game）策略游戏，以战争、战斗题材为主，核心要素是4E，即探索、扩张、开发和消灭（explore，expand，exploit，exterminate）；SIM（simulation game）模拟游戏，模拟日常生活、经营企业、管理城市等社会活动；SPT（sports game）体育游戏，由玩家扮演一名体育运动员，完成各项同此体育项目有关的比赛，以获得更高的排名与奖励为目的；RAC（racing game）赛车竞速游戏，玩家在游戏中操作或者驾驶各类交通工具，通过比赛速度来达成游戏目的；MUG（music game）音乐游戏，玩家通过把握音乐节奏按键并发出相应的音效的游戏。总体来说，游戏提供的娱乐价值多种多样，既有对反应力、协调性、逻辑性的挑战，也有动人剧情带来的沉浸式体验，更有射击、体育、竞速、经营等对其他行为的模拟与再现。

娱乐功能在今天依然是游戏能够快速发展和游戏产品能够良性运营的关键。当然基于游戏这一属性，我们也不得不面对游戏娱乐功能所带来的负面影响。其中，最为人知的就是游戏沉迷问题。从电子游戏出现到现在，游戏与时间就是一个二元对立的存在。一款游戏能够具有蓬勃的生命力，必须让玩家投入时间和精力，否则这款游戏在残酷的市场竞争中就要被淘汰——好的游戏会让玩家沉浸其中，享受游戏带来的快乐，同样也在不知不觉中占据了玩家的时间。因此，游戏的娱乐功能存在的最大问题即游戏与时间之间的关系问题。如何做好游戏和时间的平衡，既是游戏开发者面临的问题，也是游戏管理者一直在处理的问题，更是游戏玩家一直以来面对的问题。

第二节　游戏的教育功能

游戏不单单具有娱乐功能，可以说，亘古以来，游戏与教育的联系从来就没有中断过，而在信息飞速发展的今天，游戏的教育功能也逐步走向成熟。尚俊杰教授将电子游戏的教育应用价值简要概括为三点：可以激发学习动机；可以用来构建游戏化的学习环境或学习社区；可以培养知识、能力、情感态度价值观。

游戏本身是对音乐、建筑、雕塑、绘画、摄影、电影等多种艺术形式的综合与创造，能够给人以美的熏陶，许多游戏中还融合了大量历史、文化、科技知识，可以激发玩家进一步了解的兴趣，激发玩家的参与动机，促进自主学习的开展。比如《文明》系列、《大航海时代》系列等游戏，本身就像一本人类历史百科，人们在游戏的过程中，可以获得丰富的历史地理文化知识。游戏中还专门有一个子类别叫作教育游戏，又称严肃游戏，指那些以教授知识技巧、提供专业训练和模拟为主要内容的游戏。严肃游戏自 1980 年代诞生以来，已经广泛应用于教育培训、军事训练等诸多领域，可以预见，未来的模拟、仿真类游戏在职业教育中将越来越流行。

最普通、最容易接触的教育游戏是微软在系统中自带的空当接龙、纸牌、扫雷游戏，这几款游戏就带有明显的教育含义——微软推出这几款游戏的初衷是通过游戏，让用户可以快速学会灵活使用鼠标。与之相类似的是 21 世纪初在中国电脑普及过程中《金山打字通》中的"警察抓小偷"等让用户熟悉键盘的教育游戏。游戏可以培养人们的手眼互动等基本能力，在互联网时代更好地适应计算机的使用。但游戏培养高阶能力的作用同样不可小觑，游戏者在复杂游戏中需要综合各种资讯并和他人进行互动来寻找解决问题的办法，例如大型多人在线角色扮演游戏《奇迹》，玩家为了完成某项任务，需要搜集线索、组队打怪等，在这个过程中，游戏者的逻辑思维能力、协作学习能力和创造能力都在一定程度上得到了提升。

在幼儿成长教育方面，游戏也扮演着重要的角色，App Store 的教育分类下有许多为幼儿教育开发的游戏，例如《熊猫博士》系列，通过简单的互动让儿童对公共设施、自然空间、社会生活产生直观印象，并学习一些简单技能，《熊猫博士亚洲餐厅》是其中一款关于做菜的游戏，引导儿童选择食材、选择烹饪方式、选择组合，做完菜还可以观察客人的反应。这种教育游戏可以追溯到杜威的"做中学"理念，知识来源于实践，儿童在游戏构建的情境中参与实践，促进体验式学习。

少儿游戏是专门以儿童、青少年为目标群体开发的一类安全健康益智的虚拟互动社区游戏。其中国内较有代表性的产品包括《摩尔庄园》《赛尔号》《奥比岛》《洛克王国》《奥拉星》等。这些产品诞生于 2008—2013 年间中国网页游戏兴起的时代。这类产品以安全、健康、益智为前提，同时顺应了少儿及青少年玩家对网络游戏娱乐性的需求、网络游戏间的玩家交互的需求以及成就激励上的心理满足的需求等，所以该类游戏一经推出，就获得了不俗的市场表现。以其中一家开发运营商"淘米"为例，其在 2009 年公布的数据中提到：自注册用户在 3 000 万以上，活跃用户 1 000 万左右。在这一时期，少儿网页游戏对儿童及青少年用户网络化普及产生了积极作用。在游戏玩法的普及和认知上，《赛尔号》《洛克王国》《奥拉星》三款游戏将当时已经在国际上获得青少年玩家高度认可的宠物收集玩法进行深化和改良，使得宠物收集类玩法快速进入中国儿童和青少年玩家的视野。这类游戏以宠物精灵丰富的故事背景为基础，并融入各类常识类、环保类等的小故事，为青少年交往提供交流内容，一定程度提升了儿童和青少年的社交能力，并为向儿童和青少年玩家传达一些正向的社会通识起到辅助作用。例如，《赛尔号》中有一个关于电路维修和电池使用的小游戏，用游戏的形式将健康环保等的理念自然而然地传递给儿童和青少年玩家。这类游戏一定程度上发挥了其少儿互联网游戏的教育功能与价值，获得了那一时期家长和市场的认可。

近年来，随着沙盒游戏在青少年群体中快速扩散，《我的世界》《Roblox》等开放型游戏的普及，《坎巴拉太空计划》等模拟类游戏的兴起，少儿编程、青少年机器人编程等领域的发展等，很多拥有创新设计的产品吸引了大量的儿童和青少年玩家。在可预见的未来，以高自由度玩法、创新型自主创作和高仿真类的游戏为特色的社区模拟类游戏将逐步成为少儿游戏、青少年游戏的重要的新的发展趋势。

以进行太空飞船设计、发射、升空、变轨、降落为特色的模拟游戏——《坎巴拉太空计划》为例，因其具有开放的游戏设计和拟真的物理引擎，吸引了大批动手能力极强的青少年玩家。玩家们可以在社区内进行各类飞船设计，交换彼此的作品，通过拟真的飞船模拟更好地理解空间和宇宙的相关知识。很多青少年玩家在这种创造类游戏或游戏的创造模块中体验到并理解了创造的乐趣，有些玩家还会把从游戏中获得的这类有趣和有创意的事情在社区平台内进行分享。有些深度玩家不只满足于游戏本身所带来的成就感，而是更渴望把游戏中的创意扩展到现实生活中来，并且积极地将自己的创意想法付诸现实行动。

虽然目前这类的延伸并不是所有的玩家都能做到，但随着创造类游戏的不断涌现，将会有越来越多的青少年玩家能够接触到此类游戏及相关竞赛，并将会有越来越多的玩家在该类游戏的启发下通过动手实践参与到现实创新型各类赛事和活动中来，从而获得有趣又有意义的体验。可以预见，在未来，这些技术与产品创新将会极大推动玩家自主学习与创造的能力，鼓励他们在虚拟及现实的游戏空间中获得切实的发展与成就感。

随着教育理念的转变，游戏中的子类别——教育游戏也有着广阔的发展前景，将教育游戏与传统教育方式结合，从基础教育到高等教育、职业教育，拓展游戏的教育功能，重塑学习方式，回归教育本质，值得我们不断探索①。

早期的教育游戏主要是一些小游戏（mini-game），比如打字练习和选择题游戏等。这一类游戏被认为只能培养基本的技能，对于知识的吸收、整合和应用用处不大，一般无法培养游戏者的问题解决、协作学习等高阶能力。但不可否认的是，它们是最容易被整合进传统教学过程中的游戏，因此也被广泛使用。在普林斯基（Prensky）看来，要想学习复杂的知识和培养高阶能力，就需要使

---

① 尚俊杰，裴蕾丝．重塑学习方式：游戏的核心教育价值及应用前景．中国电化教育，2015（5）：40－49.

用"复杂游戏"（complex-game），也就是类似市场上的主流商业游戏，如《模拟城市》《文明》等。目前在教育游戏领域颇具影响力的威斯康星大学麦迪逊分校斯奎尔（Squire）教授就曾经让学生通过玩《文明Ⅲ》游戏学习世界历史。研究结果显示，学生不仅从游戏中学到了地理和历史方面的学科知识，加深了对文明的理解，培养了问题解决能力；同时，通过探究学习活动，还形成了自主学习、合作探究的学习共同体。

大约在 2000 年前后，出现了一批较大型的角色扮演类网络教育游戏。比如，哈佛大学德迪（Dede）教授等人开展了 MUVEES（多用户虚拟学习环境）研究项目。该项目让学习者进入一个虚拟的 19 世纪的城市，并通过观察水质、进行实验、与 NPC 人物交谈等来解决这个城市面临的环境和健康问题。研究结果显示，这种学习方式确实有助于激发学生的学习动机，让学生学习更多的关于科学探究的知识和技能，非常有利于培养学生解决复杂问题的能力。印第安纳大学的巴拉布（Barab）教授（目前任教于亚利桑那州立大学）等人设计开发了 Quest Atlantis（探索亚特兰蒂斯），这也是一个虚拟学习环境，其中的游戏任务与课程内容紧密结合在一起，并以"探索"（Quests）、"使命"（Missions）和"单元"（Units）三种层级的任务体系出现在游戏中，且每一层级的任务都围绕着从课程教学中提炼而成的复杂问题，旨在培养学习者的高层次思维能力和社会意识。香港中文大学李芳乐和李浩文教授等人开展了 VI-SOLE（Virtual Interactive Student-Oriented Learning Environment）研究项目，旨在创设一个近似真实的游戏化虚拟世界，然后让学生通过扮演故事中的角色加入到这个虚拟世界中，并在其中自己发现问题、分析问题和解决问题，借以学习相关的跨学科知识，培养问题解决能力等高阶能力。在 VISOLE 学习模式的指引下，他们开发了《农场狂想曲》（Farmtasia）游戏并进行了实证研究。研究结果表明，这种学习模式确实有助于激发学习动机，给了学生大量培养问题解决能力、创新能力等高阶能力的机会，有助于培养情感态度价值观。

以上几个项目主要是针对基础教育的，其实也有人开展了面向高等教育或职业教育的游戏，比如麻省理工学院的詹金斯（Jenkins）教授等人和微软合作开展了 Games-to-Teach 项目。该项目旨在将麻省理工学院的课程内容整合到交互式、沉浸式的电子游戏中，先后推出了涵盖数学、科学、工程、环境、社会科学、教育学科等学科知识的 15 个概念原型，部分已经设计成了游戏成品。在他们的研究中，还推出了称为增强现实（augmented reality）的游戏，这是一种将虚拟世界和真实世界结合起来的游戏。此外，威斯康星大学的谢弗（Shaffer）等人提出了认知游戏（epistemic games）的概念，这类游戏一般会提供一个仿真的环境，来帮助学生学习工程、城市规划、新闻、法律等其他专业知识。

近年来，教育游戏的相关研究更加深入，也更加多元化。比如教育游戏研究的重要机构威斯康星大学麦迪逊分校游戏、学习和社会（Game，Learning，and Society，GLS）实验室的斯奎尔等人发布了很多针对不同学习内容的游戏，可支持生物系统、公民行动、亲社会行为、程序设计、STEM（科学−技术−工程−数学教育）等多方面的学习。其中《ECONAUTS》就是一款以湖泊生态系统为蓝本，教学生学习环境科学的游戏。亚利桑那州立大学近年来成为教育游戏的另外一个重要研究机构，先后将威斯康星大学麦迪逊分校的保罗·吉（Paul Gee）和前面提到的印第安纳大学的巴拉布引进了过来，其中保罗·吉长期致力于电子游戏与语言学习方面的学术研究，出版了多本重要的教育游戏专著。亚利桑那州立大学近年来和游戏公司 E-Line Media 等合作完成了多款教育游戏，其中《Quest2Teach》就是专门为教师教育设计的一款 3D 角色扮演游戏，新手教师可以在其中练习如何教学。该游戏曾于 2014 年春荣获亚利桑那州立大学校长创新大奖。麻省理工学院媒体实验室（MIT Media Lab）的终身幼儿园（Lifelong Kindergarten）小组之前曾经开发了风靡全球的 Scratch，这是一款可以用可视化的、游戏化的方式学习编程的工具软件。现在，他们又开发了 Makey Makey，只要用它把电脑和身边的任何物品连接起来，就能用该物品替代传统键鼠控制电脑。它本身虽然不是游戏，但是却能将枯燥的事变得像游戏一样迷人。

在中国，香港中文大学庄绍勇等人开发了一套《EagleEye》移动游戏化学习系统，利用平板电脑和全球卫星定位系统（GPS）功能支持学生和老师来进行户外游戏化学习。台湾许多学者开发了支持创造力培养的教育游戏，并开展了大量的游戏化学习成效评价研究。北京大学、南京师范大学、华东师范大学、华中师范大学、陕西师范大学、首都师范大学、杭州师范大学、云南师范大学、浙江广播电视大学等机构也都开展了大量的教育游戏研究。

尽管游戏具备诸多价值，但是在现实中教育游戏依然面临诸多的困难和障碍。所以大家未免还是会困惑，我们相信儿童确实需要游戏，可是青少年乃至成人也需要游戏吗？另外，普通的教学软件似乎也可以用来学习知识、提高能力、培养情感态度价值观，为什么一定要用游戏呢？游戏的核心教育价值到底体现在哪里呢？

尚俊杰教授认为，游戏的核心教育价值可以概括为游戏动机、游戏思维和游戏精神。利用游戏的挑战性、竞争性等特性使得学习更有趣，更能激发学生的学习动机。巴拉布等人以 QA 为研究环境，来对比研究叙事性学习（story-based learning，SBL）和游戏化学习（game-based learning，GBL）的效果。研究显示，95％的采用 SBL 的学生是为了获得高分或者完成老师布置的任务而学习，仅有 34％的采用 GBL 的学生将此列为学习的原因，65％的学生提出他们学习仅仅是"想学"。

在游戏动机之上，就是游戏思维（或游戏化思维）。大约在 2003 年，有人明确提出了游戏化（gamification）的概念，在 2010 年左右开始被广泛应用。所谓游戏化，就是将游戏或游戏元素、游戏设计和游戏理念应用到一些非游戏情境中。比如有工程师在瑞典一个公园中设计了一个奇特的垃圾桶，将垃圾扔进去可以听到很奇特的坠落到深渊的声音，结果吸引很多人四处捡垃圾去测试。再如，微信在 2015 年春节期间发布了可以发放随机金额的红包功能，结果一下子将传统的发红包变成了一场抢红包的游戏，据说一个春节就绑定了大约 2 亿张银行卡。

仔细分析游戏化的核心，实际上还是发挥了游戏有助于激发动机的特点，只不过这里激发的不是表面上的休闲娱乐、逃避、发泄等动机，更多的是马龙（Malone）提到的挑战、好奇、竞争等深层动机。概而言之，游戏思维的核心就是不一定要拘泥于游戏的外在形式，更重要的是发挥其深层内在动机，在教学、管理的各个环节的活动中有机地融入游戏元素或游戏设计或游戏理念即可。比如，幼儿园和小学喜欢使用的发小红花就是一种游戏思维，一些智力竞赛也是应用了竞争和挑战动机。

游戏的最高层次和最有意义的价值应该是游戏精神。所谓游戏精神，指的是人的一种生存状态，它表示人能够挣脱现实的束缚和限制，积极地追求本质上的自由，是人追求精神自由的境界之一。简单地说，游戏精神就是在法律法规允许的前提下，自由地追求本质和精神上的自由。首先应该能够允许学习者自由地选择想学的内容。比如对于大学生而言，虽然不能完全自由选择，但是应该允许他们尽量根据自己的兴趣选择自己的专业。对于中小学生来说，或许可以利用 MOOC（慕课）、翻转课堂等形式自由选择想学的课程、想用的方式和想学的时间。其次，游戏是非实利性的，要设法让学习者重学习过程，而不是特别看重最后的考试成绩等。要实现这一点，宏观上来说就需要社会实现从重文凭向重能力的转换，教育需要根据每一个学习者的天赋和兴趣，将他们培养成热爱祖国、热爱社会、热爱生活的有用人才，充分激发游戏的挑战、好奇、控制、幻想等深层内在动机。

第三节　游戏的跨文化传播

游戏作为一种软媒介，它具有相对独立的文化背景、语言体系，是跨文化传播中十分优秀的媒介。游戏可以将世界各地不同文化的玩家聚集到一起，通过游戏世界呈现、游戏角色设定和游戏文化背景将不同文化的玩家建构在同一个游戏文化体系中。玩家的多元文化背景在游戏中碰撞，产生跨文化传播的火花。同样，在游戏行业中，广泛存在中国玩家去美服（美国服务器）、韩服（韩国服务器）玩游戏的情况，在这样的情形下，中国玩家所带来的中国文化影响和美国、韩国等国家文化在游戏中相互交流、渗透，形成独特的跨文化传播场景。

同样，游戏本身也是跨文化传播的文化载体。诸如中国的游戏往往以《西游记》《三国演义》等文化名著作为游戏剧本，而且中国游戏中的 Boss 往往以中国古代传说中的人物为原型，在游戏中主要以仙侠为主线；反之，西方世界的游戏往往以种族进行划分，在游戏中以种族斗争为剧本。

当然，游戏也是意识形态传播的载体。如《命令与征服：红色警戒》，英文名称 Red Alert，又译《红色警报》，是美国艺电游戏公司为个人电脑推出的一系列即时战略游戏，玩家通常简称为红警。这款游戏中的意识形态充满了冷战思维。首先是游戏明显地分为了两个阵营——以美国为首的盟军和以苏联为首的联军。在这款游戏中，以苏联为首的联军的特色是士兵便宜而且可以制造复制中心发起人海战术，核心科技是核弹；以美国为首的盟军的特色是使用高科技，有先进科技可以造出火箭飞行兵，核心科技是名叫闪电风暴的天气武器。在游戏中代表邪恶势力的尤里很明显地带有列宁的人物外貌特点，而尤里的特点"心灵控制"则取材于"尤里·马林"，叶利钦时代的"意识控制"领域的研究者，在游戏剧情中出现的尤里与斯大林的合影则是使用列宁和斯大林的合影加以修改而成的。同时带有明显意识形态色彩的还有使命召唤、战地等军事类游戏。

第四节　游戏的文化功能

习近平总书记指出："在 5 000 多年文明发展进程中，中华民族创造了博大精深的灿烂文化，要使中华民族最基本的文化基因与当代文化相适应、与现代社会相协调，以人们喜闻乐见、具有广泛参与性的方式推广开来，把跨越时空、超越国度、富有永恒魅力、具有当代价值的文化精神弘扬起来，把继承传统优秀文化又弘扬时代精神、立足本国又面向世界的当代中国文化创新成果传播出去。"

在"文化出海"仍在探究摸索的时候，中国的游戏已经成为"文化走出去"的急先锋。早在2014年，中国游戏就已经呈现出组团出海的趋势，一些大型企业不仅出口自己的游戏产业，也利用资金和渠道优势，帮助一些中小型的游戏公司进行产品出口。2017年，国产游戏"走出去"效果显著，保持高速稳定增长，全年海外市场营销收入达到82.8亿美元，同比增长14.5%。

"游戏出海"带来的文化传播具有强大的生命力和发展潜力。北京大学的范颖曾提出："游戏的叙述方式是碎片化的，碎片化意味着不同的声音，是每一个人在传播。即时反馈、碎片化、社群之间的竞争，持续不断地制造热点，这是互联网时代讲故事的方式，它可以帮助我们更好地讲中国故事。

"同时，游戏作为一种文化消费品与电影、小说不同，虚拟世界的游戏并没有直观的价值观和意识形态体现，主要以将文化背景隐藏在游戏人物设定、游戏画面剧本、游戏音乐等内容之中。同时游戏虚拟世界的自有符号语言体系，增加了国际化、全球化沟通的可能性，游戏的玩家参与特性更是让游戏成为一个文化载体，让带有价值观和意识形态的游戏玩家成为游戏文化的创造者，不得不说，在文化出海的过程中，游戏是一种具备全球化天赋的文化传播媒介。"

2017年，中国游戏产业蓬勃发展，为推动中国文化发展和文化消费贡献了卓越力量。2017年，中国游戏作品数量稳步增长，游戏作品质量跨越提升，经新闻出版广电总局批准出版运营的各类游戏作品达到 9 800 款,为中国文化产业贡献了大量作品。根据中国音像和数字出版协会提供的年度产业调查数据,2017 年国内游戏市场总营收达到 2 036.1 亿元,其中中国产网络游戏达到 1 397.4 亿元,移动游戏收入达到 1 161.2 亿元,极大地提升了我国整体文化消费水平。中国的游戏消费者用户已经达到 5.83 亿人,占我国网民总数的 75%以上。

全民游戏时代,游戏已经不单单是一个文化消遣工具,更是一个文化平台,游戏玩家在游戏中不仅是游戏文化的受众,也是游戏文化的创造者。游戏早已突破了年龄、性别、群体的界限,成为全社会广泛参与的文化活动。玩家自有的文化传统和价值观,让这些游戏也成为中国传统文化、社会主义核心价值观传播的平台。

游戏用户与网民的高度重合,让游戏成为网络文化发展的重要组成,2017 年,"吃鸡""开车""落地成盒"等游戏词汇成为网络热词,"王者荣耀"引发社会对于游戏和文化的广泛讨论。

5.83 亿游戏玩家,近万款游戏产品,游戏已经成为不可轻视的文化交流平台。

清华大学刘梦霏认为,电子游戏/数字游戏作为最新、也最集大成的媒介,其表达能力和承载能力,理应强于此前的所有媒介。回顾过去三十年的中国游戏,无论是琴棋书画,还是诗酒武侠,我们对于中国传统文化的典型认识,都在游戏当中得到了表达。例如,就在《武林群侠传》这款早期的单机游戏中,玩家为拜入逍遥谷就要通过音乐、围棋、文化常识的测试,游戏中也常有涉及琴棋书画的小游戏,想要玩好这些游戏,必须真的去对诗、真的去记住曲调、真的去下围棋。玩家的游戏体验,反过来又反哺了他们的文化修养。实际上,由于游戏以互动规则为核心，在塑造体验上，比起传统媒介，游戏确实有独特的优势。从最基础的地方来说，玩家不再是看别人的故事，而是在体验自己的故事；更重要的是，玩家的体验基于他们的行动。传统的书与影片，就算内容再生动，终究是在由"其他人"灌输知识，读者如果不去实践，就没有切身的体验；然而涉及传统的电子游戏，由于交互的本质，从一开始就从传统文化的体验切入。而过往的研究已经使我们发现，文化认同的基础就建立在与文化互动的体验之上。我们不知道有多少玩家由于《武林群侠传》而决定投身中医，或是决定以琴棋书画为人生追求，但至少通过这个游戏，这些玩家能够了解到传统文化的门槛并没有想象中那么高，传统文化是可以被他们学习、理解与享受的。这种文化素养教育方面的作用，正是电子游戏长期被忽略的潜力之一。

　　哪怕是最新的游戏化概念，或是将游戏当作教育媒介的概念，也可在我国 1990 年代的单机游戏中见到出色的案例——以《长恨歌》为核心、水墨画风格的《大唐诗录》就是典范。整个游戏以唐诗对诗为主要机制，通过主人公铁中玉探索身世之谜，"读万卷诗，行万里路"为主要线索，融合了各种古代游戏，而且不局限于文字谜题，连音乐谜题与图像谜题都囊括其中；游戏体验流畅优雅，丝毫不见教育游戏中常见的匠气；最难得的是文化品位高雅，尊重游戏中所涉及的各种诗词与传统。在《大唐诗录》的游戏主目录中，与游戏主体"见龙在田"并列的就是"诗文鉴赏"部分，为游戏中出现的诗歌提供了诗画欣赏、白话注释、吟诵、评析、作者简介几方面的信息，提供了关联式学习的可能。这么一个具有教育潜力的游戏，当初却是作为商业游戏售卖的。《武林群侠传》也是一样。这也提醒我们，很多时候游戏是不是具有"功能性"，取决于我们是不是能让它更好地发挥功能，而不完全取决于游戏的开发动机。游戏既然是一种文化载体，好的游戏自然也有成为文化遗产的价值。数字游戏发展到今日，历史虽不长，但积累的游戏数量却不少。这成千上万的游戏，经过仔细梳理后，未尝不可以发挥出"功能性"的价值。而这其中文化品位高、游戏体验好的精品游戏，也应当得到更多重视；它们值得我们研究者与教育者花更多时间与精力，思考如何让这些已经存在的好的游戏，在我们生活的方方面面发挥更显著的价值[①]。

第五节 功能游戏：游戏社会功能的集中体现

功能游戏是指一种严肃游戏或应用性游戏，与传统娱乐型游戏的区分在于，它是以解决现实社会和行业问题为主要功能诉求的游戏品类[②]。早在 1969 年出版的《模拟与游戏》一书中，作者就提到游戏是学习和实验的有效工具，对公共政策制定和规划有显著效果。40 多年过去，游戏作为一种创新工具已跨界融入教育、医疗、企业商业、社会管理等领域的众多环节中。实践证明，游戏已逐渐超越"第九艺术"范畴，成为人们接受知识和技能的新媒介，在缩短学习曲线、加速专业知识传递、创新科研模式、提高企业生产力以及破解社会难题等方面，游戏打开了新的视角。而这些不一样的游戏逐渐跃入大众视野，并以较快的速度逐渐壮大，成为网络游戏

---

① 节选自刘梦霏 2018 年 11 月 25 日第三届腾云峰会"破壁二次元"分论坛圆桌会议发言。

② 喻国明，林焕新，钱绯璠，李仪．从网络游戏到功能游戏：正向社会价值的开启．青年记者，2018（15）：25-27.

行业的一个重要分支。

一、功能游戏的定义、特征及分类

功能游戏的定义伴随时代和技术发展逐步演进并具象化。1970年，克拉克·C.阿布特（Clark C. Abt）在其撰写的《严肃游戏》（*Serious Game*）一书中首次将严肃游戏定义为"用场景模拟化与游戏结合的方式提升教学效果"。这一定义主要强调了游戏在学习知识中的作用，随后的学术理论也多围绕游戏与学习、教育结合的作用进行讨论。进入21世纪后，国际游戏开发者协会（IGDA）秘书长罗卡·罗拉提出，严肃游戏是不以娱乐为主要目的的游戏。

维基百科对严肃游戏的定义是不以纯粹娱乐为主要目的而设计的游戏，通常是指用于国防、教育、科学探索、医疗保健、应急管理、城市规划、工程和政治等领域的网络游戏。

百度百科将功能游戏定义为以解决现实社会和行业问题为主要目的，同时具有跨界性、多元性和场景化三大特征，并在学习知识、激发创意、拓展教学、模拟管理、训练技能、调整行为等方面具有明显作用的游戏品类。

综合以上观点，可以从狭义与广义两个角度定义功能游戏。狭义的功能游戏是指以解决现实社会与行业问题为主要目的，将电子游戏的元素、设计、技术和架构创新应用于医疗、教育、军事、企业培训、社会管理等垂直领域的游戏；广义的功能游戏泛指被跨界应用到现实情境并能实现一定社会功能的电子游戏。

功能游戏兼具游戏性、应用性和专业性三大特征：游戏性是指功能游戏首先是一款游戏，需要具备游戏的互动性和乐趣性；应用性是指功能游戏一般是为满足不同人群、不同领域、不同功能的应用需求，即游戏在特定场景中的应用；专业性是指功能游戏会对现实场景或目的进行抽象或模拟，所以要求开发人员不仅要掌握游戏开发技能，还必须对游戏所应用的场景具有相应的专业知识。

目前功能游戏并没有统一的分类方法。国外有学者将应用场景作为分类标准，将功能游戏划分为健康、营销、训练、教育、科学研究、生产和办公场景的游戏。另一些学者则主要基于开发方法、游戏平台、游戏用户、商业模式等维度对功能游戏进行分类。

基于以上分类，本书开创性地提出按照功能强度由弱到强的分类方法，将功能游戏分为五类：启蒙科普、系统学习、专业训练、众包测试、解决方案（见图 3-1）。随着功能强度的不断提高，功能游戏的应用领域会越来越垂直，专业性也越来越强。

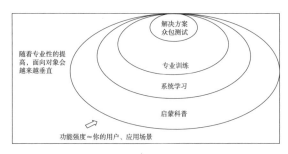

图 3-1　功能游戏应用强度分类方法

二、我国功能游戏发展历程

我国功能游戏的起源可追溯到 1990 年代，在国内引发较大规模的关注源于 2009 年的第一届 Serious Game（北京）创新峰会，首次将其定义为"以应用为目的的游戏"。十年后，2018 年文化和旅游部正式提出"功能游戏"的概念，功能游戏迎来发展元年。

功能游戏在我国的发展可以分为三个阶段：萌芽期（1991—

2008)、自由生长期（2009—2017）和功能游戏元年（2018）。

1. 第一阶段：萌芽期

该阶段，对功能游戏的概念认知和推广非常有限，社会认同度较低，但部分游戏产品已初步具备功能游戏的特性，多以免费为主。

1990 年代初，小霸王公司推出的小霸王学习机开创了游戏寓教于乐的先河。

1994 年，金盘公司发行军事模拟类游戏《神鹰突击队》，主要针对个人游戏玩家以兵棋推演类军事游戏的形式进行军事知识科普。

1995 年，北京前导软件公司成立，陆续发售了四大名著相关题材的游戏，让玩家获得娱乐的同时，也有效地宣传了中国的历史文化。

1996 年，金山公司西山居工作室发行经营模拟类游戏《中关村启示录》。

2001 年，个人开发的模拟策略游戏《北京浮生记》出现；2002 年，《金山打字通》发行，集打字练习和游戏于一体；2004 年，前线网络开发驾驶模拟游戏《驾车高手》，宣传驾车安全知识；2008 年，上海淘米推出网页游戏《摩尔庄园》。

2. 第二阶段：自由生长期

该阶段，政府部门开始有意识地推动功能游戏的发展，同时功能游戏制作企业开始以独立工作室或面向企业市场的中小型厂商形态出现，主要满足用户的定制化需求。

2009 年，第一届功能游戏创新峰会在北京举办，首次对功能游戏进行多层面的探讨。

2010 年，上海成立市功能游戏产业发展联盟，并于 2011 年发布功能游戏三年行动计划，计划将上海打造成中国的功能游戏研发中心。

同年，睿光育人科技有限公司开发的教育类功能游戏《PK 英语》，作为国家教育科学"十一五"规划重点课题成果，在全国 150

所中小学进行了试点。

2011年，巨人网络和南京军区联合开发军事模拟游戏《光荣使命》，用于军区军队的日常训练，提高了军官的指挥能力以及士兵应对各种战场情况的能力。

2014年，巨人网络与北京某环保机构推出环保主题游戏《小小绿色城》。

2015年，快乐工作（北京）科技有限公司上线了职场培训游戏《满满学院》，专注于为企业客户定制开发人力资源培训的游戏和服务。

在政府和企业的双重推动下，参与功能游戏市场的主体日益增多。这也使得功能游戏产品开发从单一游戏制作公司主导模式，转变为多方合作的开发模式，游戏内容的专业度和功能性大大提升。例如，2011年，北京理工大学课题团队集合心理学专家、游戏设计者、美术设计者、文学艺术专家以及一些专业教师，推出培养大学生情商的功能游戏《情商加油站》；2016年，上海医微讯数字科技有限公司发布的外科手术模拟游戏《柳叶刀客》，为确保游戏在医疗领域的功能性，与北京美尔目医院、张强医生集团、冬雷脑科医生集团、名医百强榜、蔡司、复旦大学医学院解剖教研室以及200多名外科医生进行了研讨与合作。

3. 第三阶段：功能游戏元年

2018年，文化和旅游部首次提出"功能游戏"概念，将其作为推动中国网络游戏产业转型升级的重要抓手。腾讯、网易等大型网络游戏企业相继进入功能游戏领域，自研或引进一批相关产品。腾讯2018年2月8日宣布全面布局功能游戏，并从传统文化、前沿探索、理工锻炼、科学普及以及亲子互动五个类别优先切入；网易则从教育垂直领域切入，先后代理了《我的世界：教育版》和青少年编程教育游戏《极客战记》，功能游戏正式迎来发展的元年。

第四章　游戏文化

文化是人类社会中广泛存在的社会行为与规范[①]，而游戏无疑是文化的重要表现方式之一。美国艺术基金会（National Endowment for the Arts，NEA）于 2011 年宣布所有为互联网和移动技术而创造的媒体内容，包括电子游戏被正式确认为艺术形式[②]；也有人将电子游戏视为与绘画、雕塑、建筑等并列的人类所创造出的"第九艺术"——游戏在文化领域的重要地位可见一斑。由于游戏的表现方式多元，内容题材广泛，使用终端多样，游戏文化所包含的文化成分纷繁复杂，难以对其进行系统而准确的把握。因此，本章从游戏文化在两大世界，即游戏世界与非游戏世界的表现入手，以《魔兽世界》《我的世界》等蕴含独特文化体系的代表游戏以及 Cosplay、嘉年华等现实衍生事物为例，试图对游戏文化进行有限的概括与展现，从而窥探浩瀚的游戏文化的一角。

---

① 维基百科．文化词条．https：//en. wikipedia. org/wiki/Culture，2018-05-06.
② 聂庆璞．网络游戏的文化价值论辩．文艺理论与批评，2012（1）：71-77.

第一节　游戏世界的文化狂欢

　　虚拟世界的无限空间为游戏设计者和游戏玩家提供了无尽的可能性。而在这样浩瀚的游戏宇宙中，一个个游戏就像宇宙中璀璨各异的星球一般，形成了诸多独特的世界。这些游戏世界拥有着独有的话语、信仰、制度乃至体系，多样的世界观、价值观在游戏的虚拟世界中得以践行、发展与弘扬。本节从缤纷的游戏宇宙中选取了几个颇具光彩的"星球"——《魔兽世界》《我的世界》《王者荣耀》《阴阳师》等，以展现游戏文化的一隅。在游戏世界中，正如电影《头号玩家》中的台词所言，"在这里唯一限制你的是你自己的想象力"①。

一、《魔兽世界》：艾泽拉斯的奇幻历史

　　"你们这是自寻死路"。

　　这句伊利丹·怒风的经典台词，相信每一个《魔兽世界》玩家都不会感到陌生。《魔兽世界》作为暴雪娱乐所开发的史上最经典的大型多人在线角色扮演游戏（MMORPG）之一，至今已经陪伴我们走过了十多年的岁月。而《魔兽世界》本身的文化意义远非仅是游戏这么简单，在艾泽拉斯大陆澎湃的战斗之中，一幅恢宏的历史画卷早已徐徐展开。

　　《魔兽世界》整个世界观的基本框架建构在西方奇幻文学以及《龙与地下城》的经典规则之上。西方奇幻文学历史悠久，可追溯

---

　　①　原文为："where the only limit is your own imagination."

至希腊神话、罗马神话与北欧神话，而中世纪的骑士文学与近现代的哥特文学对奇幻文学产生了深刻的影响。进入20世纪后，奇幻文学迎来了重生，以神话、史诗与中世纪浪漫文学为养料的奇幻文学大放异彩，《龙枪编年史》《魔戒》等作品脍炙人口。奇幻文学的印记——如白银之手骑士团，变迁的城邦式人类王国，被护罩保护的魔法都市达拉然等——在《魔兽世界》中随处可见。在奇幻文学的影响之下，经典桌上角色扮演游戏《龙与地下城》横空出世。这款复杂的桌上游戏创造了一个复杂而平衡的游戏世界，强烈的代入感令众多玩家欲罢不能。《魔兽世界》遵循的便是《龙与地下城》的核心步骤规则：玩家扮演冒险者，累积经验成长，接受任务组队，探索未知地图，挑战强大怪物，获得珍贵宝藏。

《魔兽世界》的故事背景极为恢宏，从早期版本黑石之祸、纳克萨玛斯之祸，到燃烧的远征、巫妖王之怒，再到如今的军团再临、争霸艾泽拉斯，《魔兽世界》的历史之书逐渐展现于世人面前。囿于篇幅限制，在本节中无法展现《魔兽世界》的文化全景，仅能从一些要点之中领略艾泽拉斯的悠长文化。

种族是《魔兽世界》中存在的各方势力，具体包括德莱尼、矮人、侏儒、暗夜精灵、人类、血精灵、兽人、牛头人、巨魔、夜之子、虚空精灵、泰坦等众多种族。每一个种族均有着自己的历史、英雄与传说，而这些故事则与现实的文化体系不无关系。如泰坦便是脱胎于希腊神话的种族，泰坦形象的设计与希腊神话中的神祇十分相似，泰坦高层议会万神殿的名字与供奉希腊诸神的众神殿名字相似；上古之神作为游戏世界中的反派则源自克苏鲁神话，他们怪异恐怖的造型以克苏鲁神话为基础；北欧神话中的诸神也在《魔兽世界》中纷纷登场，奥杜尔和四大守护便是他们的化身。

除了神话体系之外，人类历史中出现的各大文明也在《魔兽世界》中登场，在此我们以建筑文化为例。游戏中人类文明的核心暴风城与塞拉摩中充斥着中世纪的欧洲建筑，圣光大教堂与修道院均是标准的哥特风格建筑；暗夜精灵文明的建筑风格则来自古希腊罗马文化，月神殿建筑群采用的便是罗马柱结构与圆顶大屋等古罗马建筑要素；安其拉的虫族则是埃及文化的集中体现，安其拉废墟和安其拉神殿采用的便是古埃及建筑风格，埃及柱在安其拉的建筑中随处可见；血精灵的银月城则是波斯文化、拜占庭与巴洛克风格的糅合，阿拉伯风格的多门建筑是银月城建筑的典型风格。

除以上文化之外，中华文化、日本文化、玛雅文化、印第安文化、非洲文化、日耳曼文化等诸多人类文化均在《魔兽世界》中有所体现。这些文化的一个重要体现便是《魔兽世界》中的节日文化。《魔兽世界》中有着众多的节日，如春节对应着中国文化中的新年，仲夏火焰节对应的是美国的独立日和仲夏日，美酒节对应的是慕尼黑啤酒节，亡者节对应的是墨西哥的亡灵节等。这些节日在《魔兽世界》中并非只是简单地仿效现实节日，节日的氛围也来自主城的装饰、彩蛋、烟花以及各式不同的节日成就。而游戏中的NPC 也会与玩家一同过节，美酒节时拿着酒壶的黑铁矮人便会发出"来喝一壶吗朋友，黑铁矮人的烈酒，保证够味儿"的诚挚邀请。

流行文化在《魔兽世界》中同样无处不在，游戏中千奇百怪的装备、道具，NPC 的造型、话语均反映着不同世代的流行文化。文学、音乐、漫画、游戏、饮食、电视剧、电影等流行文化均在《魔兽世界》中有着广泛的体现，本节中以游戏为例进行说明。北风苔原的狗头人卡加尼舒参照了《暗黑破坏神Ⅱ》中的拉卡尼休

(Rakanishu)；影牙城堡中的屠夫拉佐克劳参照了《暗黑破坏神 I》游戏初期的同名首领；NPC 爱丽丝·普里洛斯则是为了纪念《最终幻想 7》中的卖花女艾里斯·盖恩斯伯勒（Aeris Gainsborough）；在希尔斯布莱德丘陵上的这个小游戏会给予你一系列的任务去消灭一波又一波的亡灵，这一游戏参照的是《植物大战僵尸》；穆尔金和拉瑞安的对话则参照了《超级马里奥》。《魔兽世界》中的流行文化例子不胜枚举，而如此多的流行文化的借鉴也是《魔兽世界》文化体系活力十足的重要原因之一。

《魔兽世界》所建构的世界并非只是神话传说和现实文明的借鉴与再现，而是拥有完整游戏世界的文化体系。《魔兽世界》中的每个种族几乎都拥有自己的语言、信仰、制度与价值观，这些文化要素的交织与碰撞形成了《魔兽世界》中世界的真正意义。这些文化要素的构建也相当精妙，在此以语言为例。尽管《魔兽世界》并未赋予每一个种族独立而完整的语言体系，但语言的设定体现了游戏世界中种族的差异与关联。与现实世界类似，种族在拥有自己语言的同时，部分种族间的语言有一定的相似性，如部落能说部落通用语，却无法与联盟交流。联盟和部落之间使用的则是国际通用语，如 for the horde 便是国际通用语中的"为了部落"。种族之间为了方便交流，通常只使用本种族的语言，在使用通用语时也会经常加入自己的语言，如血精灵会经常在对话结尾加上一句"Bal'adash, malanore!"

以上的说明与例证仅展现了《魔兽世界》游戏世界的微小部分，其恢宏的历史背景与繁复的文化体系远超于本节的文字表述，《魔兽世界》所构建的游戏世界正是玩家们热爱《魔兽世界》的不竭源泉之一。尽管《魔兽世界》目前面临着玩家数量下降的挑战，但无论如何，这一经典在游戏历史上已然留下了浓墨重彩的一笔。

经典永不落幕——"为了艾泽拉斯"。

二、《我的世界》："创世主"们的无限创造

如果有一天你真的成了"创世主"，那么你会创造一个怎样的世界？

《我的世界》作为一款高自由度的沙盘独立视频游戏，完全没有游戏背景，玩家可以根据自己的想象力建立自己的世界——这款游戏的台版名字《当个创世神》更为直接地概括了游戏的高自由度。

作为一名"创世主"，在《我的世界》中只能从最微小的工作做起，而并不能拥有随意改变和创造世界的强大能力。首先，玩家会化作一个方块人进入《我的世界》，在这里你将见到各种方块。方块是构成游戏主世界的基本物件，它有着丰富的种类，草、石头、泥土、玻璃、冰块、火把等各种材质的材料在《我的世界》中都是质地不同的方块。然后，玩家便可以开始游戏中的基本活动——来自《我的世界》英文名字的两个单词，即"Mine"挖矿和"Craft"合成。玩家们在游戏中敲碎各种各样的方块收集不同的原材料，在物品栏中玩家合成创建新的工具和方块，接着放置方块和使用工具，这便开始了创造世界的过程。此外，玩家在游戏中的活动还包括冶炼、酿造和附魔等。

除创造模式和旁观模式外，生存是诸位"创世主"们首先要面对的挑战。食物与房屋是玩家为了保证生存必须拥有的东西，否则便会因为饥饿或受到其他生物攻击等原因死亡。在解决了生存问题之后，"创世主"便可真正开始创造世界的征程。《我的世界》中的

活动多种多样，为了达成不同的目标，玩家们便会采取不同的活动，如建造建筑、战斗、使用地图、测量距离、建造大都市、饲养和驯化生物、种植植物等。

在这样一个类似于搭乐高积木的简单操作中，究竟能够创造出怎样的世界呢？玩家丰富的想象力和毅力，告诉了我们这个问题的答案是——任何世界。首先，让我们来看看"创世主"们的建筑。建筑是《我的世界》中基本的玩法之一，玩家可以创造任意种类和设计的建筑。当建筑被亲手一点一点搭建完成时，玩家无可比拟的成就感油然而生。而在建筑大神的不断努力下，《我的世界》中出现了诸多宏伟的巨型建筑。如玩家"喵奏"在 2014 年接手的"国建 & CW"团队的故宫项目。在他的带领下，团队中最初的三十多名玩家齐心协力，通过实地考察、史料考据等多种方式严谨地还原故宫建筑群的每一个细节。历经三年，该团队终于完成了故宫建筑群在《我的世界》中的复原（见图 4 - 1）。"史诗工坊"团队则将丽江木府进行了复原，丽江的古城文化得以在虚拟世界中弘扬（见图 4 - 2）。

图 4 - 1 《我的世界》故宫建筑群

图 4-2　《我的世界》丽江木府建筑景观

除了还原现实的建筑奇观之外，复原历史奇观也是建筑大神们的另一个志向。圆明园这一人类伟大建筑群的毁坏是人类文化的重大损失，当世的人们可能再无缘得见这一建筑群的绝妙风采，而在《我的世界》中一切皆有可能。"史诗工坊"团队便完成了这一壮举，他们用一块块质地各异的材料复原了圆明园这一人类建筑史上的瑰宝，圆明园"重见天日"（见图 4-3）。

图 4-3　《我的世界》圆明园建筑群

艺术作品中的建筑奇观曾长久地存在于人们的想象之中，而《我的世界》与伟大的玩家们则赋予了它们化为现实的可能性。作为四大名著之一的《红楼梦》是人们津津乐道的文学作品，而大观园无疑是其中最为著名的建筑。"史诗工坊"团队依靠《红楼梦》的描绘与团队的艺术创造，在《我的世界》中创造了大观园建筑群（见图 4-4）。除此之外，《秦时明月》中的墨家机关城（见图 4-5）、《千与千寻》中的温泉岛（见图 4-6）等艺术作品中的建筑均活灵活现地出现在了《我的世界》的大地之上。

图 4-4　《我的世界》大观园景观

图 4-5　《我的世界》墨家机关城景观

图 4-6　《我的世界》温泉岛景观

　　如果说其他方块让《我的世界》成为单纯的沙盒创造游戏，红石方块的出现则让《我的世界》的科技大幅飞跃，游戏的创造性和想象力上升到了崭新的层次。红石方块是一种特殊的材料，在《我的世界》中相当于基本的电路线，而当红石经过各种复杂和巧妙的组合后，《我的世界》中的各种物体和建筑便可产生运动或动作，各类机器和机械应运而生。红石的应用种类繁多，如可以建造红石闪光灯、密码门，拥有飞行技术的基础红石应用，建造方块更新感应器、阳光传感器等探测器，建造矿车、火车站、陷阱、活塞等。而高级红石应用则更加令人眼花缭乱，计算器、电报机、计算机、高频电路等都可以通过红石组合建造出来（见图4-7）。红石对于《我的世界》而言就是一场技术革命。

图4-7　《我的世界》红石计算器

　　个性化与自定义则是《我的世界》中高自由度文化的集中体现，玩家可以通过丰富的插件API、资源包、皮肤、非官方MOD、第三方程序来实现游戏个性化与自定义，甚至可以建立自己的服务器邀请其他的玩家一起在自己创立的新世界中进行游戏。资源包可更改游戏中的纹理、声音和文字，从而拥有不同风格的《我的世界》。皮肤为玩家修改自身形象提供了便利，玩家可以模仿其他游戏、动漫、电影等出现的角色制造自己新的皮肤，《我的世界》便由此引入了更多的流行文化。非官方MOD和第三方程序则为玩家提供了修改世界的方法。非官方 MOD 的使用让玩家的自创内容得以大幅度添加，玩家不断引入其他游戏的经典玩法，建立各种类型的副本，令《我的世界》的趣味性不断上升。而如 3D 的地图编辑器、游戏修改器、合成配方信息程序等第三方程序，则让玩家们可以更充分地享受《我的世界》的游戏乐趣。各类不同游戏模式的服务器的出现，则满足了玩家们在不同的世界与玩法中与他人共同游戏的乐趣。

三、"仙侠文化"：中华传统的集中传承

"胜败乃兵家常事，大侠请重新来过"——这句经典台词想必勾起了一代人对于《仙剑奇侠传》系列游戏的回忆。《仙剑奇侠传》系列作为仙侠游戏作品的代表作，可谓开创了一个游戏的时代。而有关"仙侠文化"的突出游戏作品，还包括《轩辕剑》《古剑奇谭》等。

仙侠游戏通常以中国古代神话传说或古代历史为背景。《仙剑奇侠传》便是以中国古代神话传说为背景。在《仙剑奇侠传》中，创世大神是盘古，其创造了三位神灵，即伏羲、女娲和神农。女娲在游戏中依然以"人首蛇身"的形象出现，这与神话传说中的形象一致，同时也是一种对于古代传统文化中图腾崇拜的继承。女娲这一神话人物在游戏中更是被发展成"女娲族"，赵灵儿、紫萱等苗疆女娲族后人在《仙剑奇侠传》中扮演了重要的角色。女娲族后人也继承了女娲守护中华大地的遗志，以保护苍生为己任，同时也演绎着轰轰烈烈的情感故事。

与之相比，《轩辕剑》系列的背景则更多来自中国古代历史。《轩辕剑》大部分的故事取自中国古代特定历史时期的历史，如早

期版本中的秦朝、隋朝背景，第五代两部外传的三国背景等。而剧
情走向又多与历史上真实的人物、政治背景和事件相关联，因而主
角的经历更富有历史感。古代典籍《山海经》同样也是《轩辕剑》
系列的重要背景，许多器物和地名皆出于《山海经》，如氏人国和
建木等。第五代正传更是让故事直接发生在根据《山海经》记载描
绘的山海界中，令玩家颇感新奇①。

此外，《聊斋志异》《搜神记》等带有奇幻色彩的小说作品也是
仙侠游戏的重要背景来源之一。

在具体的游戏内容中，中国传统文化的印记在仙侠游戏中随处
可见。首先，诸子百家思想在仙侠游戏中得到了广泛的应用。仙侠
游戏中的众多人物角色和 NPC 是不同思想流派的人物，在剧情发
展的过程中，不同思想流派的角色互相交流，产生冲突，而在交流
的过程中充分体现了诸子百家的思想。以《轩辕剑》为例，墨家思
想是最为重要的，其次为儒家、道家和法家。游戏中出现的众多机
关术和战甲均是墨家思想的产物。

其次，宗教思想也是仙侠游戏中重要的文化要素，佛教与道教
思想内涵融入到了仙侠游戏的文化之中。如《仙剑奇侠传四》剧情
的推进围绕的正是游戏角色对于天道和人道之间关系的思考。在游
戏结局中，九天玄女提出了"天道恒大"的观念，而主角却相反地
认为"我命由我不由天"②。而这正是天道和人道的一种表达，涉及
了道教思想的核心问题。而佛教思想的代表则有"大慈悲明宗"的

① 河南 Claudia. 仙剑、古剑：探讨武侠游戏中的传统文化. http://play.163.com/11/0824/22/7C8P470D00314K8F.html.

② 杜骏飞，李耘耕，陈晰，等. 网络游戏中的传统与现代：《仙剑奇侠传》的文化
解读. 新闻大学，2009（3）：124-132.

千叶禅师和佛珠修习佛法误入歧途的剧情等。

再次，传统文学在仙侠游戏中得到了继承与发展。传统文学的形式多样，绕口令、熟语、诗词等均是仙侠游戏中常见的传统文学体裁，而诗词应用最为广泛。《仙剑奇侠传》系列是仙侠文化游戏乃至所有游戏中，运用古诗词最为杰出的代表。整个系列的古诗词作品数高达数百首，主角介绍和剧情概括是《仙剑奇侠传》系列中古诗词的主要功能。但《仙剑奇侠传》系列的古诗词水平并非始终如一，其经历了一个从入门到高超的过程。《仙剑奇侠传一》中打油诗较为常见，对于传统文学的运用不够精深。从《仙剑奇侠传二》开始，主创团队开始提升对于诗词的要求，使用韵律严格的词牌以提升古诗词水平。发展到《仙剑奇侠传五前传》后，古诗词水平进入了一个较为巅峰的时期，其中出现了如角色诗《结萝》中的"夜落萤飞追皓魄，晓来花放醒寒江"，《长相思·姜承与欧阳倩》里的"试手空呵颜似谁，相思对夜垂"等佳句[①]。

最后，游戏中建筑与景观的描绘体现了古代建筑思想及绘画思想的融入。《仙剑奇侠传》系列和《古剑奇谭》等游戏均以唐代建筑设计为参考，构建了仿古的游戏城镇。《古剑奇谭》在游戏建筑的设计上较为考究，大部分城镇均采用了中轴线结构，场景则尽量与时间背景贴合。而在景观中细微之处的典型文化符号同样突出了传统文化的影响。《古剑奇谭》中琴川水乡、江都夜景的刻画便深刻地反映了这一点。自然景观的描绘则颇有古代山水画的韵味，水乡、西域、昆仑、蓬莱……每个地方都有属于自己的别致风景。神

---

① 河南 Claudia. 仙剑、古剑：探讨武侠游戏中的传统文化 . http：//play. 163. com/11/0824/22/7C8P470D00314K8F. html.

树、醉花阴、太一仙境、青玉坛、乌蒙灵谷等景观的描绘令人印象深刻。

在游戏内容的设计上，仙侠游戏往往有着较为固定的故事模式。以《仙剑奇侠传》系列为例，其构建了一个较为稳定的由神界、魔界、仙界、人界、妖界和鬼界构成的世界，水火雷风土则是自然最为重要的五种力量，同时也说明了六界社会流动的渠道。而游戏主角的核心任务便是超越出身的道德与种族的对应关系，打破这种稳定世界的结构，到了故事的终点，神界人物的出现又会将世界重塑回原本的结构。在这样的过程中，宿命与自由的思考往往蕴含其中。

《仙剑奇侠传》系列等经典游戏开创了仙侠文化的传统，后续游戏也往往在此基础上加以发展与创新。对于中华传统文化的传承，在仙侠游戏发展的过程中不断得以强化，传统文化也因此成为国产游戏崛起的不竭动力之一。

四、《王者荣耀》：社会群体的社交新法

如果评选当今最为风靡的国民手游，《王者荣耀》无疑是其中最有力的竞争者。目前，《王者荣耀》用户数量已突破两亿大关，平均日活跃用户数也达到亿级水平，2017年更是创造了近300亿元收入的骄人战绩。这些现象级的数据切实地证明了《王者荣耀》的巨大成功，《王者荣耀》在手机游戏市场的霸主地位无可撼动。

而在大放异彩的《王者荣耀》背后又形成了怎样的游戏文化呢？各类人物的引入、游戏语言的普及以及社交方式的影响是其中最为突出的三个方面。

《王者荣耀》的游戏人物来源广泛，丰富的角色保持着玩家所

能体验到的新鲜感。这其中最为突出的无疑是历史人物,不论是东汉末年的刘备、曹操、关羽、张飞,还是来自唐朝的杨玉环、狄仁杰、程咬金,抑或春秋战国时期的廉颇、庄周、白起,商周时期的姜子牙、妲己,古代历史中各个时期的著名人物在《王者荣耀》的游戏之中均能找到相对应的角色。历史人物的引入使得玩家们可以凭借历史知识迅速产生对相应角色的熟悉感,再加之角色的故事、技能、属性等设定也与历史人物的形象有一定的联系,在与认知一致的情况下,玩家可较为迅速地体会到相应游戏角色在游戏中的作用与打法,利于游戏角色和游戏本身的普及。但这样的引入不可避免地会出现一定的改编的状况,角色形象、背景故事等均可能与历史人物形象不甚一致,这对于不熟悉历史人物的玩家而言可能会产生潜在的认识偏差的风险。为解决这一潜在风险,腾讯游戏王者荣耀官方推出了文化常识普及视频栏目《王者历史课》,聚焦于中国传统文化,力求以生动有趣的形式普及历史文化常识与历史人物故事。

第二类角色则来自各类文化作品,如小说、动漫、其他游戏等。这些人物包括《封神演义》中的哪吒、太乙真人,《西游记》中的孙悟空,NHK 公司游戏中的娜可露露、不知火舞、橘右京等。此类游戏角色与历史人物的引入有着相似之处,均是调动玩家的熟悉感,以降低了解角色的精力与时间投入,更快地完成熟悉游戏角色的过程。

第三类角色则为虚构角色,其中最为突出的是近来《王者荣耀》推出的"长城守卫军"系列角色,即苏烈、铠、百里守约和百里玄策。《王者荣耀》为这一系列角色设置的背景为在一个强盛国度"大唐"的边境,为守护长城之后的家园而战的下层士兵的故事。虚构角色的设计有着更高的自由度，但故事和角色的设置依然在尝试贴近与已有的游戏角色建立联系。在人物引入的基础之上，《王者荣耀》为游戏角色设计了相应的技能、属性、皮肤等，从而在整体上让玩家更易接受。

流行语的普及是《王者荣耀》中另一值得关注的文化现象。"猥琐发育，别浪""稳住，我们能赢"等游戏中的经典台词早已在玩家中广泛流传，并产生了诸多使用此类流行语的衍生品。而游戏人物的台词同样令玩家们记忆深刻，它们的来源丰富而多样，如游戏角色王昭君的台词"故乡的梅花开了吗"出自知名女作家陈慧瑛的作品《梅花魂》；"凤凰鸣矣，于彼高岗。梧桐生矣，于彼朝阳"出自《诗经·大雅·卷阿》；"凛冬已至"则是为了致敬乔治·马丁的奇幻作品《冰与火之歌》。此类来自多种来源的游戏人物台词不胜枚举，它们不仅使游戏人物的形象更加丰满，也在潜移默化中丰富着《王者荣耀》的文化内涵。

对于社交方式带来的剧烈影响是《王者荣耀》最为值得探讨的文化现象。如今《王者荣耀》已成为年轻人重要的社交方式之一，不论是希望与办公室同事、学校同学或刚认识的小伙伴们快速破冰，还是寻求与同事、同学、朋友增进联系，或者只是与身边人共同打发闲暇时间，《王者荣耀》的身影在这些情境中频繁出现。这一点的达成并非易事，简单而言，《王者荣耀》因以下条件的满足而具备了成为重要社交方式的可能性：首先，《王者荣耀》的易操作性使其成为"全民手游"，这为其成为流行社交方式奠定了广泛的用户基础。MOBA（多人在线战术竞技）游戏在发展过程中出现了不少精品游戏，如目前颇具影响力的《英雄联盟》等，但这类游戏的操作却并不简单，往往需要长时间的练习才能在游戏中畅玩，不熟悉此类游戏的玩家难以加入其中。而《王者荣耀》则大大简化了游戏中的操作，上手时间大幅缩短，吸引了众多因其他 MOBA 游戏门槛高而无法加入的用户，特别是大量的女性用户。这使得《王者荣耀》真正具备了广泛的用户基础，也为《王者荣耀》在各类社交场合的出现铺平了道路。其次，《王者荣耀》的单局游戏时长适合社交。正常的匹配赛和排位赛模式的游戏时长多数为10～20分钟，五军之战、深渊大乱斗等娱乐模式游戏时长则更短，这样的游戏时长方便用户在大多数场合进行游戏社交，而不必有占用大量时间的顾虑。再次，MOBA 游戏团队合作的特性与社交的交流特性具有一致性。《王者荣耀》最为常见的游戏模式需要五人作为一队与对方进行对抗，这就意味着如果某方可以在游戏中进行充分而有效的沟通便可能占据游戏的优势。在众多的沟通方式中，面对面交流无疑效率最高，因而如果五人能够在同一空间中一起进行游戏，就最有可能获得游戏中的优势。游戏团队合作的特性与社交的交流特性在追求游戏优势的诉求中找到了契合点，《王者荣耀》之所以能够成为重要的社交方式，这一点功不可没。最后，《王者荣耀》的平衡性令游戏社交得以长久地存在。《王者荣耀》在英雄技能、属性、地图等设置中力求平衡，人民币玩家也无法因充钱而获得巨大的不可撼动的优势，同时智能的匹配机制令游戏持续地充满挑战——水平相似的团队会有较大可能匹配对战，以及在连胜或连败情况下会出现相应的困难局或福利局以保证玩家体验，综合以上措施所实现的平衡性使得玩家们可以不断地在游戏中得到乐趣，从而保证了《王者荣耀》作为社交方式的延续性。《王者荣耀》作为现象级手游，本身成功地成为重要的社交方式之一，但其对社交关系的实际影响还有待经验和研究证明。

五、《阴阳师》：妖怪文化的精致雕琢

安倍晴明这位来自日本平安时代的大名鼎鼎的阴阳师在不久之前并不被广大的中国玩家所知晓，而随着《阴阳师》游戏的爆红，晴明大人的故事已在中国玩家中广为流传，造型各异的式神们也得到了玩家们的喜爱。那么《阴阳师》这一建立在日本平安时代阴阳师故事基础上的游戏，到底为玩家们呈现了哪些不可忽视的文化现象呢？

提起阴阳师，便不得不提日本历史悠久的妖怪文化，而这也是《阴阳师》游戏最为重要的文化基础。日本的妖怪文化可以追溯到飞鸟时代，当时中国的"阴阳五行"思想传入日本并发展为阴阳道，在日本的统治阶级中推行。在平安时代这一思想进入鼎盛时期，而《阴阳师》的背景正设置在平安时代。到了现在，日本的妖怪文化依然有着相当的影响力——一年一次的全国鬼峰会会邀请全国各地的团体共聚一堂，为人们讲述和演绎妖怪故事。

平安时代起始点为 792 年，正是我国唐朝的统治时期。在遣唐使的持续努力下，中国文化源源不断地传入日本。在这一时期，和风文化在融合了本土文化与唐朝文化的基础上产生，并延续至今。和风文化的影响十分广泛，服饰、建筑、礼乐、宗教等均受到和风文化的渗透，《阴阳师》中游戏角色的衣着、配饰，以及游戏画面中的建筑等都是和风文化的体现。

平安时代作为封建时期之一，统治阶级巩固统治为第一要务。当时的生产力水平较为低下，对于世界和自然的认识也相当有限，阴阳道在这一历史背景下的广泛流传，使得妖怪的概念深入人心。因而，为了巩固统治，平衡天地人鬼间的矛盾，阴阳师在平安时代

被赋予了强大的话语权。阴阳师作为官方职务，是中务省阴阳寮所属的官职，其职责也不局限于抓鬼，占卜、咒术、祭祀、历法制定等均是阴阳师的职责。为天皇保社稷，为平民保平安，阴阳师可谓位高权重，民心所向。如此大权在握的阴阳师在尔虞我诈的宫廷中生存并非易事，和歌汉诗、茶道乐器、人情世故均要懂得，因而能够成为阴阳师之人都是十分出色的人才，其中安倍晴明是最为著名的阴阳师。而作为土御门神道的开山祖师，安倍晴明当时统辖着全国的阴阳寮，留下了众多的传说与故事。这些传说与故事在《阴阳师》游戏中被改编成了重要的剧情。

由于人们深信阴阳师有着强大的能力，阴阳师在民间传说和文学作品中趋于神化。而为了抓鬼平乱，阴阳师们拥有了独特的技能——操纵式神。式神是指被阴阳师所役使的灵体，按照评级可分为犬神、犬鬼、游浮灵、地缚灵和饭纲。《阴阳师》中式神便来源于这些民间传说和文学作品中的式神，并简化了式神的评级。每一个式神均有着属于自己的故事，而这也正是《阴阳师》游戏剧情的重要来源。例如《阴阳师》中大火的式神茨木童子，据说是妖怪酒吞童子的手下。茨木童子某天在朱雀大道上看见了源赖光的家臣渡边纲，便化成一个迷路的美女让渡边纲送她回家。走到五条渡口时，茨木童子现出原形欲杀死渡边纲，随即渡边纲与茨木童子发生了战斗，并砍下了茨木童子的一条手臂。式神并非清一色地为害人间，也有一些好的式神为人类做出了贡献，如被视为家庭守护神的座敷童子。座敷童子生前多为穷苦人家的孩子，不想让不幸侵害其他人，因而座敷童子在的地方便会一扫阴霾和厄运。正因为座敷童子能够带来好运，常常有家庭会对其施以结界控制他们，以求家庭繁盛。

《阴阳师》中的重要玩法百鬼夜行，同样产生于平安时代。百鬼夜行这一词语最早出自《宇治拾遗物语——修行者百鬼夜行に逢ふ事》之中，后演化成一种民间习俗，即与《阴阳师》游戏中玩法相同的"撒豆驱鬼"活动。但这一活动对于百姓来说，更多的是一种对于现实不满的情绪的发泄，百姓也在这项活动上倾注了很多普通日常生活的情感。历史上平安时代中阴阳师参与百鬼夜行活动，对百鬼们进行封印，更多地有一种巩固统治的意味在其中。

除游戏剧情、人物造型、绘画风格外，《阴阳师》中的音乐也颇为讲究。为《阴阳师》制作主题配乐的是日本配乐大师梅林茂先生。梅林茂大师曾为日本电影《阴阳师》《阴阳师2》配乐，也为多部王家卫导演的电影进行过配乐，此次为《阴阳师》游戏配乐可谓是驾轻就熟。当颇具雅乐韵味的游戏配乐响起时，玩家仿佛置身于晴明所处的平安时代，再加上专业声优的游戏人物配音，玩家在游玩中可获得相当出色的游戏体验。雅乐同样是日本的传统文化之一，其指的是混合了民俗音乐的宫廷音乐，是一种以大规模合奏形态为主的音乐。雅乐与妖怪文化类似，受到了中国文化的强烈影响，在其中可以找到众多唐代宫廷音乐的影子，如雅乐中的《万岁乐》《兰陵王》等曲目在唐代典籍中可查到相关内容。而对于当代而言，日本雅乐始于奈良时期，雅乐寮的设立为雅乐的发展和传承做出了突出的贡献。在梅林茂大师的《阴阳师》游戏配乐中，我们可以听到神乐铃、太鼓、尺八等乐器演奏出的美妙乐章，感受日本传统雅乐带来的感官享受。

《阴阳师》游戏为我们展现了日本平安时代大背景下的妖怪文化与阴阳师文化，人物造型、绘画风格、配乐制作等环节上颇为用心，均借鉴与创新了日本的传统文化。如此用心地在传统文化上进行精细的再创作，《阴阳师》游戏的成功顺理成章。

第二节 非游戏世界的文化延伸

游戏世界的强大文化力量早已不仅局限于线上的游戏世界，其向其他社会领域的渗透势不可挡。形式内容多样、表现方式丰富的各类游戏衍生文化与衍生品在非游戏世界同样有着强大的影响力，已成为当今文化体系中不可割裂的部分。本节以在非游戏世界中颇具影响力的游戏文化现象，即 Cosplay、衍生文化作品与游戏嘉年华为例，意图勾勒游戏文化在非游戏世界中文化延伸的现状。

一、Cosplay：粉丝文化的突出代表

Cosplay 这一粉丝文化现象在当今早已不是什么新鲜事，在众多社交平台、动漫展会、游戏嘉年华上穿着各类二次元角色或游戏角色服装的 Coser 随处可见。

Cosplay 这一词汇是 "Costume Play" 的和制英语简称，中文一般翻译为 "角色扮演"。这一词汇起源于 1978 年，Comic Market 召集人米泽嘉博氏为场刊撰文时，以 "Costume Play" 来指代装扮为动漫角色人物的行为，后由日本动画家高桥伸之于 1984 年在美国洛杉矶举行的世界科幻年会时确立以和制英语词语 "Cosplay" 来表示，指一种自力演绎角色的扮装性质表演艺术行为[①]。目前，Cosplay 可理解为利用服装、饰品、道具以及化妆来扮演动漫作品、

---

① 3eLife. 关于 Cosplay 的起源和发展，你想知道的都在这里 . http：//www. jiemian. com/article/1023813. html? prd＝shouye_newslist，2016 - 12 - 19.

游戏中以及古代人物等角色的行为①，在网络上广泛传播后被引申为"假扮某类人的人"。Cosplay 行为的装扮者一般被称为"Cosplayer"或"Coser"。

Cosplay 这类行为的起源众说纷纭。在人类历史上，出现过诸多与 Cosplay 类似的行为，如公元前历史中古希腊祭祀装扮成先知，游吟诗人们扮演史诗中的不同人物，或古代历史中人们对神话传说、民间故事的装扮演绎，以及西方世界流行的化装舞会、万圣节游行等，这些形式各异的装扮行为均可以看作 Cosplay 的前身。广义而言，Cosplay 起源于大洋彼岸的美国。1955 年开放的世界上首座迪士尼乐园中，出现了一批穿上米老鼠服饰供游客观赏或合影留念的工作人员，而这批米老鼠的装扮便是当代 Cosplay 的起始。日本在 1950 年代，同样出现了 Cosplay 现象，但仅限于孩子们的装扮游戏之中。当时《月光假面》与《少年杰特》两部动画颇为流行，不少孩子装扮成了动画中的主人公。在此后的二十年间，日本 Cosplay 一直保持着这样的状况，直到 70 年代，日本 ACG（Animation，Comic，Game 的缩写，是动画、漫画与游戏的总称）文化逐渐成形，Cosplay 也成为同好会上的一种即兴节目。90 年代，日本 ACG 业界成功举办了众多的动漫展和游戏展，展商为了宣传自身产品，特意找来年轻人装扮成动画、漫画和游戏中的角色以吸引人群观展。至此，Cosplay 正式成为当前理解意义上的装扮行为。

90 年代，Cosplay 正式传入中国。中国香港据称在 1993 年最早出现 Cosplay 活动——一个名为"四百尺"的同人团体穿上《银

---

① 百度百科 . Cosplay 词条 . https：//baike. baidu. com/item/cosplay/114892？fr=aladdin.

河英雄传说》中同盟军的制服现身艺术节会场。中国台湾则在1995
年出现了最早的Cosplay活动。而中国大陆则是在1998年才出现
Cosplay活动,在漫画展上一些粉丝自发进行了Cosplay秀。尽管
Cosplay传入中国大陆较晚,但由于Cosplay在日本等市场已较为
成熟,中国大陆的Cosplay在借鉴的基础上发展迅速,2000年便成
功举办了第一届Cosplay大赛。

如今,Cosplay依然被认为是一种与ACG密切相关的文化活
动,扮演的角色也多来自ACG,如动画、漫画、游戏、小说中的
人物或拟人化形态,也包括现实世界的一些传奇人物或拟人化形态
等,而游戏Cosplay是其中非常重要的组成部分。除了在游戏嘉年
华上有着大批的游戏Coser装扮成各种游戏人物外,不少游戏厂商
均会举办专属自家游戏角色的Cosplay竞赛或展览,或组建专门的
Cosplay团体,传播自家游戏,如暴雪游戏每年都会举办自家角色
的Cosplay竞赛。而在社交网络发达的今天,Cosplay已远不限于
在游戏嘉年华或其他大型活动中出现,各类游戏Cosplay的照片在
社交网络上随处可见。值得一提的是,与其他国家相比,在中国,
别具一格的是古风主题Cosplay,其是Cosplay文化中的独特存在,
而此类Cosplay的兴起与仙侠类游戏的流行关系密切,代表有《仙
剑奇侠传》系列、《剑侠奇缘》系列等。

综上,Cosplay作为粉丝文化的突出代表,势必将会随着游戏
的发展不断壮大,为形成独特而丰富的玩家文化贡献力量。

二、文化产品:游戏文化的多样衍生

在线上取得巨大成功的游戏衍生出了众多的文化产品,为玩家
们打造全方位的游戏相关体验,以进一步扩展游戏的吸引力和影响

力。而围绕游戏 IP 不断丰富游戏的文化体系组成多元，既包括影视作品、音乐特辑、人物手办、服饰鞋帽等较为常规的文化衍生品，近来也包括音乐剧、综艺节目等新形式的文化产品。由于按照产品类型分类难以说明游戏文化产品延伸出的文化矩阵，因而本节以经典游戏 IP 的文化产品为例进行说明。

国产游戏中最为经典的游戏 IP 无疑是《仙剑奇侠传》系列，其产生的游戏文化产品也是国产游戏中最为多样而丰富的，其中以影视作品、图书作品和实体商品为主。《仙剑奇侠传》系列的影视作品最为著名的是三部翻拍自游戏作品的电视剧，即《仙剑奇侠传》《仙剑奇侠传三》和《仙剑奇侠传五》。这三部电视剧是游戏文化产品中最为成功的典范，捧红了胡歌、霍建华、刘亦菲等一众演员，胡歌饰演的李逍遥和刘亦菲饰演的赵灵儿更是令粉丝们印象深刻。此外，网络剧《仙剑客栈》、声优剧《仙剑奇侠传：前尘一梦》、舞台剧《仙剑奇侠传》《仙剑奇侠传三》和音乐剧《仙剑奇侠传》也是《仙剑奇侠传》系列游戏衍生出的影视作品。图书类作品同样颇为丰富，漫画作品共出版过《仙剑奇侠传》《仙剑奇侠传二》等六部作品，小说则发行过《新仙剑奇侠传》官方小说和《仙剑奇侠传》系列小说，此外还出版过画集与日历。实体商品除人物手办、服装等，还与海尔合作推出过烤箱、保险箱，与北京市政交通一卡通合作推出过仙剑主题卡以及授权推出的"仙剑全沉浸密室"等。

而在电影方面最为成功的则是《魔兽》IP。千呼万唤始出来的《魔兽》电影取得了不错的票房成绩，全球最终总票房为 4.32 亿美元，北美票房为 4 708 万美元，中国票房则更为可观，总票房累计约 14.7 亿元人民币。尽管《魔兽》电影招致了一定的批评，部分批评家认为《魔兽》陷于好莱坞老套的叙事模式中，没有拍出新意，而这也让部分《魔兽》玩家有点失望，但不可否认的是，《魔兽》电影的上映是游戏 IP 文化产品的重大成功。

而手机游戏的文化产品同样丰富，《王者荣耀》和《阴阳师》IP 的衍生文化产品是其中的代表。《王者荣耀》衍生文化产品中最为突出的是电子竞技，尽管与最为成功的《英雄联盟》全球总决赛尚有差距，但《王者荣耀》的电子竞技赛事已具备一定规模。以王者荣耀职业联赛 KPL、王者荣耀百万联赛 TGA、微信经营挑战赛WGC 等为主体的《王者荣耀》电子竞技赛事已吸引了相当的用户群体观赛，2017 年官方全年职业赛事体系内容观看及浏览量超过103 亿次。而在动漫、音乐、文学、周边等文化产品领域，《王者荣耀》均有所涉猎，还开设了《王者历史课》《荣耀诗会》《王者出击》等若干节目，以发挥《王者荣耀》IP 的影响力。《阴阳师》的衍生文化产品则较为传统，泡面番和音乐剧是其中最令人关注的。音乐剧《阴阳师》～平安绘卷～已在多个城市进行巡演，泡面番《阴阳师·平安物语》的播出再次引燃了玩家们对于《阴阳师》IP的热情。

三、游戏嘉年华：真实世界的玩家狂欢

游戏嘉年华可谓是游戏界的盛事，是以游戏为核心的各种文化艺术活动形式的大型公众娱乐盛会，其项目多种多样，如游戏新品或新版本的发布、Cosplay 表演、电竞赛事、周边产品售卖、热门游戏或新游戏的现场试玩等。根据主办方和面向对象的不同，游戏嘉年华大致可分为如下几类：

第一类为综合型游戏嘉年华，其主办方一般为业界的游戏协

会。此类嘉年华最为著名的是世界三大互动娱乐展会，即世界上最大的电子游戏年度商业化展览美国电子娱乐展览（又称 E3 游戏展）、全球第二大游戏展会日本东京电玩展（TGS）以及德国科隆国际游戏展（GamesCom）。这三大展会每年均会吸引众多的游戏厂商参加，在展会上各厂商会展示即将上市的游戏或硬件产品，同时展会也会评选出各类游戏中的杰出作品，并为它们颁奖，如 E3 游戏展的独立奖项 Game Critics Awards。

第二类是游戏开发者嘉年华。这一类嘉年华主要为游戏开发者提供一个交流的平台，活动主要围绕开发者展开，如开发者训练营、独立客户专场等。游戏开发者大会是世界最大的游戏开发者年度聚会，每年参与大会的人数高达数万人，同时大会也会对经典游戏作各个分项的评选，大会会场通常包括游戏设计、游戏制作、程序开发、商务与市场等，具体的会场会因不同年份的情况而有所调整。这类嘉年华还包括全球移动游戏开发者大会（GMGDC）、中国独立游戏大赛（INDIEPLAY）等。

第三类是游戏厂商主办的嘉年华活动，此类嘉年华也是最受玩家喜欢的嘉年华，其中最负盛名的是暴雪嘉年华（BlizzCon）。暴雪嘉年华是美国电子游戏公司暴雪娱乐每年举办的年度盛事，其囊括了旗下的众多经典游戏，如《魔兽世界》《魔兽争霸》《星际争霸》《暗黑破坏神》《炉石传说》等。暴雪嘉年华的重头戏是电子竞技赛事，包括《风暴英雄》HGC、《星际争霸 2》WCS 全球总决赛、《魔兽世界》竞技场世界锦标赛、《守望先锋》世界杯、炉石酒馆大乱斗等，这些世界顶级电子竞技赛事每年都会吸引众多玩家的目光。此外，在嘉年华上，暴雪还会公布各游戏的新内容，开展作家、UP 主、工程师、美术师、地图设计师、音效设计师等专场，以及播出现场秀等节目。与暴雪嘉年华类似,国内最著名的游戏厂商嘉年华为腾讯游戏嘉年华(TGC),主要活动包括腾讯旗下各款游戏的电竞赛事、周边礼品售卖、明星亲密接触、游戏现场体验等。

第四类是以单一游戏为主题的游戏嘉年华,此类游戏嘉年华较为突出的代表是《我的世界》全球嘉年华(MINECON)。《我的世界》嘉年华是在 2017 年正式升级为全球嘉年华的,此前在美国、英国等举办了多次嘉年华。《我的世界》全球嘉年华主要以全球直播秀的方式进行,让全球玩家均可参与其中,此外还举办了《我的世界》Cosplay 大赛,众多玩家化身像素人模仿《我的世界》的人物角色。

第五类是游戏媒体主办的游戏嘉年华,国内近来风评较为出色的此类嘉年华是机核主办的核聚变电子游戏嘉年华(GAMECORES)。核聚变电子游戏嘉年华的主体活动是邀请玩家参与不同电子游戏项目的游玩,获得徽章以赢取奖品。此外,也有游戏真人秀活动和抽奖等环节。

第五章　游戏产业

今天，游戏已经形成规模庞大的产业经济，以游戏为中心的上下游产业已经相对成熟，中国的游戏产业规模已经跃居世界第一位。

第一节　国内游戏产业现状

中国游戏产业总体市场规模庞大。2017 年，国内游戏产业销售额和产值均居世界第一，中国已成为名副其实的世界第一游戏大国。

一、产业规模

2017 年，中国游戏市场实际销售收入达到 2 036.1 亿元，同比增长 23.0%①。国内游戏产业连续四年实际销售额突破 1 000 亿元，增长虽从 2013 年以来有所放缓，但总体增长率为正，即实际销售额保持连年增长（见图 5 - 1）。

---

① 中国音数协游戏工委（GPC），伽马数据（CNG），国际数据公司（IDC）. 2017年中国游戏产业报告.

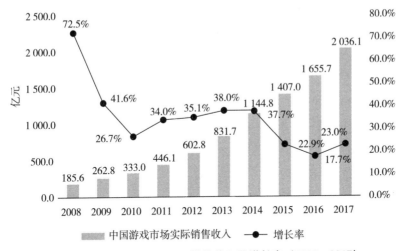

图 5 - 1　中国游戏市场实际销售收入及增长率（2008—2017）

资料来源：中国音数协游戏工委（GPC）＆伽马数据（CNG）＆国际数据公司（IDC）。

从产值来看，2017 年，全球 1 089 亿美元[①]的游戏市场中，中国以 275.47 亿美元的产值位列第一，美国以 250.60 亿美元的产值紧随其后，中国和美国成为全球游戏市场上产值最高的两个国家。

中国游戏产业产值在 2010 年仅为 49 亿美元，而美国是 175 亿美元，中国游戏产业产值还不到美国的三分之一。然而经过 8 年的高速发展后，中国已经超过美国（见图 5 - 2）。

从用户规模来看，近年来，中国游戏用户数量稳步上涨，但增速放缓。截至 2017 年末，我国游戏用户规模高达 5.83 亿人，同比增长 3.1%，为世界游戏人口第一大国。从用户增速来看，中国游戏用户规模保持连年增长，其中，用户增长率在 2010 年为 71.1%，

---

① Newzoo 公司.2017 年全球游戏市场报告.

达到顶峰，随后逐年下降，除 2016 年小幅上涨外，总体增长趋势放缓，但一直保持正增长（见图 5-3）。

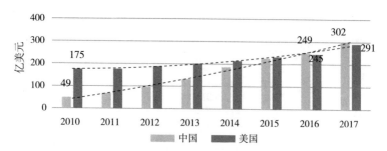

图 5-2　中美游戏产值对比

资料来源：中国音数协游戏工委，美国娱乐软件协会①。

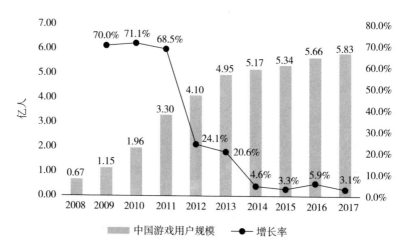

图 5-3　中国游戏用户规模及增长率（2008—2017）

资料来源：中国音数协游戏工委（GPC）&. 伽马数据（CNG）&. 国际数据公司（IDC）。

---

① 中国音数协游戏工委，伽马数据. 2017 年中国游戏产业报告；美国娱乐软件协会. 2018 ESSENTIAL FACTS ABOUT THE COMPUTER AND VIDEO GAME INDUSTRY. 由于数据调查范围不同，与上页注①中 Newzoo 公司展示的数据有所出入。此外，中美每年汇率采用中国统计局年度汇率。

二、移动游戏

相比起整个游戏产业的稳步增长，我国移动游戏产业的发展呈指数爆发，移动收入成为游戏产业收入的主要形式之一。

2017年移动游戏市场实际销售收入为1 161.2亿元（见图5-4），约占比57.03％；移动用户占总用户的95％以上。按销售额贡献，客户端游戏、网页游戏、社交游戏、家庭游戏机游戏和单机游戏依次为648.6亿元、156.0亿元、约55亿元、13.7亿元和约2亿元。在移动游戏中，动作角色扮演类、多人在线战术竞技类、回合制角色扮演类分别以404.5亿元、262.7亿元、184.9亿元占据市场销售额榜前三。游戏产业依旧遵循互联网行业的二八法则，由移动游戏、客户端游戏和网页游戏组成的三驾马车，占据了整个游戏产业的96.5％，带动了几乎全部游戏产业发展（见图5-5）。

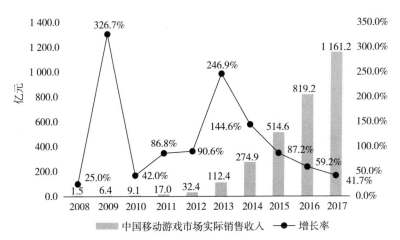

图5-4 中国移动游戏市场实际销售收入及增长率

资料来源：中国音数协游戏工委（GPC）& 伽马数据（CNG）& 国际数据公司（IDC）。

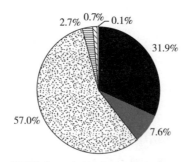

图 5-5　游戏产业各类游戏占比

资料来源：中国音数协游戏工委（GPC）&伽马数据（CNG）&国际数据公司（IDC）。

除此之外，截至 2017 年年末，在中国游戏企业中，上市游戏企业数量达 185 家（A 股 151 家、港股 26 家、美股 8 家），游戏企业数量分布前三的省份分别是广东（37 家）、北京（33 家）、浙江（22 家），新三板挂牌游戏企业数量达 158 家。更值得注意的是，在 Newzoo 公布的 2017 年上半年全球游戏收入前 20 的企业中，腾讯以近两倍的收入额超过第二名索尼，成为全球第一大游戏公司；同时期，网易（第 7）和完美世界（第 20）也进入榜单。

第二节　国内游戏产业主体

当前游戏产业已经形成了比较完整的产业链，游戏产业链是关于游戏的同一产业或不同产业部门游戏行业中具有竞争力的企业及其相关企业，以游戏产品为纽带，按照一定的逻辑关系和时空关系联结成的具有价值增值功能的链网式企业战略联盟[1]。

---

① 刘贵富，赵英才.产业链：内涵、特性及其表现形式.财经理论与实践，2006，27（3）：114-117.

综合业界和学界对游戏产业链的叙述，中国的游戏产业链可以分为主链和辅链两个部分：主链由游戏运营支持商、游戏开发商、游戏运营商、游戏渠道商和用户五个主体组成；辅链则主要包括版权业、直播业、电子竞技业、支付业、IT 制造业、游戏周边产品业、媒体出版业等，这些行业为主链提供支撑服务并在此基础上创造增值价值。主链和辅链上的各个部分仅有职能、价值流上的不同，不存在地位的高低之分。例如网络游戏的产业链是指以网络游戏开发商、网络游戏运营商、网络游戏运营支持商、网络游戏渠道商和玩家为主线的链条[①]，手机游戏产业链主要包括移动通信运营商、手机游戏开发商、手机游戏发行商、手机游戏平台开发商、手机制造商和用户[②]。由于手机游戏主要是依托手机为载体而产生的游戏，因此相比网络游戏，手机游戏产业链上显然更多了手机制造商这一主体，同时网络游戏与手机游戏的各个主体在名称上略有不同，如网络游戏研发商在手机游戏上体现为手机游戏开发商和手机游戏平台开发商，网络游戏运营商体现为手机游戏发行商，电信运营商体现为移动通信运营商等等，虽然名称不同，但本质无区别。

游戏产业链上的各主体有特定的位置，承担的角色也因而不同。现对游戏产业链上的各个主体进行分析：

一、游戏研发商

游戏研发商是游戏产业链的最上游，是指具有企业性质的电子游戏软件制作者。中国游戏开发先天营养不良，后天动力不足。中国游戏开发起步晚，历史短。早在 1950 年代，美国人威利·希金

---

① 尚慧，郑玉刚. 中国网络游戏产业发展现状的实证研究. 改革与战略，2009，25 (1)：166-169.

② 裴广信，范芸. 手机游戏产业分析. 通信管理与技术，2007 (5)：33-34.

博萨姆利用电气工程学的装置，制作出了世界第一台电子游戏机；1970 年代末，日本游戏设计师西角友宏的《太空侵略者》游戏已出现；1970 年代韩国也已经推出了自己的游戏产品。而中国的第一款游戏《万王之王》直到 1990 年代才出现，因此中国游戏的研发起步晚且较为年轻，中国游戏的历史遗留特点使得中国游戏产业的开发模式和国外的有较大不同。

在产品研发上，国外游戏开发商走的是"养成型"路线，而中国游戏开发商走的是"合纵连横"路线。国外最典型的莫过于美国游戏开发商 Riot Games，其成立十多年来只开发了一款游戏——《英雄联盟》，但仅此一款游戏却创下了年收入超 21 亿美元、总收入过百亿的惊人成绩，在 PC 游戏销售排行榜常年居于前列；只专注游戏制作的暴雪娱乐更是将深耕细作做到了极致，从早期的《魔兽争霸》《星际争霸》再到由此衍生的系列 IP 作品，旗下游戏真正实现了推出必属精品；只做移动游戏的芬兰游戏公司 Supercell 从 2010 年成立至今仅有《部落冲突》、《卡通农场》、《海岛奇兵》和《皇室战争》四款游戏，却风靡全球，被英国游戏媒体 PoketGamer 列为"2017 年全球 50 大移动游戏开发商"之首。可见，国外游戏研发大厂大多专注于研发，或十年磨一剑，或专攻某一类型做到极致，企业游戏开发经验丰富、能力极强，因此其他公司想要复制甚至是弯道超车较为困难。

相较之下，国内游戏开发巨头大多为"合纵连横型"，"合纵"是收购兼并其他游戏研发企业，"连横"是企业内部研发共享，将各个研发产品连成产品网。以游戏巨头腾讯公司为例，其奉行"内生研发"与"外延扩张"策略，在"内研"上，以用户价值对冲内容价值，借腾讯 QQ 平台衍生，形成了较为成熟的"QQ 游戏"，直接实现了将庞大的社交用户向游戏用户的迁移；在"外扩"上，母公司资金雄厚，大规模海外采购。其采买的一系列游戏研发公司从国内的金山网络、永航科技到国外的 Riot、Supercell，最北买到冰岛的 Plain Vanilla，最南买到新加坡的 Level Up International，腾讯游戏花重金在海外采购优秀游戏研发厂商的意义在于学习国外研发的优秀技术，为我所用。网易的研发多表现为"连横"，网易2017 年在自研上取得了优异成果；同时，近 20 年的游戏开发历史积累了丰富的自研经验，旗下"梦幻家族"系列已形成端游（《大话西游》《梦幻西游》《大话外传新篇》）、手游（《乱斗西游》《梦幻西游》《迷你西游》《西游神魔决》《方块西游》）组合，将自身的一个 IP 游戏产品拓展成产品线，联合手中现有研发资源实现共享，将研发单点扩展为网状的横向结构。

二、游戏运营支持商

游戏运营支持商是游戏产业链中最具稳定性的部分，主要工作是通过提供平台、提供网络服务来配合游戏运营商，二者共同为游戏的底层技术设计铺垫。运营支持商为游戏运营商提供网络、带宽、设备或者地区性游戏专区、网络专区等服务。在中国，目前主要的电信运营支持商以三大电信运营商为主的国有电信服务商为主（见表 5-1）。同时，在保障光纤等通信网络的顺畅搭建、运行方面，中国铁塔是主要力量，三大运营商同样参与投资。

表 5-1　　　　　　　　三大电信运营商

电信运营商	平台	游戏产品
中国电信	"爱游戏"	《捕鱼达人 2》《地铁跑酷》《快乐酷宝 2 超能特工》《斗龙战士 3 龙印之战》《赛尔号王者归来》《地牢猎手 5》等

续前表

电信运营商	平台	游戏产品
中国联通	"沃游戏"	《极限挑战：这就是命》《泰坦：众神之战》《倒霉熊奇幻大冒险》《汤姆猫跑酷》《赛尔号之勇者无敌》《阴阳师》《全民枪战》《穿越火线：枪战王者》等
中国移动	咪咕游戏（前身为"和游戏"）	《植物大战僵尸2》《捕鱼达人2》《愤怒的小鸟：夏季版》《神庙逃亡2》《我叫MT online》《植物大战僵尸（泳池）无尽版》《花千骨》等

游戏运营支持商与游戏运营商紧密结合。例如游戏开发商在设计完游戏并将其授权给游戏运营商，游戏厂商在和运营商进行合作前，首先会对游戏运营支持商的能力进行考察，对其实力进行评估和预判；随后再进行游戏授权，确定分成比例、合作周期、合同条款等事项。

三、游戏运营业

游戏运营支持商连接游戏运营和用户，是游戏开发商与渠道商的中间环节。游戏运营商的主要任务是将上游游戏开发商开发的游戏产品，诉诸技术、销售等手段，让产品在下游用户面前呈现出更优质的形态。如运用技术手段，用 Java、C++等开发语言搭建服务器，包括登录服务器、逻辑服务器、世界服务器、数据库服务器、GM 服务器、跨服匹配的服务器等等，提供足量的服务器数量，确定服务器的稳定、高效性。在服务器搭建完成后，游戏运营商还需要加以运营。如：投入游戏客服，帮助游戏玩家解决关于账号、游戏解释等问题；安排开服时间，在精准测试无误后给上线游戏；策划游戏活动，使游戏更具可玩性；等等。与此同时，站在用户的角度，用户对游戏的稳定性、流畅度的感受，对其客服反馈的满意程度，都源自运营商的"润滑"作用。因此，游戏运营是关于游戏平台的搭建、运营、维护、客户管理等一整套体系。

　　游戏运营支持商在很大程度上影响着游戏的可玩度，游戏运营支持商和代理运营商对游戏的共同配合和联合运营是用户体验的基础。例如，在对一个 90 后《魔兽世界》玩家的访谈中，他表示了自己对九城和网易游戏的交接工作的不满，服务器反应慢、账号丢失等问题极大影响了自己对游戏的体验，从游戏中度玩家到放弃游戏，游戏代理商对游戏运营支持商的考量、选择是基础，丢包、卡顿等现象都是运营商和游戏运营支持商的失职。

　　目前业界主流获取游戏运营的主要方式有自主研发、代理运营、并购开发、联合运营和委托开发五种。自主研发模式获取游戏运营是指游戏公司自己通过研发并制作游戏后获得运营；代理运营模式获取游戏运营是指游戏开发商将游戏授权给运营商，由游戏运营商代理运营此游戏，即通过代理获得运营；并购开发模式获取游戏运营是指游戏运营商通过并购游戏开发商来获得运营；联合运营模式获取游戏运营是指游戏研发商以合作分成的方式将产品嫁接到其他合作平台上，运营商因此获得运营；委托开发模式获取游戏运营是指通过委托游戏开发公司制作指定游戏来获得游戏运营。

　　以较为普遍的代理运营模式为例，相较于自主研发并运营模式的巨大投入与不确定，代理运营显然具有周期更短、来钱更易的优势，是目前游戏公司创收的主流玩法。自主研发要求的能力显然更高，周期更长，投入更大。众所周知，游戏开发不是一朝一夕之功，从外部的代码实现、美术设计、声音设计，到内部的世界观设定、故事背景、经济/战斗系统等等，需要投入具有丰富经验的团队，且在较长的周期内资金投入不能中断，最后在众志成城的努力下终于熬到 Beta 版上线，结果可能是爆款，也可能无人问津。代理运营模式单刀直入，在激烈的竞争中争取到优质游戏的代理权后，直接投入人力、物力、财力，省去了大量的游戏开发制作成本，这些节省的成本可以投入到其他环节：规模更浩大的推广营销；让利更狠的用户抽奖福利；更友好的线上粉丝社群建立等等。最重要的是，代理运营直接降低了来自源头的风险，保证了这份成绩单的优异性，运营只不过是保持原来的好成绩，争取更大的进步罢了。例如 PUBG 公司研发的《绝地求生》，上线 8 个月创收 7.14亿美元，腾讯争取到其代理权后直接切入运营；又如网易对暴雪娱乐的《魔兽世界》也是单刀直入运营，这些直接切入运营的做法既省去了开发的成本，又享受了利润最丰厚的部分。与此同时，游戏产品本身的 IP 性质为其带来了大量的用户，代理运营 IP 类优质游戏，运营也可能是"躺赢"。

近年来，游戏运营企业资本话语权增大，倒逼产业链上溯。中国的游戏产业发展进入了"上溯"阶段，也即主链下游倒逼上游发展。在常规的游戏产业主链中，遵循着游戏开发至游戏运营的流向，但是随着近年运营代理的成果，游戏主链产生了游戏运营话语权高于游戏开发的现象。这种现象表现为，当主链下游的游戏运营商收购了游戏开发商后，在技术、知识等方面有了更大的话语权，获得游戏主动权。

　　游戏运营商偏重代理运营型并不意味着自研不重要，相反地，对于一个成熟的游戏公司来说，自主研发在战略意义上高于代理运营。如果说代理运营考虑的是短期的经济效应，那么自主研发无疑关系到长远生态。

　　自主研发的价值一方面在于，其不受到其他公司可能的控制和影响，运营商对游戏 IP 有完全的发挥空间。只要有需要或者利益所在，产品线不断延长，产业链借 IP 拓展完善。《王者荣耀》之所以能产生巨大的价值在于其是腾讯游戏的自研产品，从和雪碧合作使用英雄 logo、天价代言 vivo xplayer 手机、手办周边、cos 展会到 KPL 职业联赛，其不仅拓展了自身的价值链，更带动了包括代练、电竞、视频直播等一系列产业链发展。另一方面，游戏公司在有余力时抓紧自研，也是对自身产品生态的打造。单一的运营生态过于依赖于游戏开发商，从长期来看，既不利于提高对游戏开发商的议价能力，也容易在开发商源头被切断时将自身置于动荡风险中。在有足够资金支持时，坚持自主研发能够开辟另一条"生财之道"，在竞争激烈的游戏行业中，资本投入运营获得大量收益，同时将部分资本用于研发投入再生产。而网易对《魔兽世界》的代理暴露了代理运营模式的局限，即游戏开发公司对游戏拥有相当大的话语权。这意味着双方在沟通、协商上已经不平等，即使是运营过程中的一个小 bug，涉及的可能不是公司有没有能力修好，而是公司根本没有被开通技术权限修的问题。一边是尴尬受限的权限，另一边是抱怨连天的用户，对游戏本身的维护尚力不从心，对 IP 的开发恐怕更无从提起了。

　　纵观各大行业机构报告，越来越多的证据表明中国游戏企业的傲人成绩并非空穴来风，频繁的并购整合，尤其是财大气粗的海外采买使得资本趋于"泛化"。一方面，以游戏起家的传统游戏企业继续发力。传统的游戏资本仍野心勃勃，如巨人网络 305 亿元收购以色列游戏公司 Playtika，游族网络 5.8 亿元收购德国游戏开发商 Bigpoint。另一方面，非传统意义上的游戏资本，大型跨行业资本巨头大肆圈地。其中典型的有如今的游戏巨头腾讯游戏，于 2011 年、2016 年以 3.5 亿美元、86 亿美元先后拿下美国游戏开发公司 Riot、芬兰游戏制造商 Supercell，同时并购包括永航科技、网域、金山网络、动视暴雪、Gopets、Outspark 等多家游戏公司；又如游戏老将网易游戏设立 20 亿元基金收购美国 VR 和游戏公司。最能体现游戏"泛"潮的无异于非游戏资本开始进场"分羹"，如化工产品生产公司斥资 10 亿美元收购游戏公司 Outfit7，鸡肉加工公司收购游戏公司 Digital Extremes、Splash Damage。游戏资本与非游戏资本的不断兼并重组从正面说明了中国游戏市场的增量可观，资本"泛化革命"正在改变整个游戏行业生态，优胜劣汰规则下，这场"革命"将使得整个中国游戏产业充满着动态的竞争。

四、渠道业

线下实体游戏零售商势微，第三方应用商店、新闻门户、超级 APP 等线上平台成为主流。随着 2017 年上半年全球最大实体游戏零售商 GameStop 宣布关闭 225 家店，标志着曾经辉煌一时的线下游戏零售商进入颓势。美国的游戏零售商早在 1990 年代已初具规模，形成了较为成熟的产业链。哈佛商学院的詹姆斯・麦卡里（James McCurry）和加里・M. 库辛（Gary M. Kusin）二人在

1984 年创立 Babbage's（GameStop 前身），于 1987 年出售任天堂游戏，直到 1991 年，公司游戏零售已占据整个公司营业额的三分之二；迈克·沃斯（Mike Vorce）于 1989 年创立 Rhino Video Games（2007 年被 GameStop 收购），主营游戏购买、游戏系统、游戏软件租借等服务；1977 年詹姆斯·金（James Kim）创立 EB Games，公司成立之初主要售卖计算器和电子手表，直到 90 年代中期公司业务实现了向电子游戏、游戏主机的转变；成立于 1993 年的 Gamers 主营电子游戏，同时经营游戏系统、配件一条龙服务；1993 年创业之初只有 1 500 张音乐 CD 的 Slackers CDs and Games 也发展成为著名的游戏零售商。在美国，实体游戏零售商的售卖产品大到游戏系统，小到游戏周边，基本覆盖了整个游戏产品形态，形成了较为稳定的产业链。但是，正如 GameStop 市场部经理弗兰克·哈姆林（Frank Hamlin）指出的，游戏零售行业的衰败不是硬核（hard core）玩家的流失，"最大的游戏变化是消费者能够如此轻易地通过电脑下载游戏"①。

通信技术的发展，网络游戏数据下载和传输技术的改善对游戏零售商角色变化产生了重要影响。在娱乐匮乏的年代，游戏零售商出售的商品价值来源于商品本身，而在信息高速发展的年代，游戏零售产品的价值更多来源于文化意义，诸如"情怀"——对于 80 后、90 后一代国人来说，"小霸王"背后的情怀可能是任天堂，《街头霸王》背后的情怀可能是索尼。

---

① 原文为："one of the biggest game-changers has been the ease with which consumers can now access games through digital downloads." Frank Hamlin. IS IT GAME OVER OR GAME-ON FOR GAMESTOP? . DM News，2015，37（1）：26-31.

与此同时，中国线下游戏零售与电子商务形成零和博弈。以淘宝为例，淘宝大招一甩，线下游戏零售商直接被打成"脆皮"。淘宝先用一招"零成本渠道"把主营游戏主机、外接设备、游戏光盘的线下游戏零售商打成半血，再借一招"应有尽有"把专攻游戏点卡、会员等虚拟充值服务的线下零售商的半血吸干。满蓝、无冷却时间还自带抗揍功能，就像被程序员误设参数的 NPC，游戏零售商在中国的发展空间极为狭窄。虽然淘宝以"新零售"的口号在某种程度上看似复兴线下零售，但是从实质来看，线下零售与线上的电商更趋于零和博弈，线下的衰退另一面是线上的繁荣。

第三方应用商店、新闻门户、Steam 等线上平台分发游戏能力趋强。第三方应用商店如安卓市场、苹果商店、Google play 等商店天然具有分发优势。首先，借助苹果、谷歌等母公司的强大背书能力，渠道的分发能力得到保障。其次，母公司自身带来巨量用户，将产品用户迁移至渠道用户，增加了投放的游戏产品的曝光范围。最后，第三方应用商店的安全性也是考虑因素之一。新闻门户如百度新闻、UC 头条等都是游戏的分发渠道。Steam 作为目前全球最大的综合性数字发行平台之一，玩家可以在该平台购买、下载、讨论、上传和分享游戏和软件，在职能上已经代替了线下游戏零售店。

社会化媒体可能成为下一个"轻量级"分发入口。社会化媒体的发展越来越成为"环岛式入口"，实现游戏分发需求。例如中国的微博，在用户浏览微博时，经常能浏览到游戏广告介绍页，通过超链接直接指向应用市场下载。又如腾讯的《王者荣耀》在节假日的宣传广告出现在微信朋友圈广告中。同时，微信小程序也在消化着游戏渠道市场,通过自有平台直接接入游戏小程序,极大地变革了游戏包括开发制作在内的一系列产业。

五、电子竞技 & 游戏直播业

辅链存在的价值一方面是给游戏主链提供基础服务,如支付业、IT制造业、电信网络服务业;另一方面则是服务于整个产业的经济效应,如直播业、电子竞技业、游戏周边产品业、媒体出版业等。二者纵向拓展了整个产业链,扩大了产业生态圈。

以电子竞技+视频直播为代表的产业与游戏产业联动,游戏、电竞、直播三者横向联合,产生规模化效应。由于2016年推出的《王者荣耀》市场反应极好,腾讯推出KPL(王者荣耀职业联赛),通过票务、广告代言、比赛直播授权、展会周边一系列产业,促使电子竞技市场收入达到730.5亿元。同时期斗鱼TV、虎牙直播、战旗TV、龙珠直播等各大游戏直播平台得益于现象级游戏的出现,也出现了"农药""吃鸡"热潮,以及游戏八卦、秀场、增值服务等内容,平台在游戏细分领域创收。同时,游戏直播也给游戏本身增加了曝光量和热度,宣传营销效果下给游戏产品以反推力。游戏、电竞和直播三者联动,实现合作共赢。

第三节　中国游戏产业竞争力

一、成功的关键因素

1. 市场规模

中国人口基数大,为游戏发展提供了巨大红利。《2017中国游戏产业报告》显示，2017 年中国游戏用户规模达到 5.83 亿人，同比增长 3.1%。同时期中国总人口 13.9 亿，中国网民规模 7.72 亿。中国人口众多，仅游戏用户就超过美国全部人口，几乎是日本总人口的 5 倍，韩国总人口的 10 倍。与此同时，中国触网人群中仍有 2 亿多非游戏用户，不仅享有红利并且仍将在接下来一段时间内享有红利，也就是说，中国市场现在以及在接下来的极长时间内都将是世界游戏的主战场。

2. 资本规模

泛化资本的加入使游戏产业的资金规模迅速膨胀，鸡肉加工工厂、化工产品等非传统游戏资本开始进场，在短短数年内让游戏行业呈几何级增长。在万亿规模的市场需求刺激下，腾讯、网易、阿里数百亿规模的投入，其他各方也紧随其后、豪掷千金，新游戏公司如雨后春笋般涌现，入场资本获得丰厚回报，不断吸引更多资金的进入。产业的兴盛离不开资本的投入，游戏行业这种资金、知识密集产业更需要巨额资本的浇灌，现有游戏公司的数量、规模、年营业额等主要数据反映出了游戏市场的资本狂热。

从现存游戏公司的上市状态可以看出，八成以上规模以上的公司已经上市，资本结构多元、融资能力强、管理结构和发展前景都得到了市场的认可；从地域分布上看较为集中，除北上广深外，仅有四川（成都）与福建出线，一方面是因为北上广深等超一线城市原本就资本、技术、人力富集；另一方面也说明这些地区对游戏产业的认可度较高，市场环境、法规建设及政策支持等更完善。综合来看，现有的资金规模和分布形态是有利于游戏行业发展的，超一线城市和少数一线城市如成都、杭州除金融资本以外，高等教育富集，大学、研究所等一方面提供了技术支持，另一方面提供了源源不断的高素质人力资源进而转化为人力资本，创意与技术驱动的游戏开发离不开文化与教育兴盛的沃土，因而国内游戏资本的布局良好。

资本结构有利于进一步的行业优化与整合，有利于规范市场操作，为对抗潜在风险及组建具有实际意义的资本联盟进军市场提供了可能性，也有利于国内的游戏资本以更加规范、开放的姿态与国际接轨，这从近年来以腾讯为首的国内互联网公司在游戏板块进行的诸多大手笔海外收购中可见一斑。对海外相关先进技术研发团队、公司的支持与投资也可看出我国游戏资本的活跃及良好运作，短短数年时间已从最初的盲人摸象跃迁为如今能够在国际游戏市场上搅动风云的一方豪强，故此，国内游戏资本不仅规模庞大、构成多元，从管理、运作、风控等各方面也取得了质的突破，已然蔚然大气，从资本层面纵观全球游戏行业发展，堪称行业领头羊。

3. 技术

首先，通信技术的跨越式发展和行业改革为游戏尤其是移动端带来了机遇。从 3G 到 5G，网络传输端口、速率、稳定性极大提高。应用场景增加——高铁、飞机适用，对游戏的设计理念和技术基础带来变革，同时也将为电子设备的发展带来变革，而手机、电脑、Xbox 等游戏终端也将受益。网络游戏顾名思义是基于互联网技术的在线游戏，其发展将直接受益于通信技术的进步。

其次，硬件和软件技术的发展为游戏发展提供了平台，拓展了可能性。

电脑的出现，尤其是 Windows 可视化操作系统产生之后，随着操作的改进和算力及显示技术的提高，电脑作为富媒体平台也为电脑游戏敞开了大门，这些方面的发展同时推动着游戏主机的进步，而游戏主机的进化丝毫不比电脑的进化速度慢。电脑 CPU 的进化有摩尔定律指导，以几何速率增长，而主机也未曾落后，并且因其更专注于游戏，为游戏而优化，配合近年来屏幕显示技术的突破，仅就游戏的呈现形式而言，其性能更加出色、稳定，能够呈现的游戏效果也更加丰富，这一切都是基于固定端的技术进步所带来的。

而另一侧，移动通信技术的发展，手机的出现和发展为游戏又增加一平台，尤其是智能手机和智能操作系统的出现为手游的诞生奠定技术基础，更为划时代的突破则是 Android 系统和 iOS 操作系统及适配终端的诞生。2010 年，苹果 iOS 和谷歌 Android 彻底颠覆了诺基亚称霸的手机市场，并重新定义了手机——一种以触摸操作为主、高清大屏、支持富媒体、算力强大、可实现多种功能、具有通话功能的移动终端。更大的屏幕尺寸、更高色域、强对比度、高色彩还原度等显示技术让手机能够呈现出丰富的游戏画面；以苹果 A 系列、高通、骁龙等为代表的手机芯片快速迭代、算力起飞，为手机能够承载更高性能要求的手游提供了核心保障；工业设计和制造工艺的进步，手机排线、集成电路板尤其是电池技术的逐年发展以及手机系统对于硬件的专门优化，使得手机在散热、续航、与操作手感相关的体积方面得到优化，为手游正式成为第三种游戏模式提供了保障。

Java 等程序语言的发展助推了游戏软件的开发，底层代码和建模、算法和 AI 的进步使得游戏开发效率大大提高，且成本降低。

　　硬件和软件技术的进步使得手机从通信设备转变为移动私人助手，手机承载的内容和形式极大丰富，将手游从封闭的出场自带的贪吃蛇等简单游戏阶段，带入了表现层次丰富、游戏效果丰盈的时代。而 5G 技术对硬件和软件设计的影响，则集中体现在传输速率、稳定性、端口通量等构成的传输效率的跨越式突破，及时调用、云计算、云存储等技术将彻底将硬件和软件设计从存储中解放出来，更高的算力、更充裕的设备空间将允许更多的畅想成为可能。另一侧面，全息投影、VR、AR 技术的逐渐突破，相应设备的逐渐成熟，将为游戏的呈现方式和游戏的内在设计逻辑、理念提供新的思路。

　　综合来看，通信技术、硬件、软件及成像技术等众多技术的发展一方面为游戏提供了技术支持，另一方面也将深刻影响游戏自身的呈现方式和设计理念，由表及里地为游戏发展带来彻底的变革。而游戏发展本身也将影响其自身产业链上下游的变化，更进一步影响相关行业的发展，也反向推动技术进步，将合纵连横，拓展产业价值链，迸发出极大的经济效应。

二、SWOT 分析

1. 优势分析

　　游戏产业销售额世界第一，企业竞争实力强。中国目前已经是游戏第一大国，根据 Newzoo 发布的《2018 全球游戏市场》预测，中国游戏市场销售额达到 379 亿美元，在全球游戏用户消费账单中，有 28% 的消费来自中国。同时期，全球前 25 大游戏公司中，中国占 4 家，腾讯仍然是全球第一的游戏公司。

中国游戏用户规模较大，用户规模潜力大。《2017年中国游戏产业报告》显示，中国游戏人口规模达到5.83亿，同比增长3.1%。

游戏产业链长，形成产业生态圈。目前形成了包括游戏改编的电影、小说、动漫、电子竞技、VR等外设、点卡等虚拟服务、游戏直播、游戏周边、展会活动等在内的一系列产业，横向、纵向、斜向多产业联动，产业生态圈基本形成。

2. 劣势分析

中国游戏市场企业研发少，运营多。公司盈利结构不够平衡，自研盈利能力小于运营盈利能力，根据中国音数协游戏工委提供的中国游企版图显示，年营业额10亿元以上的游戏企业仅百度、云游控股等七家，总游戏数量3 195款；然而年营业额10亿元以上的运营企业有腾讯、网易、完美世界等十家，总游戏数量3 834款。

市场集中度过高。"学成文武艺，货与巨头家"，目前游戏大公司借资本优势吸纳众长——高薪吸引游戏优质人才，高额并购优质游戏企业，天价买断游戏代理，资源支配能力过强。游戏竞争变相为竞争游戏，首先不利于形成良好的竞争氛围——既不利于中型企业的创新，也使小型企业难以为继；其次，店大欺客也是不争的事实。

游戏盈利两极化严重。目前市场上游戏的盈利能力断层严重，20%的游戏月入上亿吸金能力极强，其他80%不温不火。对于游戏公司来说，游戏盈利能力是最直接有效的考核方式，个别爆款的出现使得整个市场逐利跟风，同期大量同质化产品充斥反而导致用户审美疲劳，既浪费了大量资源，也不利于游戏市场的多样化发展。

中国"走出去"能力仍较弱。虽然在2017年我国游戏"走出去"已经取得了较好成绩，自主研发网络游戏海外市场收入82.8

亿美元，但占整体游戏市场收入比例小，上升空间仍较大；"出海"公司比例不高，部分中小企业为发展被迫"出海"，但结果喜人；"出海"自研手游进入应用商店前十榜单不多但排名较前；PC端游戏"出海"能力极弱，仍然有进步空间。

3. 机会分析

近年来，政府对文化产业的倾斜力度加大，出台相关政策、具体措施扶持文化产业的发展。

人口基数大，仍享有红利。第41次《中国互联网络发展状况统计报告》显示我国网民规模达7.72亿，同时期中国游戏人口5.83亿，仍有2亿多非游戏人口，人口红利依然存在。

4. 威胁分析

游戏产业催生的灰色产业链不利于网络游戏健康发展。如代练、游戏辅助（外挂）等灰色产业链甚嚣尘上，不利于游戏行业健康有序发展。在某电商平台上搜索"王者荣耀 代"自动匹配"代练""代打""荣耀王者武则天代抽""荣耀王者代刷v8""荣耀王者贵族8代刷"等等，随意点入"代练"，销量第一的店铺竟然有上万人收货，销量排名前五的店铺销售数量都在万份以上，且店铺还有"某猫"标志。

游戏教育薄弱，游戏人才紧缺。中国培养游戏人才的高等教育机构少，办学层次较低，游戏理念、课程设置、培养方式、学科标准仍未形成一个较为成熟的体系，游戏人才培养堪忧，综合型游戏人才奇缺。

游戏"污名化"严重，社会对游戏的误解依旧严峻。"游戏成瘾""玩物丧志"等污名仍未去除，父母辈被歪曲的游戏观仍影响着下一辈，游戏学社会误解严重；主流媒体对游戏的失实报道和片面夸大使得矛盾扩大。

游戏产业竞争态势的具体分析，如表5-2所示。

表5-2   游戏产业竞争态势分析表

		机会（O）	威胁（T）
		·宏观经济调结构、量到质的转变 ·中观产业布局上，发力文化产业 ·微观企业发展上，互联网企业强 ·文化上，消费文化、多元文化蓬勃 ·市场上，消费力强、需求众多 ·政策上，政策宽松、支持创新创意 ·立法上，产权等无形资产保护加强	·不成熟的产权保护引发的业内和国际争端，相关法规和政策的不稳定性 ·社会对游戏的认知不协调，污名化以及现有趋向青少年消费的游戏文化限制了游戏市场的成长和发展 ·行业垄断和寡头竞争降低市场活力 ·行政效率及腐败引发的威胁
优势 (S)	·众多一流的互联网企业拥有众多用户及良好的商誉 ·领先的游戏公司及商业模式 ·现有游戏销售额、收益丰厚 ·资本雄厚、软硬件技术领先 ·城市文化、消费文化扩张 ·游戏行业本身没有萧条期	·抓住政策机遇，加强与政府机构的合作，引导政府机构对游戏环境、游戏内容、游戏形式加以规范 ·丰富游戏形式，研发代理优质游戏内容，开拓游戏人口，开拓游戏新增长点 ·加强产业横向、纵向、斜向间联合，多产业联动	·加强对游戏的管理，加强与政府机构与行业合作，建立安全团队相关职能部门，从源头到各个链条打击灰色产业链 ·建立产业研究院，在发展产业的同时加强对产业的理论研究，增强科学性 ·实行企业开放日、走进校园、行业故事座谈会等活动，消除社会对产业的误解

续前表

劣势（W）	·与游戏相关的核心硬件技术落后，尤其是芯片产业、呈现技术等，游戏创意及研发投入低，同质化、抄袭严重 ·国产智能手机系统并不占优势，对开发者吸引力有限 ·专门人才匮乏	·抓住政策机会，加强与政府的合作，研发有知识产权的高质量网络游戏产品"出海"，增强游戏"走出去"自信 ·引进国外先进开发技术，提高游戏团队学习能力和实力，打造高、精、优游戏团队 ·提供供优秀游戏人才成长的平台，设置相关资金、计划，扶持优秀人才的成长 ·加强企业的游戏文化建设，树立业界口碑	·优化公司盈利结构，加大对游戏自主研发投入，提高研发能力 ·勇于承担社会责任，树立正确的竞争理念，给创新的小型游戏留有发展余地，尊重小游戏团体知识产权，鼓励更多形式的创新 ·加强市场定位，明确目标人群，优化产品组合，提高预判能力，加强企业战略规划，提高应对风险能力 ·加大对游戏学教育的投入，引导政府对游戏学科的建设

第四节　中美游戏产业发展历程差异

　　世界上第一个电子游戏 1947 年诞生于美国，70 多年过去，电子游戏已经成为人们日常生活的重要部分。电子游戏的发展以游戏机和计算机的出现为起始，以网络的普及为重要的分水岭，在智能手机推广后达到了一个新的高峰。游戏不仅仅是一种娱乐活动，更成为一种文化和社会现象。

　　中美游戏发展历程的差异造就了如今完全不同的游戏产业结构。

　　美国游戏产业起步于前网游时代，在网游时代来临前积累了近 30 年的游戏开发经验，对画面和故事性追求的提升以及消费者养成的良好付费习惯推动着美国游戏产业注重研发，这种"研发为王"的观念也一直延续到网游时代。手游不是美国硬核玩家的首选，其更多的是以休闲游戏为主。

中国游戏产业几乎没有参与主机游戏的时代，PC 单机游戏也因网游的到来而黯然失色。可以说，中国电子游戏的发展等同于其网络游戏的发展（见图 5-6）。凭借着网络人口的红利，中国网络游戏迎来了大发展，但巨大的国内市场利润也使得国内游戏厂商更多地选择代理游戏而非自主研发。但从 PC 端游到手机端游，中国游戏厂商正在逐步将其强大的运营能力转化为强大的研发能力。

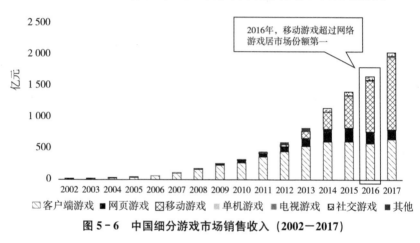

图 5-6　中国细分游戏市场销售收入（2002—2017）

在中国，电子竞技的蓬勃发展也使其逐渐作为竞技体育被认可，拓展了游戏产业的边界。游戏和游戏行业必然还会展示出更多的可能性。此外，每隔 10 年左右，就会有伴随技术革新出现的新游戏类型引领下一个时代。未来通信技术的不断升级，VR、AR 的技术瓶颈也有望得到解决，将赋予游戏更广阔的想象空间。

一、中美游戏产业四大历史差异

美国游戏历史发展连贯，美国游戏自 1947 年第一个电子游戏诞生开始，第一个主机游戏、电脑游戏、手机游戏均诞生在美国（见图

5－7）。而中国游戏从 1994 年经历游戏禁令，到 2013 年引发全民手机游戏热潮，后来居上，游戏产值在 2016 年超过美国（见图 5－8）。中美游戏不同的历史路径造成了现在的四大产业基础差异。

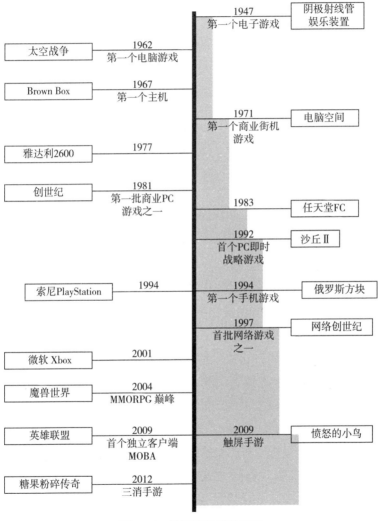

图 5－7　美国游戏发展历程

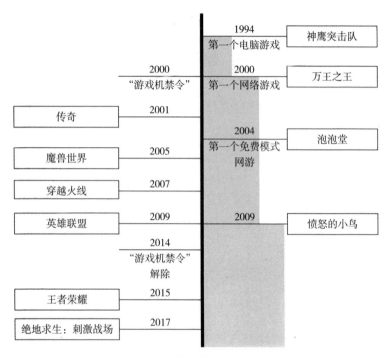

图 5-8　中国游戏发展历程

1. 历史进程：美国游戏历史悠久，中国游戏后来居上

世界上第一个电子游戏（1947 年）、第一个电脑游戏（1962 年）、第一台主机游戏（1967 年）、第一个网游（1978 年）、第一个手游（1994 年），都是在美国第一次出现。换句话说，美国游戏一直都走在全世界游戏发展的最前列。

虽然美国游戏历史进程并非一帆风顺，也经历了"雅达利崩溃"时期，但是美国游戏产业始终能健康、持续地发展下来。美国游戏最终形成主机、端游、手游三足鼎立的局面，也在主要的主机游戏中形成任天堂、索尼以及微软三足鼎立的稳定态势。

而中国在 1994 年才诞生了第一个真正由自己研发的游戏，这比美国的起步晚了 47 年。中国游戏已经错过了街机和主机游戏的时代，在 PC 单机游戏的发展上也举步维艰。2000 年之前的游戏史，几乎就是美国和日本的游戏史，中国很少参与其中。

在 2001—2012 年的网游时代，中国饱受盗版困扰转入运营，并依靠运营发展壮大。这个时期，海外游戏质量与价格都远远超出中国玩家的预期。在这种背景下，引发了中国泛滥的盗版产业。更多的中国玩家选择花费少一些，同时也愿意忍受低一些的游戏版本与质量。在盗版的困扰下，中国厂商从研发转入运营，并依靠代理和运营高速发展壮大起来。而网游更看重运营，网络游戏的社交属性和持续收费模式决定着游戏不仅仅在于研发，更在于游戏的管理与运营。这种模式，带给中国游戏厂商更大的机会。

在 2013 年至今的手游发展历程中，中国手游产业超过美国。中国手游产业依托巨大的人口红利，依托移动互联网的高速发展以及更加低的游戏准入门槛使得更多的民众参与其中。如今中国手游广大的市场正在倒逼中国游戏研发能力提升，实现中国游戏整体发展的弯道超车。

2. 产品形式：美国以主机游戏为主，中国以手游和端游为主

美国市场以主机游戏为主，2017 年主机游戏占全部游戏平台的比例为 47%。在此前，美国主机游戏的占比更高。

中国市场以手游和客户端游戏为主，2017 年中国手机游戏占游戏市场近 60% 的市场份额，客户端游戏仅次于手机游戏（见图 5-9）。在 2016 年以前，中国市场占比最高的都是客户端 PC 游戏。

造成这一产业结构差异的原因有：

第一，中国主机和主机游戏发展长期受到政策限制，从 2000 年到 2014 年这长达 14 年的游戏禁令限制对中国主机游戏有着深远的影响。这种政策限制一方面阻碍着中国本土主机游戏的发展，使得技术差距越来越大；另一方面阻碍国外主机游戏进入中国市场，因此，中国的主机游戏未能发展起来。

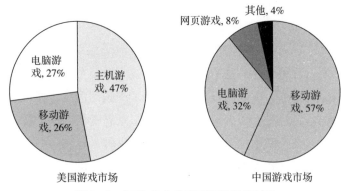

图 5-9　2017 年中美游戏产业结构对比

资料来源：美国——尼尔森 2017 年市场调查，中国——中国音数协游戏工委 2017 年调查。

　　第二，主机游戏在美国担负着重度游戏的承载者。首先，美国手机游戏与主机游戏分工不同，手机游戏只是作为主机游戏的替代和补充，游戏类型以轻度休闲为主，而主机游戏则承载着众多重度游戏，主机游戏配合更高的游戏配置，拥有更好的游戏体验感。其次，美国主机上累积着众多游戏开发商，游戏种类不断丰富，使得玩家在主机上能够优先玩到最新的游戏大作，游戏选择更多。最后，在欧美国家主机和主机游戏的相对价格不高。因此，欧美主要游戏市场都是主机游戏占比更高。

　　第三，中国玩家在游戏上的主动付费意愿低，较难接受主机游戏的付费模式。这种付费意愿主要源于中国早期游戏发展中网吧和盗版游戏起到了主要作用，使得玩家习惯了网络游戏和免费游戏模式，玩家没有形成游戏的主动付费意识。即使在 2014 年之后主机游戏得以进入中国市场，但是主机游戏这种预付费项目，与强劲的手机游戏和客户端游戏相比，难以得到中国玩家的认可。而手游与端游延续、继承着网络游戏的道具收费模式，使得游戏受众更广。

由此，中国游戏市场的主要游戏平台是手机游戏与客户端游戏。

3. 盈利模式：美国以预付费为主，中国以内购为主

美国游戏以预付费为主，指的是美国主机游戏、PC 单机游戏、部分网络游戏以及部分手机游戏，采取先购买游戏才能玩的预付费模式。这属于买断制的盈利模式，在买断制下，美国把游戏当成普通的文化娱乐产品，这一点与其他娱乐方式的盈利模式相同。

而中国游戏以内购为主，指的是主流的客户端游戏、手机游戏以及网页游戏，以游戏免费、游戏内道具收费的模式获得收入。在这种以内购为主的游戏中，游戏变成一个免费公园，但是"充值才能变强"的观念深入人心。

造成这一盈利模式差异的原因有：

第一，由主流游戏类型决定。美国市场以主机游戏为主的现状决定了其游戏盈利方式以预付费为主，玩家通过购买主机以及游戏卡带的方式进行游戏。美国市场无法在游戏本身收费的情况下，还在游戏中加入付费内购，这种做法只会引起玩家极大的不满。而中国市场以免费的网络游戏和手机游戏为主，这类游戏本身免费，但是内置了很多付费项目。中美主流游戏类型的不同，决定了中美游戏盈利模式的不同。

第二，内购付费更符合中国玩家消费习惯。中国做内购付费的主导者是盛大游戏，盛大在《泡泡堂》中第一次采用道具收费模式，此后其他中国游戏厂商纷纷效仿。这种销售方式与网吧模式结合，中国玩家去网吧租赁电脑需要花费，但在游戏上并不需要更多的花费，这种方式更符合中国消费者的心理预期。而美国游戏已经培养了良好的用户付费习惯，这种情况下，美国玩家对免费游戏会秉承谨慎的态度，这使得内购付费的方式在美国很难流行起来。

4. 生产模式：美国引领研发创新，中国研发弱运营强

与美国相比，中国游戏产业整体的创新能力不足，中国更看重的是游戏运营能力。一方面，美国研发与运营实力较为综合；另一方面，美国游戏能引领游戏创新，在游戏技术、游戏玩法上的创新力都更胜一筹。

中美的研发创新差距体现为以下四点：第一，国内受欢迎的网络游戏中，很大比例来自国内厂商代理的海外游戏；第二，国内没有被玩家认可的 3A 大作出现；第三，国内的自研游戏没有独创的游戏玩法，而多是在成熟游戏模式的基础上制作本土化版本；第四，自研游戏引擎和画面落后于国际水平。

造成这一研发能力差异的主要原因在于游戏人才的培养上。中国游戏产业的起步晚于美国 47 年，导致游戏人才培养的巨大差异。中国游戏人才的培养以专科为主，而美国已经开设了相关的硕博学位。当中国的游戏人才重点在学习如何培养、提升游戏玩家付费转化率问题的时候，美国的游戏人才培养更多地在思考什么是游戏，如何建立游戏的规则，以及如何用游戏去表达自我。中美人才培养的巨大差异，造就了中美游戏研发创新力的巨大差异。

此外，之所以中国运营能力更强，是因为中国流行的网络游戏中，游戏收入并不直接取决于游戏质量，而更多地看重游戏运营商的能力。这种模式进一步让游戏厂商与游戏玩家不注重游戏的研发创新。而美国不仅仅有网游，还有众多单机游戏产品，完善的游戏产品种类使得美国对研发以及运营都予以重视。

二、1947—2000 年前网游时代的历史路径

2000 年之前的游戏史，几乎就是美国和日本的游戏史，中国

很少参与其中。究其原因，主要在于中国游戏起步比美国晚了 47 年，晚起步让中国游戏错过了街机、主机游戏的发展，在 PC 单机游戏上的发展也举步维艰。

1. 美国：1947 年起步，走在世界前列

世界上第一款电脑、第一款电脑游戏都诞生在美国。1947 年，第一个记录在册的电子游戏"阴极射线管娱乐装置"在美国诞生。1972 年布什内尔与达布尼组建了属于自己的游戏公司——雅达利。雅达利不仅是游戏开发商，还是街机和主机硬件制造商，它曾经的辉煌和陨落都在游戏史上留下了浓墨重彩的一笔。1970 年代是街机的黄金时代，这一时期的代表游戏有雅达利的《乓》和《电脑空间》，南宫梦的《吃豆人》，太东公司的《太空侵略者》等。

在雅达利时期，雅达利采取灵活的运营方式，和现在的电脑与手机游戏平台模式十分相像——做主机硬件的同时也做主机游戏，而其他厂商也可以为雅达利主机做游戏。这种灵活的方式使得游戏厂商可以自由地开发和发布游戏，导致了游戏的质量参差不齐，使得充斥在市场中的相当一部分游戏质量十分糟糕。1982 年，由于游戏质量的低劣和数量的供大于需，玩家对这些游戏彻底失去了兴趣，美国的游戏市场崩溃了，雅达利也从此一蹶不振。

2001 年，在任天堂、索尼相继推出多款主机并获得成功后，微软推出了 Xbox，又一个巨头企业成功进入了主机游戏市场，此后主机游戏领域确定了三足鼎立的态势。主机游戏与主机的捆绑性质，使这一领域具有天然的垄断性质。当市场格局形成之后，后来者要进入就更加困难。因此，任天堂、索尼和微软三分天下的格局至今未变（见图 5-10）。

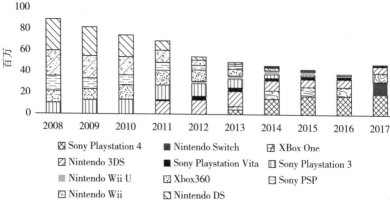

图 5－10　2008－2017 年全球游戏主机销量

从 1983 年至今的 30 多年中，主机游戏一直在美国市场占据主导地位。虽然在 2008 年之后受到金融危机的冲击销量有所下降，但其地位仍未动摇（见图 5－11）。2017 年，美国游戏市场中主机游戏的市场份额占 47%，依然把持着将近半壁江山。

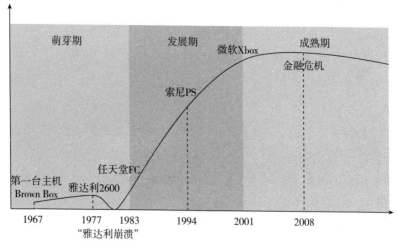

图 5－11　美国主机游戏发展周期

2. 中国：1980 年代起步，发展屡受限

1980 年代，主机游戏也开始进入中国市场。由于价格昂贵，购买途径有限，市场上的正版 FC 数量有限，更多的还是它的山寨产品，其中以"小霸王"最为出名。而此时期的游戏，也多是国外游戏的盗版汉化版本。

2000 年 6 月，国务院审核通过了《关于开展电子游戏经营场所专项治理的意见》，以预防青少年沉迷游戏，以及电子游戏对身心成长带来的潜在伤害。其中规定："面向国内的电子游戏设备及其零、附件生产、销售即行停止。任何企业、个人不得再从事面向国内的电子游戏设备及其零、附件的生产、销售活动。"从此，中国游戏机以及主机游戏在合法市场上销声匿迹。而中国的主机游戏，还没来得及发展便胎死腹中。

2014 年，这一游戏禁令终于解除，索尼的 PS4、微软的 Xbox 随即进入中国市场。过去几年中，虽然中国的主机游戏市场有所增长，但是增速缓慢。2017 年，中国游戏市场中主机游戏所占份额仅为 0.7%。

1994 年，中国终于有了第一个自主研发的原创游戏——北京金盘电子有限公司出品的《神鹰突击队》。尽管这款游戏没有什么销量和影响，但却是内地原创游戏产业化的第一步。这一时期有代表性的游戏公司包括金盘、前导软件、目标软件、晶合和金山西山居等。这些公司开发了不少单机游戏，其中最有影响力的要数金山西山居的《剑侠情缘》系列，这款游戏最初只是对台湾大宇《仙剑奇侠传》的模仿，但随后西山居推出了剑侠情缘的单机和网游续作，其中的《剑侠情缘网络版三》取得了巨大的成功。

但是，PC 单机游戏在中国一直命途多舛。从一开始单机游戏

就备受盗版的困扰，在它刚刚萌芽的时候，又受到网络游戏的迎头痛击。早在 2002 年时，国内单机游戏的发行数量尚有 397 款，而到了 2011 年，这个数字便已经下降为个位数——7 款，下一年又减少了两款，而 2015 年的国产商业 PC 单机游戏则只有 4 款。2017年，中国单机游戏的市场占比只有 0.1%。

三、2001—2012 年网游时代的历史路径

虽然海外游戏质量远远超出中国玩家的预期，但是价格也同样远远超出中国玩家的预期。在这种背景下，催生了中国泛滥的盗版文化。更多的中国玩家选择花费少一些，同时也愿意忍受低一些的游戏版本与质量。

部分中国游戏厂商选择自主研发游戏产品。但是从自主研发这条路的曲折上，再次印证了一个事实——优秀的海外游戏更新换代速度也很快，而国内游戏厂商来不及保持与世界同步的速度。

此外，为了从根源上抑制这种不健康的盗版文化，中国更多游戏厂商选择代理运营海外游戏的作品。网游更看重运营，给了中国游戏厂商机会。网络游戏的社交属性和持续收费模式决定着游戏不仅仅在于研发，更在于游戏的管理与运营。

网游时代到来之后，中国的游戏产业终于凭借主打免费模式的网游获得了蓬勃发展的生机。虽然美国的典型公司暴雪娱乐依靠强大的研发能力，将自己开发的每一款游戏都塑造成同类型游戏中的经典，很难被其他的游戏超越。但是中国的典型公司腾讯则依靠强大的运营能力，将自己代理的几款游戏运作成为同类型游戏中的首位，使得后来的游戏很难突破这种壁垒。

1. 美国：自研游戏占主流，始终坚持研发创新

美国网游从萌芽期到成熟期，用了 31 年，从 1978 年 MUD 的
诞生到 2009 年以《英雄联盟》为标志的网游的市场占有率开始下
降（见图 5 - 12）。

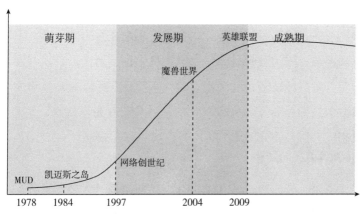

图 5 - 12　美国网络游戏发展周期

1978—1997 年是美国商业化网络游戏萌芽期。美国 MUD 游戏
于 1978 年诞生，这款游戏是在电子布告栏系统（Bulletin Board
System，BBS）上进行的文字多人角色扮演游戏，是今天的
MMORPG（大型多人在线角色扮演游戏）的前身。

1997—2009 年是美国商业化网络游戏发展期。这一时期最具
代表性的是 1997 年 9 月上线的《网络创世纪》。这款图形 MMOR-
PG 游戏由 Origin Systems 开发，它名副其实地创造了网络游戏的
新世纪。1998 年在北美它就有 20 万用户，2003 年 7 月它的全球订
阅人数达到峰值，约 25 万。1996 年上线的《子午线 59》（Meridian
59）和《网络创世纪》常常被拿来讨论何者为真正的图形 MMOR-
PG 始祖。虽然《子午线 59》的时间更早，但《网络创世纪》却更

为人所知，这款游戏从 1997 年一直运营到了今天，几乎是整个网络游戏的发展史。它被公认为史上持续运营最久的 MMORPG，并在 2008 年入选吉尼斯世界纪录。

在 1997 年《网络创世纪》上线的时候，通过调制解调器连接的网络带宽只有 14.4K 或 28.8K，即使是 56K 的网络也是到 1998 年才出现的，对当时的网络带宽来说，游戏文件的体积太大了以至于无法下载。因为没有足够的钱用来制作游戏光盘，游戏开发者向希望获得游戏测试资格的玩家收费 5 美元。"我们本来预测这个游戏最多也只会有 3 万名玩家，但在短短几天内我们就收到了超过 5 万人想成为游戏测试者的申请。"游戏主创盖瑞特（Garriott）说。虽然当时网络延迟问题严重，但是并不妨碍美国玩家在 MMPRPG 游戏中找到乐趣。另一款 MMORPG 始祖游戏《无尽的任务》的玩家调侃说，当时游戏里玩家间的交谈比现在的网游玩家要多得多，这是因为游戏的延迟实在是太严重了，玩家的角色常常被卡在原地一动不动，他们只能边聊天边耐心地等待。

对当时的游戏开发者和玩家来说，MMORPG 是那样的新奇和有趣。MMPRPG 仿佛创造了一个完整的新世界，充满了奇幻的事物，还有能和现实世界一样和你互动的其他人。网络游戏也充分强化了游戏不同于电影、书籍等其他娱乐方式的特点——互动性。在网游中，这种互动体验的感受更为强烈，玩家所经历的一切，并不完全是事先设计好的，而是在与其他玩家的互动过程中产生的。玩家投入其中的情感就像现实生活中一样真实，创造的回忆就像现实生活中一样生动。

2004 年，暴雪推出的《魔兽世界》将 MMORPG 推上了巅峰。除了《魔兽世界》，暴雪还有《星际争霸》《暗黑破坏神》《守望先锋》等极其成功的现象级游戏。凭借这些游戏,暴雪不仅在游戏市场上获得了成功,还在玩家心中奠定了"暴雪出品,必属精品"的行业地位。

2009 年,拳头公司推出的《英雄联盟》开启了新的游戏篇章,这款游戏流行至今,风靡全球。这种模式一改 MMORPG 的形式,以新的形象进入美国玩家视野。当时 Steam 平台的母公司 Valve 还推出《DOTA》系列等,这类游戏一改 MMORPG 风格,采取合作竞技的模式。这款游戏最早是 2003 年《魔兽世界Ⅲ》中的一个 MOD 游戏,可以说是在《魔兽世界》的基础上诞生的新游戏。Review 网站根据谷歌搜索量分析 2016 年美国各州最受欢迎的游戏,《魔兽世界》和《英雄联盟》各自占据了半壁江山。

2. 中国:代理游戏占主流,免费模式抵御盗版侵扰

中国网游用了 11 年的时间从萌芽期发展到成熟期(见图 5 - 13)。由华彩软件代理的《万王之王》2000 年 7 月在中国大陆正式上线运营,这标志着中国网络游戏时代的开启。该游戏由台湾雷爵研发,是第一款中文图形网络游戏,也是中国大陆上线的第一款图形网络游戏,主打在线休闲游戏的联众游戏平台也在 2000 年正式开始收费。此后,在很长一段时间里,中国人认为游戏就等于网络游戏。直到 2005 年《征途》这类免费网游的出现,才真正标志着中国网游从萌芽期进入发展期,形成中国真正的网络产业。这个时期,中国网游多采取海外代理的方式,结合免费进入的销售方式,形成中国网游独有的特色。中国网游在 2011 年市场占有率下降,步入成熟期。

在中国取得成功的游戏大多是代理游戏,而非自研游戏。中国第一款原创的网络游戏《第四世界》并没有取得很好的成绩,而当

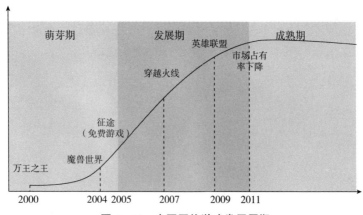

图 5-13　中国网络游戏发展周期

时盛大代理的韩国游戏《传奇》则取得了巨大的成功。这款游戏吸粉无数，奠定了那个年代玩家对游戏的认知。甚至直到今日，众多页游、手游的风格继续延续《传奇》的风格。

从2004年盛大尝试以免费游戏、收费道具的形式运营《泡泡堂》取得成功以后，国内游戏厂商纷纷模仿。2006年开始，中国网络游戏全面转向免费模式，这一年上线的网络游戏几乎都以免费模式出现。

2003年，腾讯推出QQ游戏，这是它的第一个游戏产品，一个模仿联众世界的棋牌类游戏平台。与国内其他游戏公司着力于MMORPG游戏的开发和运营不同，腾讯决定避开这片厮杀激烈的红海，转向国内游戏的空白领域。在2007—2009年，腾讯先后代理了三款不同类型的游戏：第一人称射击游戏《穿越火线CF》、横版格斗游戏《地下城与勇士DNF》、MOBA《英雄联盟LOL》。这三款游戏都在各自的分类中牢牢占据着第一的位置，为腾讯带来了可观的利润。这些游戏无一不是免费模式结合内置付费的方式，正是这种免费的方式，让这些游戏和盗版游戏站在同一个竞争起点。同时，这些免费游戏背后精心策划的运营，让这批游戏保持了比盗版游戏更持久的生命力。

四、2013—2018 年手游时代的历史路径

从中美手游产业的对比上看，美国手游产业的总体发展势头不如中国。

美国电子游戏产业由来已久，"研发为王"的态势从主机时代便延续下来，消费者也养成了固定的消费审美与习惯，对于游戏体验的高要求使得玩家仍然主要通过主机及 PC 体验高品质的游戏体验，而手机端游戏更多地承担休闲娱乐等轻游戏的内容。

中国游戏产业的发展一直依托巨大的人口红利，网游凭借着快速发展的基础通信设施而发展起来，手游则伴随着移动互联网的高速发展以及更加低的游戏准入门槛使得更多的民众参与其中。如今中国手游广大的市场正在倒逼中国游戏研发能力提升，实现中国游戏整体发展的弯道超车。

从中美游戏公司的对比上看，美国游戏公司并不如中国游戏公司重视手游行业。

美国的游戏公司在移动游戏时代不复主机和 PC 游戏时代的统治地位，虽然像 EA 和 Machine Zone 这样的公司在手游市场上还能占据一定的地位，但美国市场上更多的是来自其他国家游戏公司的游戏。

中国的游戏公司在国内移动游戏市场非常成功，网易的《阴阳师》和腾讯的《王者荣耀》都是近几年的现象级游戏，许多端游和页游公司也将其重心转移到移动游戏上来。国内的移动游戏市场已

经迅速超过了网络游戏，占据了市场份额的第一位。

1. 美国：起步虽早，但不受硬核玩家青睐

美国手游诞生至今已有 20 多年的历史，还在继续发展中。美国手游从萌芽期到成熟期用了 18 年，始于 1994 年《俄罗斯方块》手游，终于 2012 年《糖果粉碎传奇》的诞生（见图 5 - 14）。

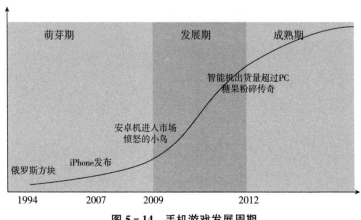

图 5 - 14　手机游戏发展周期

1994—2009 年是美国商业化手机游戏的萌芽期。最初的手机游戏多是其他平台游戏的移植版本，如 1994 年的《俄罗斯方块》和 1997 年的《贪吃蛇》，因其简单的玩法而被迅速地移植到手机上，并受到了热烈的欢迎，据估算约有 3.5 亿部手机曾经安装过《贪吃蛇》这个游戏。

从 2003 年开始，彩屏手机开始普及，手机游戏种类和数量都开始增多，但受限于手机的性能、操作，此时的游戏以休闲游戏为主，几乎没有硬核游戏。此外，2007 年苹果推出了划时代的触屏智能手机 iPhone，2009 年三星推出首款基于 Android 操作系统的 Galaxy 手机，逐步为手游产业的发展提供良好的硬件平台。

　　美国商业化手机游戏的发展期始于 2009 年，智能手机的普及带来了移动游戏的新时代，手机带来了更多的用户，触屏带来了全新的游戏体验。在这个时期，移动游戏在短短的时间内就取得了巨大的成功。《愤怒的小鸟》系列游戏总共被下载了 17 亿次，《糖果粉碎传奇》下载量高达 5 亿次。

　　从 2012 年开始，美国商业化手机游戏进入成熟期。一方面，美国巨头手游企业涌现，开始并购中小型手游企业；另一方面，美国延续科技创新的传统，诞生新的 AR、VR 之类的手游模式。其中，基于 VR 技术的手游《Pokemon GO》在 2016 年以 11.2% 的收入份额在美国占据当年游戏榜首，成为一款现象级的游戏。

　　在手游时代，美国游戏公司虽然还能在市场上占据一定地位，但已经不复主机和 PC 游戏时期的霸主地位。在移动游戏领域，中国已经成功地反超了美国。

2. 中国：后来居上，引发全民手游热潮

　　尽管手游硬件研发所在地如 iPhone、安卓系统等不在中国，但是这并不妨碍中国手游在内容上的发展。2016 年，中国移动游戏市场份额（49.5%）首次超过客户端网络游戏的市场份额（35%），成为中国主流游戏形式，且至今仍以 20% 的增长率发展。

　　1994—2009 年是中国商业化手机游戏萌芽期。在这个阶段，中国更多是被动接受海外游戏厂商带来的手机游戏产品，中国手游并未站上历史舞台。

　　从 2009 年智能机开始普及，到 2012 年中国市场智能手机的出货量首次超越 PC，随之而来的是手游的市场占比激增，中国手游行业迎来爆发期。手游运营商开始接入智能手机游戏，涌现多款标杆性产品。如 SLG 类的《龙之力量》，卡牌类的《三国来了》，转

换页游玩法的《神仙道》，ARPG 类的《王者之剑》和《时空猎人》。这个时期，主要采用端游推广方式（追求高 DAU、高留存、前期不急于挣钱、强 IP）取得成功的《我叫 MT》，使得众多端游厂商跃跃欲试。

2013 年 12 月，工信部向三大运营商发放 TD-LTE（4G）牌照，宣告移动互联时代正式来临。手游爆发的一切基础就绪，互联网巨头也开始抢占并垄断渠道。

与美国相比，中国的高收入手游在所有社交功能方面都处于绝对的领先地位。如多人 PVP 模式、天梯排行榜、PVP 特殊奖励等功能的覆盖率都在 90% 左右，实时 PVP 的覆盖率为 64%。GameRefinery 认为，中国手游的头部产品融合了深刻的社交理念，这点是西方手游所欠缺的。与西方手游相比，中国游戏拥有多样化的 PVP 或 PVE 玩法、公会玩法、合作任务等，而头部产品大多拥有成熟的聊天功能和观战功能等。总之，中国手游在社交等与运营相关的功能上远强于美国，也期待中国手游能带领中国游戏产业实现弯道超车。

五、未来趋势：专业化电子竞技拓展边界，技术进步与革新改变游戏形态

电子竞技的本源是人类追求竞技的本能，以及人类对于强者有基本欣赏的本能。这便是电子竞技的两个核心：一个是基于对抗者之间的竞技体验，一个是基于观赏者的观看体验。

1. 电子竞技专业化拓展中国游戏产业边界

2017 年中国电子竞技的市场规模达 650 亿元，参与电子竞技的

规模约为 3.5 亿人，已成为全球最大的电子竞技市场。而越来越专业化的电子竞技，能进一步发展电子竞技的核心点，势必会延伸中国游戏产业的边界，从而成为新的推动力。

电子竞技的发展历程主要是从 PC 端的 CS、星际争霸开始，由第三方举办比赛。在中国随着英雄联盟的出现，游戏厂商开始主导电竞比赛，各类联赛开始规模化，并伴随着大量直播平台的诞生。随着王者荣耀的爆火，移动电竞市场也开始气动，资本涌入上游，战术竞技类游戏迎来爆发。

在过去，世界有三大电子竞技赛事：WCG 电子竞技奥运会（2000－2013）、CPL 职业电子竞技联盟（1997 年创立）、ESWC 电子运动世界杯（起源于法国）。

如今电竞职业比赛的项目与以往相比有了很大的变化，目前在国内影响力最大的是 LPL 英雄联盟职业联赛。这是中国最高级别的英雄联盟职业比赛，是中国赛区通往每年季中邀请赛和全球总决赛的唯一渠道。拥有春季赛、夏季赛，还将赛程分为常规赛和季后赛。另一项则是 PGL 中国电子竞技职业选手联赛，创立于 2006年，2015 年回归，时隔六年。其项目包括 CS、WAR3、DOTA2、穿越火线、王者荣耀。

在国际上，最具影响力的是 DOTA2 的 TI 国际邀请赛和 LOL的 S 系列世界总决赛。在东南亚和 CIS（前苏联独联体国家区域）DOTA2 占有优势，在北美和欧洲两者数量级相当（LOL 胜出一些），在东亚地区 LOL 碾压 DOTA2。

目前，中国的电竞俱乐部也在蓬勃发展，品牌价值排名前七的均是 LPL 俱乐部，排名第一的 EDG 四次夺得 LPL 冠军，品牌价值 1 156 万元。

电竞的兴起不仅带动了直播产业，未来在游戏产品、赛事产品、观赛渠道、赛事赞助品、赛事衍生品方面将逐步体现出强大的变现能力。游戏直播平台的市场规模在 2016 年已达到 28.3 亿元，虽然在电竞中比重仍然较小，但随着电竞逐步成为体育竞技，受众将越来越多，未来可期。随着"宽带中国"、光进铜退等国家政策的推行，民众所能享受的网速得到了提升。随着 4G 的推广，移动互联网得到大发展，移动游戏逐渐成为核心的直播平台，主播与赛事版权的争夺也呈现出白热化的局面。如今游戏直播产业已进入成熟期，PGC 内容、移动电竞成为新的内容焦点，精细化运营成为未来的趋势。

2. 技术的进步与革新改变中美游戏形态

美国主机游戏有 50 多年的历史，至今逐渐式微；美国电脑游戏有 30 多年的历史，已经步入成熟衰退期；中美手机游戏有 20 多年的历史，中美的手游增速均有所回落，能预见未来的增长天花板。

技术革新的速度越来越快，游戏演变的形式也越来越快。计算机算力的大幅提升使得 3A 大作不再是问题，互联网的普及使得网络游戏开始兴起，不断提速的移动网络速度使得手游端迎来大爆发。技术创新不断地改变游戏的形态。

VR 和 AR 等技术的进一步发展，将会为游戏在视觉方面提供重大突破。目前市面上已有的游戏 VR 设备包括索尼的 Playstation VR、HTC 和 Valve 合作开发的 Vive 等，均为配件的形式。美国的网络游戏巨头 EA、动视等均推出了多款依托于 PS 平台的 VR 游戏。随着 VR/AR 等技术的更加成熟及其成本的下降，其有望成为下一代游戏的主流形态。

第五节　中美游戏产业外部环境差异

中美游戏的外部环境差异体现为政策环境、经济环境、社会环境、技术环境以及人才环境的差异，它们使得两国的游戏产业走上了不同的发展路径。

一、政策环境

中美网络游戏产业的扶持政策有两个共同点，一是将扶持文化产业上升到国家战略高度，从而惠及网络游戏产业；二是在游戏制作的全部环节中，掌握高新技术的研发企业享受到了最多的政策扶持。

1. 文化扶持惠及游戏

（1）中国：力度不断加大，现全面扶持文化产业

从 2000 年网络游戏进入中国开始，网络游戏强大的盈利能力让政府开始关注这个产业，并出台针对网游的扶持政策。2002 年开始，文化产业成为国家重点建设的领域，网游作为文化产业的一部分从中受益。

2000 年网络游戏进入中国后，强大的盈利能力和经济带动作用让政府对网络游戏产业的谨慎态度有所松动，开始尝试提供产业扶持政策。2000 年到 2004 年的扶持政策重点在于提高民族网游的竞争力，比如将游戏纳入 863 计划（国家高技术研究发展计划）、启动"中国民族网络游戏出版工程"等，通过税收、人才、资金、技术等各方面的政策支持提高中国网游产业竞争力，以期走向世界。这些政策的效果非常明显，2004 年网络游戏产业规模达到

24.7 亿元，相比 2002 年增加了不止一倍。

同一时期，中国也将文化产业战略上升到国家战略。2002 年，十六大做出了"深化文化体制改革、发展文化事业文化产业"的战略部署，提出"发展文化产业是市场经济条件下繁荣社会主义文化、满足人民群众精神文化需求的重要途径。完善文化产业政策，支持文化产业发展，增强我国文化产业的整体实力和竞争力"。

从 2005 年开始，由于十六大对文化产业的关注，以及网游产业增长率的提高，网游产业扶持政策力度明显加大，形式也更加多样。网络游戏明确被纳入政府鼓励的文化企业范畴，享受新办企业免征 3 年所得税、出口退（免）税、境外收入免征营业税和所得税等各项税收减免政策；国务院发文鼓励和支持非公有资本进入网络游戏产业。网游产业规模的迅速增长是对政策扶持的积极回应。

2009 年起，中国网络游戏的市场规模增速逐渐稳定，产业逐渐步入成熟期。这一阶段继续大力扶持作为文化产业支柱领域的网络游戏产业。比如出台《关于金融支持文化产业振兴和发展繁荣的指导意见》和《文化部文化产业投资指导目录》，鼓励对网络游戏的投资，网络游戏、手机游戏、游戏衍生品开发被列入鼓励类投资指导目录，发放融资租赁贷款，扩大综合消费信贷投放；实施文化产业金融人才培养工程，推进与产业发展相适应的游戏类教育和职业培训体系，培养文化产业的专门人才；建设部级重点实验室与工程技术研究中心，鼓励开发具有自主知识产权的网络游戏技术。与此同时，相关的法规体系也在这一阶段不断完善，《手机媒体出版服务管理办法》《互联网游戏审批管理细则》等规章相继出台。

2017 年，《国家"十三五"时期文化发展改革规划纲要》提出

"十三五"期间要加快发展包括游戏在内的新兴产业，扩大中高端文化供给，推动现代服务业发展。这说明未来五年网络游戏仍会从文化产业政策支持中获益。

（2）美国：文化产业扶持由来已久，游戏扶持少且受争议

美国网络游戏产业所能享受的，大多是对文化产业（即"版权产业"）的政策优待，除了功能游戏外，几乎没有对网络游戏的专门扶持政策。鉴于目前美国社会一些反对的声音，未来美国游戏很难得到专门政策的扶持，而只能通过文化产业政策受益。

美国的文化产业向来被美国视为其国际战略格局中重要的软实力，发展文化产业不仅仅是获取经济利润的需要，更是向全世界输出美国价值取向、占据文化主导权的需要。因此在自由竞争的基础上，美国从上世纪初就开始有意识地对文化产业进行引导和扶持。

早在1917年，美国政府就启动了对文化产业的资金扶持：联邦税法规定对非营利的文化团体免征所得税，并鼓励各州、各企业对文化产业进行赞助，对赞助者减免税额。从1960年代起，国家开始直接资助非营利的文化产业。目前美国联邦政府主要通过国家艺术基金会、国家人文基金会和博物馆学会对文化产业给予资助，与此同时，联邦政府还要求各州政府必须拨出相应的地方财政来与联邦政府的资助资金配套，从而撬动地方财政对文化产业的补贴。根据2011年数据，联邦政府每年对文化产业的资助金额约11亿美元，而州、地方政府和企业的赞助则高达50亿美元以上。

支持文化产品出口是美国文化产业政策的另一个重点。美国在WTO贸易规则的建立中积极推动贸易和投资领域的贸易自由化，通过商品贸易和在文化领域的跨国直接投资，让美国的文化产品遍

布世界的每一个角落，催生了许多全世界都耳熟能详的经典产品。同时，美国还利用知识产权保护等新型壁垒，对发展中国家文化产业的"出海"施压，保障本国产品在国际市场上的竞争力，这也是一种对文化产业的扶持手段。

作为美国文化产业的重要部分，美国的网络游戏产业自然也得益于这一系列扶持政策，但对游戏企业的税收补贴也引发了不少争议。作为游戏开发的乐土，马萨诸塞州曾对是否为游戏开发工作室提供额外税收优惠展开辩论，众多议员持反对意见，认为此举会使游戏行业拥有凌驾于其他行业之上的特权。不仅如此，共和党的《2014年税制改革法案》还建议将那些开发暴力游戏的厂商排除出"研发税收抵免政策"（R&D Tax Credit）的受惠范畴之内，等同于让游戏厂商多缴纳税金。虽然最高法最终选择支持游戏行业，但从这些事件中也可以看出对网络游戏产业的促进政策备受保守势力的质疑。

2. 高度重视研发企业

在网络游戏产业的各个环节中，研发是技术密集度最高的，中美均实施对高新技术企业的支持政策，并且扶持覆盖到游戏研发环节的企业。这些政策是为了提高国家科技竞争力与创新能力，而游戏研发作为科技创新的一部分间接受到了促进。

在中国网络游戏产业尚处于萌芽阶段时，游戏产业就纳入了国家863计划，财政投入500万元支持民族网络游戏的研发与制作。国务院发布的《关于鼓励软件产业和集成电路产业发展的若干政策》和《振兴软件产业行动纲要》，主要内容包括成立专门风投基金、优先上市、支持境外融资、提供税收减免、提供高校与研究院的科研支持、建立人才培养基地等,从网络游戏的基础技术出发扶持网络游戏产业的发展。

2016年颁布的《高新技术企业认定管理办法》适当放宽了高新技术企业认定条件,将网游企业纳入认定范围,认定成功可享受15%的优惠所得税率,符合条件的技术转让所得可享受免征、减征企业所得税等优惠,甚至获得政府的直接补贴。

美国游戏研发企业也能够享受到政府给予高新技术企业的扶持政策。从1980年代开始,美国开始实施研发税收抵免政策,给予研发相关企业较大的税收优惠,享受优惠的企业中不乏许多从事网络游戏研发的公司。这一政策虽然是临时性立法,但发布以来已经过15次延长,目前仍在实施。

另一方面,中美网络游戏产业在游戏审批、网游监管、反沉迷系统以及版权保护等法律政策环境方面具有一定的差异性。

3. 反沉迷系统:中国政府引导,美国力量薄弱

(1)中国:政府引导,游戏巨头完善系统

中国政府倡导的防沉迷系统,是全球较早实行的政府主导的防沉迷手段,但实际效果并不理想。

网络游戏进入中国后,迅速发展的同时也出现了许多不符合标准的产品,尤其是以红极一时的《传奇》为代表的多款游戏玩家故意伤害他人、自我伤害等事件,引起了全社会关于"网瘾少年"的讨论。

2005年,新闻出版总署在广泛征求意见的基础上,制订了《网络游戏防沉迷系统开发标准》和《网络游戏防沉迷系统实名认证方案》。根据标准,未成年人累计3小时以内的游戏时间为"健

康"游戏时间，超过 3 小时以后的 2 小时为"疲劳"游戏时间，在此时间段，游戏收益减半，如累计游戏时间超过 5 小时即为"不健康"游戏时间，游戏收益将降为零，强迫未成年人下线休息。2007 新闻出版总署与教育部、公安部等 8 部委联合下发《关于保护未成年人身心健康实施网络游戏防沉迷系统的通知》，防沉迷系统正式上线。2007 年至今，已有 90 多家网游企业因未安装该防沉迷系统，受到处罚。

不过防沉迷系统的限制作用非常有限，未成年人可以通过假借成人身份证号注册等方式绕过限制，而且"私服"玩家也不受防沉迷系统的制约，这些因素导致防沉迷系统在很大程度上形同虚设。

政府的防沉迷政策将成为整个行业的指导思想，而游戏大厂将肩负更多的社会责任，逐步完善防沉迷系统，更好地保障未成年人的身心健康成长。游戏巨头如腾讯正在努力完善防沉迷系统，其在 2017 年 7 月推出最严厉的防沉迷措施"成长守护平台"，使得家长能够对未成年人的游戏时间及消费金额等进行限制，通过与父母一同合作防治未成年人游戏沉迷。

（2）美国：无政府主导，民间组织力量薄弱

在美国，游戏沉迷同样是一个备受关注的社会问题，但美国政府对此并未采取任何措施，大量民间反沉迷组织承担了这一职责，但自下而上的民间组织力量薄弱，效果并不理想。

美国是世界上最早针对网络游戏成瘾问题建立民间反沉迷组织的国家。经过 20 多年的发展，美国的防沉迷组织已经在很大程度上代替政府承担了这一职能。民间反沉迷组织多数由游戏沉迷受害者或受害者家属建立，主要活动是呼吁政府和游戏企业承担防沉迷

的责任，并为游戏沉迷的个人提供心理疏导等帮扶，较为活跃的组织包括互联网沉迷中心、"匿名在线玩家"、"2012 视频游戏沉迷援助"等。

不过这种自下而上的防沉迷手段效果并不理想。民间组织对个人的援助很难给整个行业带来改变，而对政府出台防沉迷政策的呼吁也迟迟没有回应。

美国之所以迟迟没有出台防沉迷的政策，可能是出于以下三点原因：

首先，受宪法限制。地方关于网络游戏监管的立法曾多次被联邦法院驳回，理由是"游戏是一种艺术形式，受到'宪法第一修正案'对言论自由的保护。这也意味着，政府无权限制公民接触何种思想"。这已经成为美国社会的主流认识，因此近期美国政府采取防沉迷措施的可能性微乎其微。

其次，弱政府大市场。美国政府更接近于一个"弱政府"。一方面受"三权分立"制度的影响，政府的执行力被削弱，希望推行的政策受阻；另一方面西方民主思想深入人心，公众期望政府是一个"无为"的守夜人，对市场不要有过多的干涉。

最后，行业游说。网络游戏企业对政策的影响也不可忽视。根据美国的宪法原则，非权力机构参与政府决策是受到鼓励的，网络游戏企业能够通过直接接触议员、出席听证会、在政府设立办事处等方式，直接影响参与政府的决策过程，使政府做出有利于网络游戏产业的决策。

因此，尽管美国社会也存在游戏沉迷的问题，但政府更多地以包容的态度去对待，其仅对游戏的内容进行分级。

4. 版权保护：中国起步晚，美国完善

（1）中国：起步晚，制度仍在完善

在网络游戏高速发展的同时，中国网络游戏的版权保护制度由于起步较晚仍存在许多问题，但 2017 年开始的相关专项行动正在逐步提升网游版权的保护。

在立法上，我国目前还没有专门针对网络游戏的著作权保护条例。虽然于 2002 年颁布了《计算机软件保护条例》，网络游戏作为计算机软件受到《著作权法》的保护，但该条例只保护代码的著作权，忽略了网络游戏最重要的视听属性。网络游戏包含的文字、音乐、美术作品会被拆分分别起诉，而没有专门法律可依。这无法从根本上解决网络游戏产业抄袭、盗版严重的问题。

此外，在司法实践中，中国对网络游戏侵权的判定，仍不加质疑地适用"思想/表达二分法"，即只保护涉及思想的表达，而不保护思想本身。对思想还是表达的判断依据主要是《著作权法》中明确规定的可以受到版权保护的作品类型。但是随着科学技术的迅速发展，各种新型作品的出现已经突破了过去制定的"思想/表达"判定标准，网络游戏等许多创新型产品难以简单地被划分为思想或者表达。在这种趋势下，司法实践中仍然沿用《著作权法》中的标准判断是否应该受到保护，再判定作品的独创性，使许多创新型产品的版权得不到保护。

近几年来，中国在版权保护相关立法上也有一些进展。2017年国家版权局颁布的《版权工作"十三五"规划》提出了继续推进《著作权法》修改、加大版权执法监管力度、持续推进软件正版化工作等目标，有望为网络游戏产业的版权保护奠定基础。国家版权

局等机构联合发起的"剑网2017"专项行动聚焦包括网络游戏在内的网络版权保护，也取得了一定的成效。未来对网络游戏的版权保护有望继续受到重视并不断完善。

(2) 美国：制度完善，以行业自律作为补充

美国网络游戏产业发展早于中国，对网络游戏的版权保护也更加完善，同时还有行业自律作为补充。

美国的相关立法包括《家庭娱乐和版权法案》《优化知识产权资源和组织优先法案》《打击有组织盗版战略》《数字千年版权法案》等法律法规。1981年，美国联邦法院就确认游戏既可就计算机程序作为文字作品受到保护，又可就可视化的部分、音乐作为视听作品受到保护。这种双重保护模式比中国只保护软件的模式更完善，能够为美国网络游戏产业的发展提供坚实基础。

在"思想/表达二分法"的司法实践中，美国由于实行判例法，因此可以对技术的进步做出迅速的反馈。曾经被视为思想的元素，在新的判例中可能被判定为表达，得到版权法的保护。对于网络游戏产业来说，这种保护范围的扩大能够给网游企业更有力的版权保护。

在执法过程中，美国对盗版游戏的打击向来较为严厉，近乎零容忍。这在保障网络游戏企业利益的同时，也在全社会营造了尊重版权的社会氛围。

除了国家的力量之外，行业自律也是美国版权保护制度的重要补充。由业内主要公司组成的美国娱乐软件协会（ESA），致力于为网络游戏企业等游戏行业企业提供全球范围的反盗版活动、政府游说以及知识产权保护服务等。

二、经济环境

1. 经济增长促游戏产业增长

"口红效应"给网络游戏产业带来的影响并不大，经济增长才能带给网络游戏产业更大的红利。

一方面，经济增长无疑会促进网络游戏产业的发展。一个原因是经济繁荣可以给产业带来资金注入。强大的资金注入与技术支持，可以保证网络游戏产业的快速发展。另一个原因，高度繁荣的经济也会使民众的购买力处于较高水平，为游戏产业提供广阔的市场。

另一方面，学者也会用"口红效应"来说明经济衰退时，游戏行业反而受欢迎的现象。根据这一理论，由于网络游戏的价格相对较低，甚至免费，又能带来心理上的安慰作用，在经济处于衰退周期时，更多人会选择用网络游戏满足消费欲。

但是我们注意到，在2008年金融危机后，中美游戏产业的销售收入增长均出现了下跌，"口红效应"并没有出现（见图5-15）。

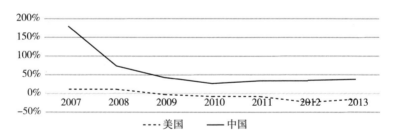

图5-15 2008年金融危机前后中美游戏产业销售收入增速对比

资料来源：Statista、游戏工委。

为了进一步探究网络游戏产业的发展中是否存在"口红效应"，我们选取中美两国移动游戏2012年到2018年的销售收入数据，建立 VAR 模型进行检验。通过查看过去的变量预测将来的变量。

根据中国的检验结果，"口红效应"在短期内是存在的，即移动游戏销售收入会在 GDP 下行时有所上升。但长期来看，GDP 对移动游戏的发展仍起正向促进作用。美国的检验结果更为复杂，但可以看出没有显示支持"口红效应"的证据。

总的来说，"口红效应"给网络游戏产业带来的影响并不大，而且仅停留在短期。从长期来看，经济增长才能带给网络游戏产业更大的红利。就目前的世界经济形势来看，全球都处在缓慢复苏的向好趋势中，网络游戏产业发展的宏观经济环境是有利的。

2. 美国人均花费较高

2017 年，美国游戏玩家在游戏上平均花费 149.2 美元，与此对比，中国游戏玩家平均花费 51.7 美元。中国玩家的花费速度在 2014 年到 2016 年一直在下降，而美国玩家的花费速度在逐步增加。在 2017 年，中美玩家的花费速度共同提高（见图 5-16）。

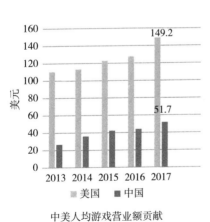

中美人均游戏营业额贡献

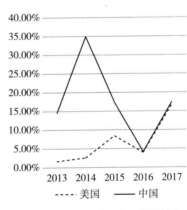

中美人均游戏营业额贡献增长率

图 5-16　中美人均游戏营业额贡献及增长率对比

资料来源：Newzoo，2013—2017.

造成这种差异的一个因素是美国的人均可支配总收入显著高于中国。如图 5 - 17 所示，美国人均可支配收入约是中国的 10 倍，当美国 2017 年人均可支配收入为 39 457 美元时，中国的人均可支配收入仅为 3 847 美元。在这种差距下，美国在游戏上的人均花费显然会比中国多。

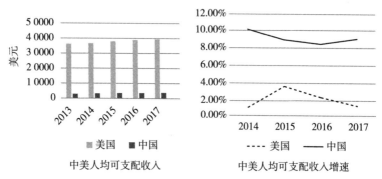

图 5 - 17　中美人均可支配收入及增速对比
资料来源：中国统计局、美国商务部经济分析局，2013—2017。

3. 中国游戏花费占收入比重较高

游戏花费占收入的比重这个数值，比人均花费支出更能代表经济因素对游戏支出的影响。2017 年，美国游戏玩家 0.38% 的收入会花费在游戏上，与此对比，中国游戏玩家 1.34% 的收入会花费在游戏上，显然中国玩家游戏花费占收入比重更大。

从两国玩家近年来游戏花费占比的变化来看，中国玩家的花费比重速度在 2014 年到 2016 年一直在下降，而美国玩家的花费比重速度在逐步增加。在 2017 年，中美玩家的花费比重速度共同提高（见图 5 - 18）。

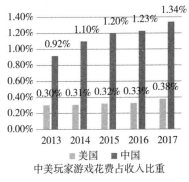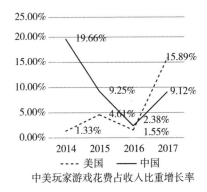

中美玩家游戏花费占收入比重　　　中美玩家游戏花费占收入比重增长率

图 5-18　中美玩家游戏花费占收入比重及增长率对比

资料来源：Newzoo，2013—2017.

4. 跨国游戏在中国定价较高

虽然电子游戏作为"口红产品"，价格较为低廉，但是在具体定价上，中国的定价要高于美国。

《魔兽世界》《英雄联盟》作为中美最流行的游戏代表，在中国与美国都受到广泛的欢迎。然而，虽然这两款游戏的收费模式不尽相同，但是这两款游戏在中国的收费都高于美国。

以《魔兽世界》为例，《魔兽世界》在中国的月点卡为 75 元时，在美国为 15 美元（约合人民币 100 元）。结合中美的物价水平看，75 元的定价属于价格较高的商品，美国 15 美元的定价属于平民商品。《魔兽世界》采取时间收费与游戏资料收费同时进行的方式。《魔兽世界》这款游戏相对于中国物价水平而言，定价比美国高。

再以《英雄联盟》为例，《英雄联盟》是免费进入、道具收费的模式，主要道具商品是皮肤。以电玩人马这套皮肤为例：在美服卖 10 美元＝69 元人民币，在国服卖 129 元人民币。以 DJ SONA 皮肤为例：在美服卖 24 美元＝166 元人民币，在国服卖 199 元人民币。

从以上数据可看出，《英雄联盟》中道具在中国的收费显著高于美国。《英雄联盟》作为中美广受欢迎的游戏代表作，它的定价代表了中美市场对游戏产品价格的接受程度。该产品在中国定价更高，说明中国缺乏同类优质商品与之竞争，中国的市场潜能很大。

5. 中国依靠游戏机制更会平衡大 R 玩家与免费玩家

中国游戏的零进入门槛让游戏本身脱离商品的价格衡量标准，让游戏变成了一个"免费公园"，任何人都可以进入游玩。但是，实际上当玩家进入游戏，便会发现各种便捷的收费道具能够帮助自己更加容易取得胜利。

中国的游戏设计机制中很大程度上在于让玩家掏钱购买愉悦感、胜利感。这又形成了游戏内部的经济环境，在这个环境中，中国游戏设计者让时间与金钱等价交换。想免费游玩的用户，可以通过花时间攒宝石、攒装备的方式，卖给大 R 玩家。而那些能力不够，又希望快速拥有很好装备的大 R 玩家，也乐于从实力玩家的手里购买商品。

以《梦幻西游》为例，在这款经济完全放开的游戏作品中，任何游戏装备的价值都能转换成人民币价值。在游戏内部，各个玩家之间可以自由进行交易。自由交易促成了实力玩家与大 R 玩家之间的交易，实现了时间与金钱的等价流通。此外，中国的自由交易第三方平台进一步平衡不同消费能力的玩家。

Steam 平台也引入经济机制，比如通过 Steam 平台玩游戏，通过记录游戏时长、游戏成就等属性，能够兑换相应的碎片，而这些碎片能够自由交易与变现。Steam 的机制目的也在于实现了时间与金钱的等价流通，但是这种经济机制，并未像《梦幻西游》一样，能够真正实现不同付费能力玩家之间的平衡。所以，它也未能成为一个"免费公园"类型的平台。

三、社会环境

游戏的诞生已久，而在游戏"触电"之后，社会对其则呈现出两类评价。一种观点偏向正面评价游戏，认为其是"第九艺术"，其本质是虚拟的真实，强调其所能带来的交互式体验。另一种观点偏向负面评价游戏，认为其成瘾性会荼毒青少年的心智。这种善恶的双重属性，在小说、电影、电视等媒介崛起的时候，都曾经出现过。这两种观点也代表了中美两国社会对待游戏时的差异。

中国长期以来对电子游戏的评价都较为负面，对其成瘾性非常关注，尤其是其对青少年的影响。中国青少年舒缓压力的娱乐方式较为有限，游戏成为为数不多的放松渠道，从而使得青少年对其形成了依赖而甚至占据了过多的时间与精力。随着网络时代下成长的人群逐渐占据社会主流，游戏也成为更多人日常生活中不可或缺的一部分，其负面的评价也逐渐消退。取而代之的是更多地将其视为一种产业去发展，也有越来越多热爱游戏的人投身到游戏的事业中。

美国则倾向于以一种开放包容的心态去看待电子游戏，更多地将电子游戏视为一种艺术，充分尊重其创作的自由，也不限制群众接触内容的自由。虽然美国游戏大厂如 EA 以及游戏平台 Steam 都有家长监护系统限制游戏时间，但整体上他们并不认为游戏沉迷是问题。美国社会更加关注的是暴力和色情的问题，所以会利用游戏分级来限制暴力和色情等不良内容。

1. 中国：关注青少年成瘾，由质疑转认可

中国游戏行业一开始发展并不顺利，其成瘾性一直被社会所诟病，而随着游戏休闲功能的广泛普及以及电竞这种体育竞技的崛起，中国社会对游戏产业的态度正在逐渐改观。

电子游戏这一新兴的娱乐方式在 20 世纪八九十年代的涌现让中国年轻人沉浸其中，过度的沉迷使其被冠上了电子海洛因的恶名。随后 2004 年的天津少年张潇艺跳楼事件，因其遗物笔记大量涉及网游《魔兽世界》中的角色而使得网游被戴上了"精神鸦片"的帽子。网瘾戒断所的大量涌现，强化了网游和电子游戏的负面形象。

随着智能手机普及，3G 网络升级发展，更多的"非玩家"成为"玩家"，手游市场的兴起助推着游戏成为街头巷陌的平常话题。第一批现象级手游纷纷涌现：《捕鱼达人》将触控科技推向手游界"大佬"的宝座；《世界 OL》《神仙道》创造了流水过千万的神话。无论是游戏爱好者还是对游戏一无所知的萌新，都不约而同地捧起了自己的手机，在触控屏上如痴如醉地点击、划动。

随着受众人群的扩大，电子海洛因的恶名也逐渐褪去，人们开始意识到游戏在生活中扮演的重要角色。在当今的青少年眼里，越来越重要的虚拟时空与数字娱乐所具有的人际、信息交流与体验互动等，与日常的非正式学习自然地交融在一起，即学习、体验、交流、娱乐、社交等的界限已不再泾渭分明。游戏的娱乐、体验过程，本身就充满着有意义的信息获取、人际互动、冒险解谜、知识建构、基于问题探究及交互等活动。比如，游戏过关中的相互探讨、协同完成任务以及老鸟、新手之间的竞技、技术示范或"传帮带"等，一切是那么的自然、随和与富有实效。往往在谈笑间，获得了全新的认知、感悟、启迪，学得一招半式，甚至是学会一些实用的编程知识与技术。

与此同时，官方对游戏的态度也从完全的否定转为逐渐地认可。有学者对《人民日报》在 1981－2017 年间的游戏报告进行了统计分析，发现持负面态度的报告数量正在递减（见图 5－19），并且在

2009 年、2010 年、2011 年连续三年都有近 52 篇的报道采用"产业经济"的框架。对于"电竞"和手游的报道也呈现出更加多元的观点。

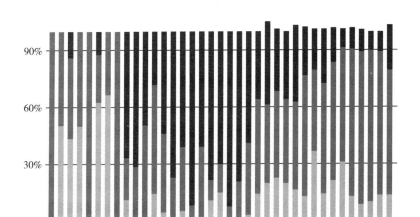

图 5 - 19　1981—2017 年《人民日报》持不同态度的游戏报道比例

随着游戏影响力的扩展，电子游戏也逐渐变成一门系统的学科。《游戏设计艺术》《快乐之道——游戏设计黄金法则》《游戏改变世界》等关于电子游戏的学术著作不断涌现。游戏的开发设计、发布销售过程体系化、科学化，并通过学术研究推动游戏产业走向进一步成熟。电子游戏再也不是普通的"玩物"，而是一门严肃的、理论化的学科。

国内电子游戏的专业化进程在近年也初现成果：电子竞技被国家体育总局确定为正式开展的体育项目；电子竞技专业被教育部纳入新增高校专业中；北京大学电子游戏课开讲，引来各大媒体关注。专业化使得社会舆论开始从另一个视角审视电子游戏，这一令人着迷的娱乐方式可能也具有无限发展的潜力。

如今数字游戏正不断裹挟、融合着各种新技术、新艺术、新视觉、新工具呼啸而来，游戏正变得日益泛化。在这样一种时代环境下，数字游戏自然而然地被大众所喜爱，游戏如同身边的空气一样，几乎如影随形，成为大众生活不可分割的一部分。所以中国社会如今整体对游戏的评价正在逐步扭转，产业未来有望进一步发展。

2. 美国：关注暴力色情，分级制成核心

不同于中国对游戏内容实行严厉的管控，美国社会对游戏的态度显得更加包容，更多地将电子游戏视为一种艺术，尊重其内容创作的自由。尽管美国"第一宪法修正案"保护了公民接触内容的自由，但1990年代多款暴力血腥的游戏使得美国社会很早便开始关注游戏中的暴力元素，从而催生了行业通行的游戏分级制度，至今仍成为游戏发行的重要标准。

最早引起美国社会对游戏暴力探讨的是1992年问世的《真人快打》，众所周知，这系列游戏最初的卖点就是真人影响的角色和毫不掩饰的血腥动作，游戏最初发售时并不出名，但很快在社会上引起轩然大波，报纸和杂志用大篇幅进行了报道，后来当这款游戏试图从街机移植到家用机时，更是受到了强烈批评，因为这会导致更多不同年龄段的孩子接触到游戏内容。

为了避免政府的干预，游戏厂商决定主动效仿电影产业，建立游戏分级制度。1994年初，在EA创始人特里普·霍金斯所成立的3DO公司的带动下，美国第一个有组织的电子游戏产业联盟——娱乐软件协会开始成立，第一批加入的厂商包括EA、世嘉、史克威尔以及最重要的任天堂，之后发展成统一联盟，而协会成立的初衷就是确立一个适用于北美市场的游戏分级制度，确保那些含有过激内容的游戏能够只针对适合的玩家，保证让游戏业的事情在游戏业内部解决。同年 9 月，娱乐软件分级委员会（Entertainment Software Rating Board，ESRB）制度正式启动，第一批接受审查的游戏包括《Pitfall》《超级大金刚》以及《毁灭战士》，而它们也各自对应不同等级下的代表作品。

如今，ESRB 的分级系统在游戏产业占据了重要的地位。美国一家相关研究机构在 2016 年公布的数据显示，全美 73％的家长在给孩子选购电子游戏时都会参考 ESRB 评级。ESRB 按照评级标准全面分析游戏所有素材内容，并结合对用户观感、心理的判断，将被测评的产品归入 6 个等级：EC（针对儿童研发）、E（适合所有年龄段）、E10＋（适合 10 岁以上人群）、T（适合 13 岁以上人群）、M（适合 17 岁以上人群）、AO（仅限成年人）。绝大多数游戏销售商和手机应用平台也只许可已经通过 ESRB 评级的游戏上架，并要求购买 M 和 AO 级游戏的客户出示身份证明，甚至不予上架 AO 级产品。这使得游戏开发者不得不小心谨慎地按照 ESRB 标准行事，以在市场上获得更好的成绩。当著名电子游戏《侠盗猎车手：圣安地列斯》被评为 AO 级后，产品难以在各大商店上架，生产商不得不自行整改、重新申请评级，最终该游戏带着 M 级的标志重新进入市场。

ESRB 的发展也并非一帆风顺，社会往往批评 ESRB 徇私舞弊，让大量原本应该被禁止的游戏诸如《侠盗猎车手：圣安地列斯》《上古卷轴 4》等得以上市，同时 ESRB 还始终要面对来自政府方面的介入危机，每当一款争议性的游戏引发社会舆论时，都会威胁到 ESRB 的独立审查权。

必须承认的是，ESRB 的存在是必要的，能尽量在业者、玩家、人际社会、政府机构这几者之间起到一个平衡的作用，证明了

分级制度的必要性、可行性以及持续性。根据美国联邦贸易委员会
（FTC）的调查结果，在 2011 年未成年消费者越级购买 M 级产品
的比例已经降至 10％以下，FTC 对此大加赞扬，认为 ESRB 是行
业自我规范的典范。

四、技术环境

中美游戏产业发展的异同也折射出了两国信息技术产业发展的
异同。

网络环境发展历程的先后导致了中美两国不同的游戏产业格
局。美国游戏产业兴起于 1970 年代，而互联网则在 90 年末才逐渐
普及，游戏产业的先行发展导致美国形成了以主机游戏为主流的市
场格局。中国游戏产业则是与网络环境基本同步发展，从而使得游
戏产业一开始便呈现以网络游戏为主的格局，巨大的人口红利转化
成海量的网游用户使得中国网络游戏呈现爆发式的增长，从而奠定
了中国端游主导的产业格局。

在如今三浪叠加（AI＋5G＋IoT）的信息时代，中美的信息技术
差距已远小于先前的时代，两者又重新回到了同一起跑线，两者都在
积极发展新兴的信息技术。中美在 5G 标准制定的竞争上趋于白热
化，低延迟、高速率的特点使得游戏用户能享受更流畅的游戏体验，
低延迟的特点还有望解决 VR 游戏带来眩晕感的问题。中美在人工智
能的发展上也平分秋色，中国拥有更海量的数据，而美国拥有更强大
的算力，人工智能有望为游戏提供更多样的玩法和个性化游戏体验。

1. 网络环境：美国起步早，中国发展快

中国的网络基础服务的普及比美国起步晚得多。PC 时代的固
定宽带和手游时代的移动网络，是用户接触网络游戏必需的技术基

础。根据世界银行提供的中美固定宽带和移动网络服务开通数量的
对比，在美国于 2007 年达到每百人有 24 人次的固定宽带开通时，
中国的这一指标还不足美国的五分之一，直到 2016 年才达到 23 左
右（见图 5 - 20）。同样地，中国移动网络的起步也比美国更晚，虽
然差距一直在缩小，但始终没有突破 100%，美国则在 2014 年就达
到了 114%（见图 5 - 21）。

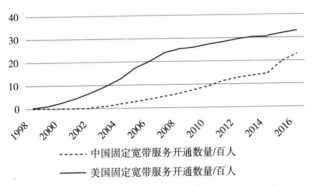

图 5 - 20　1998－2016 年中美固定宽带服务开通数量对比

资料来源：世界银行。

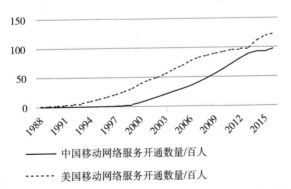

图 5 - 21　1988－2016 年中美移动网络服务开通数量对比

资料来源：世界银行。

互联网用户数占总人口的比例也呈现出美先中后的趋势。中国在 2000 年前后起步时，美国总人口中已经有 43% 的网民（见图 5-22）。

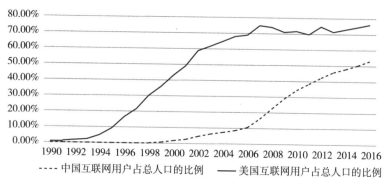

图 5-22　1990—2016 年中美互联网用户占总人口的比例对比
资料来源：世界银行。

远高于中国的网络普及率解释了美国网游为何在 PC 端和主机端一直遥遥领先，中国直到网络游戏进入移动时代才开始有起色。值得注意的是，虽然起步晚于美国，但中国网络服务覆盖的发展仍处于陡峭的曲线上，未来发展空间可期，这也意味着网络游戏还有很大的潜在市场。

中国网络服务不但发展速度快，近年来发展的质量也比较高。根据美国 Opensignal 公司提供的调查数据，2016 年末美国 4G 网络覆盖率虽然达到了 81%，但平均网速只有 13.95M；中国 4G 网络覆盖率只有 73.83%，但网速远高于美国，为 21.74M。就 Wi-Fi 上网时间占比来看，美国仅 53.08%，中国达到了 63.16%。可以看到，中国网络服务不论是覆盖率还是质量都仍处于高速发展中，这对网络游戏产业的发展无疑是有利的。而美国则进入相对平缓的发展期，在网速和 Wi-Fi 方面被中国赶超。未来中国移动游戏有望凭借移动网络技术的进步而迎来进一步的发展。

2. 新兴技术：中美同一起跑线

从经济社会到技术社会的转型，是当前中国社会发展的重大机遇。AI、VR/AR、5G 等技术有望颠覆当前的网络游戏产业，如今中美都在积极部署发展相关技术，竞争呈现白热化。

（1）5G 助力移动游戏新发展

移动游戏的迅速崛起在很大程度上得益于 4G 的普及，但 4G 时代手机的计算性能与电脑或主机仍然无法相比，难以支持大型游戏。5G 的高带宽和高速率可以将网络游戏中所需完成的复杂运算转移到云端进行，使用户只使用手机就能获得类似 PC 或主机游戏的体验。总的来说，5G 将会进一步淡化网络游戏不同终端之间的差异，让移动游戏获得更大的发展空间。

中美两国都正在全力为 5G 时代的领先铺路。特朗普政府于 2018 年 3 月签署了 1.3 万亿美元的政府拨款法案，包括用于农村宽带部署的新基金、为未来频谱拍卖铺平道路的计划，以及给 FCC（美国联邦通讯委员会）分配更多用于商业用途的频谱。中国的 5G 试验则已经进入到第三阶段，"标准、研发与试验"三项工作同步开展，预计 2019 年 5G 将进入到预商用阶段。在这场"5G 大战"中，美国无线行业组织和国家安全委员会都倾向于认为美国在 5G 网络的准备工作上落后于中国。

根据芬兰手游分析公司 GameRefinery 的分析结果，中国市场上，MMORPG 更受欢迎，而美国市场休闲三消、社交博彩等类型较多。就游戏类型来看，中国消费者对大型游戏的偏好，可能会使 5G 时代的移动游戏有更大的发展。

（2）AI：算法驱动交互创新，超级游戏加速引擎

人工智能正迎来第四次浪潮，将对各个行业产生深远的影响，

而游戏是 AI 最早实现的形式之一。1989 年发布的《模拟城市》就最早应用了有限状态机的人工智能算法。目前人工智能对游戏产业的影响主要体现在两方面：一种是算法驱动下的交互创新正使得 NPC 更加"机智"，属于应用层的层面；另一种是游戏 AI 引擎正使得超级游戏制作更加简化，这属于基础层的层面。

就目前而言，中国对人工智能更关注应用层，而美国更关注基础层，也就是说，在短期内中国网络游戏 AI 更容易受到资本青睐，但由于缺乏对基础层的关注，可能出现后继乏力的情况，美国则恰恰相反。

美国在 AI 与游戏的结合上远早于中国。育碧、EA、SONY 等大厂主导的人工智能游戏变革早已拉开帷幕。它们从 AI 游戏引擎、神经网络开发、AI 操作系统等多方面全力寻找人工智能＋游戏的潜力。

运用神经网络和遗传算法等技术让复杂环境和交互规则制定变得可行。通过算法改进，针对不同玩家进行交互的反应而非脚本设定，玩家可以从各种突发事件和情境中寻找多种解决方案，不同于传统游戏中刻板的线性任务流程，不仅节省了大量开发成本，还优化了游戏体验。但目前人工神经网络和遗传算法造价昂贵，只有育碧、EA 等游戏大厂使用。

另一方面，一些针对游戏的加速引擎被制作出来，它们服务于游戏的画面渲染、数据处理、智能 NPC 制作，甚至能够根据内容自动生成游戏。例如 NVIDIA OptiX 5.0，作为 NVIDIA 在 2017 年推出的 GPU 渲染工具，可以运用机器学习技术补充画面缺失像素、智能去噪和光线追踪，打造出一种逼真的动画效果。据称，该引擎可以将可视化效果提高 12 倍，并且节省渲染时间近 90%。NPC 制作引擎甚至能够直接创造角色，比如 RAIN AI 引擎，它是由 2011 年成立的 Rival Theory 公司所创建。Rain AI 创造出的 NPC 拥有颗粒度极高的实时反应，比如语言、眼神、手势、步伐等等。

中国在 AI 与游戏的结合上主要体现在人机对抗上的优化，《王者荣耀》的 AI 只要发现有人在对战中掉线，它就会无缝衔接，代替人去进行游戏。未来 AI 可能充当神队友，赢得游戏吃鸡，同时也可能作为强大的对手让人难以战胜。目前腾讯组建了 AI Lab，把游戏作为人工智能服务的核心场景之一。新技术正在改变整个游戏行业和人类对待游戏的态度，巨头公司的前瞻性布局和资本的大量涌入将撬动更多的创新性应用。

（3）VR/AR：人机交互方式大突破

不论是手机、电脑，还是其他的游戏形态，玩家与机器的互动一直以来都没能突破屏幕。VR 和 AR 技术的进一步发展，将会为网络游戏在视觉方面提供重大突破。目前市面上已有的游戏 VR 设备包括索尼的 Playstation VR、HTC 和 Valve 合作开发的 Vive 等，均为配件的形式。美国的网络游戏巨头 EA、动视等均推出了多款依托于 PS 平台的 VR 游戏。国内虽然也有国产 VR 游戏登录 Steam 平台，但影响力十分有限。

目前 VR 和 AR 在网络游戏上的应用仍处于初级阶段，除了研发成本高以外，用户体验也并不理想。由于 VR 和 AR 对硬件的性能要求极高，作为家用游戏配件使用时，分辨率不高、卡顿、掉帧等问题严重影响用户体验。加之 VR 设备价格高，而专为 VR 开发的游戏目前并不多，VR 很难作为游戏配件得到发展。因此搭建 VR 游戏的全套系统可能是未来的发展方向。比如，国内的英雄互娱与其投资的 VR 设备开发商 Virtuix 合作，开发 Omni 万向跑步机，玩家可以配合其《全民枪战 VR》游戏享受奔跑、瞄准、射击的全方面体验。

VR 这个概念一度非常火，不过随着越来越多的人体验过 VR 之后，热度却渐渐降了下来。原因就是，VR 的技术显然还没有成熟，体验过后会发现，一些 VR 头盔会给人带来眩晕感，而且随着玩的时间加长，这种眩晕感越重。其实就是因为数据传播的速度跟不上我们大脑和眼睛的反应时间，两者产生了一个时间差，虽然看起来非常小，但却能在我们的身体上产生很大的反应。5G 的低时延性，使 VR 的发展瓶颈得以突破。随着 5G 商用的逐渐落地，未来我们或许真能像《头号玩家》里那样能在"绿洲"上畅游，VR 游戏市场有望迎来真正的爆发。

五、人才环境

目前国内外市场的游戏设计人才岗位大致分为三类：以编程为主的技术方向，以绘画 3D 建模为主的美术方向，以及以游戏内容设计为主的制作人方向，亦是我们熟知的游戏策划方向。

中国在技术方向以及美术方向的人才培养较为完善，但在游戏策划方向的人才培养少之又少。这主要由于我国游戏"重运营，轻设计"的模式使得游戏生产趋于工业化，对游戏策划没有那么大的需求。

美国完善的游戏人才教育使其更能培养出符合行业需求的人才。美国在游戏专业设置上更加完善，三类游戏专业方向皆有高校设立。这很大程度上也得益于主机平台玩家对游戏故事性以及画面的高要求，从而使得美国游戏专业更加注重游戏整体设计的培养。与此同时，由于游戏专业是一个非常注重实践的学科，美国高校也依托附近的游戏大厂积极发展校企间的合作，考核也更加以项目的成果为重。

1. 中国：重美术技术，顶层设计培养弱

作为全球游戏市场规模最大的国家，中国大学中开设专门的游戏设计专业的数量却十分稀少。本科以上的全日制高校，只有中国传媒大学具有游戏设计的相关专业，而其他高等院校更加注重培养动画美术与编程技术，间接培养游戏专业人才。

早在 2004 年，中国传媒大学便开设动画（互动艺术方向）专业，旨在培养游戏人才。该专业培养的学生中曾经诞生了出色的作品，其中最知名的便是《三国杀》，由中国传媒大学动画学院 2004级游戏专业的黄恺所设计；《翻滚吧齿轮君》是由中国传媒大学2009 级游戏设计专业毕业生王思远策划设计的，该同学后来赴纽约大学游戏中心取得硕士学位。

如今，策划、美术、程序三种职位在中国传媒大学对应的是数字媒体艺术（数字娱乐方向）、动画（游戏设计艺术方向）、数字媒体技术（游戏设计技术方向），前两个需要艺考，第三个是普通理科专业。2017 年中国传媒大学新开的"电竞专业"也归属于数字媒体艺术（数字娱乐方向）。

中国传媒大学数字娱乐方向已经开始培养游戏策划的人才，课程和实践的结合让学生能够更好地满足行业的需求。该方向课程内容涉及广泛，包括了心理学、艺术审美、管理学等等。与此同时，每个夏季学期都会有创作实践，大一是比较基础的，大二是联合创作和与国际的学院合作，大三会做毕业设计开题等。中国传媒大学会借助行业公司的力量找有实践经验的专家、从业人员作为外请老师。

但遗憾的是，国内除了中国传媒大学，就基本没有全日制本科院校专门开设游戏专业，艺术学院下的动画专业以及计算机专业作为更加"正统"的专业得到了更多的关注与重视。游戏顶层设计人才的欠缺使得我国难以做出如欧美具有丰富故事性及宏大视角的游戏。这种现象的出现很大程度也是由如今游戏产业"运营为王"的格局所造成的。游戏巨头已经开发出了一套成熟的游戏生产流程，再凭借资源的优势以及优秀的运营手段，它们可以高效地实现收益，没有足够的动力去开发大作。未来随着游戏产业产值的不断提高，其发展质量也将引起人们的更多关注，届时对于游戏设计人才的培育也会逐渐引起关注并逐渐完善。

2. 美国：专业设置完善，校企合作紧密

美国游戏专业更多设置的是硕士学位，本科专业相对较少。美国的游戏专业多半开设在计算机专业或电影相关学院之下，通常分别对应游戏技术开发和游戏策划/制作人方向，也有一些开设在艺术相关院校内，对应游戏美术方向，不过数量似乎相对较少。

美国游戏专业的基础课程包括编程以及平面、3D、声音设计，还囊括游戏历史，游戏设计等等。除了基础课程，学校还允许学生选取自己感兴趣的方向包括叙事游戏、严肃游戏、桌游等等，同时还会提供游戏设计中所需要的人文、历史、行为、心理等知识。

除了学校的授课，学生还有很多实践的机会。学校内部可能会要求在极短的时间内，快速、高频地进行游戏设计；又或者是不断地改变开发工具，改变协作方式，以此锻炼快速学习和适应能力。借助学校的外部资源，学生也有大量的机会参与到游戏公司或者一些机构相关的项目中。

美国的知名大学包括纽约大学、南加州大学、卡内基梅隆大学都有专门的游戏专业学位甚至硕士学位。这些游戏专业的入学要求并不低，不仅要求学生有一定的计算机基础，还很强调学生的艺术人文鉴赏能力。

USC（南加州大学）有两个游戏相关的专业，一个是工程学院的 Computer Science（Games），偏编程较多；另一个是电影学院下的互动传媒和游戏设计（Interactive Media and Games），侧重于培养适合大型游戏公司的人才，不少学生得以进入诸如暴雪、Riot 这样的顶尖游戏公司。

CMU（卡内基梅隆大学）的 ETC（娱乐技术中心）项目也是很多学生梦寐进入的地方，凭借 CMU 本身强大的计算机专业背景，由 CMU 的计算机学院和设计学院联合开设的 ETC 拥有更多的游戏开发技术优势。ETC 对于学生的培养同样是面向游戏产业的诸多公司，所以对"项目"方面非常重视，毕业生大多成功进入美国的游戏产业，业内口碑良好。

NYU（纽约大学）的王牌学院艺术学院，已经诞生过 19 位奥斯卡金像奖得主，其中包括著名导演李安。而 Game Center（游戏中心）就隶属于艺术学院。与前两所高校不同，纽约大学游戏中心更偏向培养独立游戏制作人，所以他们会更加注重培养学生对游戏设计本身的理念和看法。

位于美国犹他州盐湖城的犹他大学综合排名并不高，但游戏相关的 EAE 专业在 USnews 游戏设计专业排行榜上高居第二。该专业下分四个方向，分别为游戏制作、游戏程序、游戏艺术和游戏技术艺术（Game Technical Arts）。课程主要是游戏设计、游戏工程、游戏制作（培养制作人的课程）等与游戏强相关的课程。和南加州大学、纽约大学不同的地方在于 EAE 专业中的四个方向就包含了游戏开发团队的主要角色。最后的毕业设计大课叫作游戏项目（Game Project）——EAE 全班人都会参与其中，整个过程是模拟一个游戏公司的运营以及游戏从开发到发布的过程。

位于西雅图的迪吉彭理工学院是一所为游戏专门开办的学院。大学的主要靠山是电子游戏公司美国任天堂，并租用它在美国的总部所在地。美国任天堂为大学提供技术援助、实验室空间和课程援助。微软、康柏和 Digital 等计算机大公司的总部也近在咫尺。其本科课程开设了计算机工程、计算机科学及实时模拟、工程及音效设计、计算机科学及游戏设计、音乐及声效设计、媒体艺术及动画等十个专业。这所学校的教学质量在游戏业界声誉很好，由于侧重训练学生的实际工作能力和应变能力，使得该校毕业生在就业方面极具竞争力。

美国开设游戏设计专业的学校远不止这五所，还有诸如萨凡纳艺术与设计学院这样的艺术学校、罗彻斯特理工学院这样的理工科学校，甚至还有麻省理工这样超一流的大学开设游戏研究实验室。

总体而言，美国对游戏人才的培养体系更加完善，各个方向的专业培养也更加全面，高校也有各类游戏实验室专门用来研发游戏。同时，由于游戏专业是一个非常注重实践的学科，美国高校也依托附近的游戏大厂积极发展校企间的合作，考核也更加以项目的成果为重。两相结合使得美国游戏专业更能培养出适应行业需求的人才。

第六节　中美游戏产业现状差异

中美游戏产业的现状差异有四点：第一，中国游戏产业已领先美国，居世界第一；第二，美国游戏公司在全球更有影响力，而中国游戏公司的影响力主要在国内；第三，美国 PC 游戏产业链更注重研发，而中国 PC 游戏产业链更注重运营；第四，中国比美国更关注手游产业。

一、游戏产业竞争格局对比

1. 中国：腾讯和网易占 86％的国内市场份额

腾讯和网易是中国游戏产业的巨头企业，这两家公司在游戏上的收入总和为 236.96 亿美元，占中国游戏产业产值的 86.17％。中国游戏产业产值在 2017 年为 275 亿美元，而腾讯和网易在游戏上的收入分别为 181.2 亿美元与 55.76 亿美元（见图 5 - 23）。根据中国音数协游戏工委数据显示，中国有游戏版号资格的游戏企业一共 2 614 家。除去腾讯和网易这两家，剩余的 2 612 家游戏公司共同占据中国 13.83％的市场。

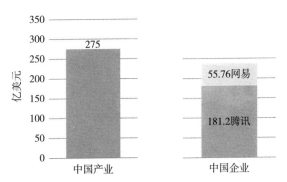

图 5 - 23　2017 年中国游戏产业产值与巨头企业产值对比

资料来源：Newzoo.

这些公司主要分布在北京、广东、上海、浙江以及江苏。其中北京的游戏企业最多，有 682 家，广东次之，有 489 家，上海有 438 家，浙江 183 家，江苏 123 家（见图 5 - 24）。

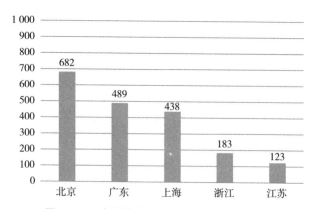

图 5-24　中国游戏企业数量最多的五个省市

资料来源：中国音数协游戏工委，2018。

在中国市场分布的 2 614 家有版号的游戏企业中，年营业额 5 亿元是一个分水岭（见图 5-25）。

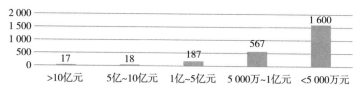

图 5-25　中国游戏企业年营业额分布数量

注：因统计数据缺失，图中的游戏企业数量少于 2 614 家。

资料来源：中国音数协游戏工委，2018。

营业额在 5 亿元以上的游戏企业群中，它们之间的差距较大。首先是游戏收入差距，头部腾讯游戏和最后一名的收入差别很大。腾讯游戏 2017 年收入为 181 亿美元，合 1212.7 亿元，这与 5 亿元有着近 1 200 亿元的差距。其次是主营游戏业务的差异，头部企业的主打游戏种类丰富，风格稳重，其他的企业更多是走游戏细分市场路线。例如赴美上市的哔哩哔哩公司，虽然是视频门户公司，但是主营业务收入 84％来自游戏，游戏收入在 2017 年达到 20.16 亿元。哔哩哔哩主打的游戏主要面向二次元用户，主打御宅风格的游戏。

营业额在 5 亿元以下的企业群中，竞争格局不稳定，随着企业营业额收入的减少，分布的企业数量越多，竞争也相应越来越激烈。

2. 美国：不仅占据美市场，在全球也有一席之地

美国苹果、微软、暴雪、谷歌和艺电这 5 家公司组成了美国的巨头游戏公司，形成第一梯队。这 5 家公司的游戏总收入，超过了美国游戏产业的总收入。美国游戏产业产值在 2017 年是 251 亿美元，而美国微软、苹果、暴雪、谷歌和艺电在 2017 年的收入分别是 80.37 亿美元、70.63 亿美元、65.13 亿美元、53.46 亿美元和 50.95 亿美元（见图 5 - 26）。5 家公司的游戏收入汇总是 320.54 亿美元，是美国游戏产业产值的 127.71％。

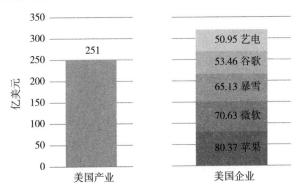

图 5 - 26　2017 年美国游戏产业产值与巨头企业产值对比

资料来源：Newzoo.

迪士尼、华纳兄弟、Take-two 集团这 3 家头部公司，是仅次于美国第一梯队游戏公司的世界前 25 强①游戏企业。这三家企业虽

---

① 排名来源：Newzoo.

然并不以游戏业务作为主营业务，但是在游戏上表现强劲。迪士尼的游戏部门市场表现波动性巨大，2016 年迪士尼关闭互动工作室，2017 年却靠游戏赚取 8.7 亿美元，世界游戏企业排名第 22。迪士尼依靠全球领先的动画产业地位，游戏的盈利模式主要是版权收费。显然，迪士尼并不准备放弃自身在动画产业上的优势，发展游戏只是迪士尼的副业。华纳兄弟是美国好莱坞重要的影视集团之一，成立于 1923 年 4 月，于 1993 年 3 月成立互动娱乐子公司，进军游戏产业。华纳兄弟出品的游戏，离不开原有的影视 IP，如蝙蝠侠阿卡姆系列、乐高系列等。这些自带流量的 IP，降低了游戏玩家对华纳兄弟出品的游戏的认知成本。Take-two 集团受益于美国发达的运动文化环境，依靠运动游戏占据市场一席之地。Take-two 2005 年开始做游戏，最成功的游戏来源于子公司 2K Games 和 2K Sports 对运动游戏的研发和运营。自从世嘉获得了 Visual Concepts（足球和篮球）和 Kush Games（棒球和曲棍球）这类体育游戏的产权，Take-two 始终致力于体育游戏这一 IP，发展游戏产业。

在美国第一梯队 5 家国际公司的带领下，美国 2 711 个电子游戏工作室走向全球市场，形成美国游戏产业的第三梯队。这些游戏工作室站在全球制高点上，更容易让作品在全世界流行。它们中既有所属第一梯队公司的工作室，还包括创业团队类型的小工作室。很多游戏集团都拥有多个工作室，艺电在全美有 29 个游戏工作室，亚马逊在全美有 24 个游戏工作室，Unity3d 在全美有 5 个游戏工作室等等。许多由个人组成的，团队在 10 人以下的小游戏工作室，主要分布在加利福尼亚、得克萨斯、华盛顿、纽约、马萨诸塞，其中在加利福尼亚有 889 个游戏工作室。

二、游戏产业生态对比

中美游戏产业生态的差异体现在研发、运营以及渠道上，从产业本身的角度，可以从三个方面进行解释。

中国游戏公司一开始的战略定位便是满足国内人民的娱乐需求，况且，庞大内需首先要让中国本土的企业来满足，也能进一步扶持本土的游戏产业。所以，中国游戏的运营商、渠道商中看不到外资的身影。反观美国，美国的研发、运营以及渠道商中国际性公司更多。但是随着中国人口红利的消失，中国游戏企业"出海"成为战略方向之一。

中国在 PC 游戏以及更早出现的主机游戏上，具有天然的研发弱势，这一点是由于历史发展导致的巨大差距造成的。于是，中国游戏摸索出新的运营模式，用更具创造力的联运模式来弥补研发上的弱势。

在新兴的手游领域中，中美站在了同一起跑线上。中国的游戏企业集中发力，在手游红海中厮杀。中国手游行业激烈的竞争，反哺整个游戏产业，推动了整个游戏产业的研发变革、运营更新，引发游戏产业的变革与升级。

1. 整体产业链：美国重全球，中国逐步"出海"

（1）美国游戏产业链比中国更全球化

美国游戏产业在研发、发行以及渠道上，都具备全球化的属性。

从游戏研发开始，美国游戏更容易在全球流通。美国研发的游戏比中国研发的游戏天然地具有更多的市场优势，主要原因在于美国研发的英文游戏更容易走向全世界，英语更容易在全球流通。英语游戏在北美市场、欧洲市场、东亚市场、澳洲市场等都能快速走进消费者。

而中国研发的游戏若不开发英文版本，便只能局限在本土发展。况且，中国庞大内需首先要让中国本土的企业来满足，目前中国游戏产业尚在满足内需的阶段，还不足以面向全球进行研发。即使是热门游戏，也是先研发中文版本，再考虑英文版本。

在游戏发行上，美国的发行商比中国的发行商更有全球影响力。美国游戏行业自发组织了发行机构与发行活动，更具发行凝聚力。比如 The Electronic Entertainment Expo（E3），是美国娱乐软件协会从 1995 年开始举办的游戏发行会，堪称"电子娱乐界一年一度的奥林匹克盛会"，吸引着全球玩家的目光。在 E3 展会上，所有美国的重要游戏研发商与其他国家的重要研发商共同展示本年度最为重要的游戏产品，共同发力全球。

而中国游戏行业缺乏这种具有全球影响力的发行机构与发行活动，中国游戏的发行也主要是面向国内玩家。虽然中国游戏大小厂已经放眼全球，但是每去一个国家就像是去一个新战场，而中国游戏大小厂联合发行的组织机构与活动还在兴起阶段，未能联合发展。

在游戏渠道上，美国的端游、手游渠道商具有全球领先地位。美国领先全球的互联网产业，是互联网流量的聚集地，更是游戏渠道的制高点。所有游戏渠道上都有美国企业的身影。如手机游戏，美国 Google Play 与 Apple Store 是世界主流的手游通道，玩手机游戏都离不开这两个渠道。以苹果公司为例，苹果以三七分成的业界良心比例，带着游戏开发厂商们与它们的游戏走向全世界。此外，谷歌公司 2007 年宣布安卓系统的开源；也是在同一年，美国第一代苹果手机上市。不曾想到的是，安卓系统与苹果系统几乎 100%

是当今手机游戏的载体。

客户端游戏的下载渠道多为游戏公司本身的官方网站，在这一点上中美公司并没有区别。但是与中国不同的是，美国最流行的是主机游戏，在美国，主机游戏具备大型国内外线下渠道商，而中国的线下渠道商几乎消失殆尽。

（2）美国游戏公司更有全球影响力，中国"出海"成趋势

从全球游戏平台 iPhone、iPad、Google Play 以及 Steam 的收入数据来看，中美游戏公司有着不同的表现。从平台类型来看，中国游戏公司只在手游上有优势，美国在 PC 游戏和手游上都有优势；从游戏公司实力分布来看，中国只有游戏巨头公司综合实力强，而美国游戏公司的实力各有侧重；从全球影响力来看，美国游戏整体公司全球影响力更大，而中国只有巨头公司有影响力；从发展趋势来看，越来越多的中国游戏公司开展游戏"出海"。

从不同手游和客户端的主流游戏渠道上，中美两国游戏公司的产业分布各有千秋。iPhone 平台：中国腾讯游戏和网易游戏位居榜首，而美国游戏公司没有突出表现。iPad 平台：中国腾讯游戏和网易游戏较为突出，但总体上中国公司并不如美国公司多。Google Play 平台：中美游戏公司均不突出。Steam 平台：中国无表现突出的游戏，美国公司则有很多。

（3）中国游戏企业全球化道路

从研发、发行以及渠道上，中国游戏都需要进行改造，才能走向全球市场。在研发上，中国游戏需要接纳更多的世界大众文化；在发行上，需要借助更多中国海外发行商的力量；在渠道上，需要关注新兴游戏如 AR、VR 游戏的平台渠道。

首先，在研发上，中国游戏需要接纳更多的世界大众文化与大

众语言。中国游戏公司全球化的过程中，也是中国元素被淡化的过程。淡化的原因在于中国巨头游戏公司所研发的游戏从一开始并没有具备全球视野，需要后续抛弃过多的中国元素，增添大量国际元素。中国目前自研的很多游戏中都包含了古代文化、仙侠等元素，佛教、道教思想的痕迹较重。在走向世界的过程中，需要接纳更多的世界大众文化。此外，语言这一元素在游戏中并不是必须，必要的时候也需要在研发中添加更多的英语等大众语言。

其次，在发行上，中国游戏需要借助更多海外发行商的力量。有的海外地区的游戏产业实力比中国强，有的则比中国弱。在不同的海外地区，中国游戏"出海"都需要借助、发展更多的中国海外游戏发行商的力量。第一类是游戏产业发达的地方，尤其指欧美、日韩这些发达国家和地区。在游戏作品丰富的地区，中国游戏的"出海"是作为外来者与本地产品进行竞争。在竞争中，需要借助中国海外发行商的力量，强化游戏发行实力。第二类是游戏产业并不发达的地区，如非洲、东南亚等发展中国家和地区。在游戏作品并不丰富的地区，更像是待开发的新领域，建立自己的海外发行商团队成为必须项。

最后，在渠道上，新兴游戏渠道平台是未来的趋势。目前，各种类型游戏的世界主流渠道商主要是在美国公司的掌握之下，如手机游戏的苹果、谷歌平台，主机游戏的微软平台。在这种局面下，中国在发行任何一款手机游戏、主机游戏时，都不得不接受美国渠道公司收入分成的要求。由此，谁能发展新的游戏渠道平台，谁就占据了未来游戏的渠道平台。从主流游戏来看，主机游戏的发展已经步入衰退期，手机游戏的增速已经在放缓，进入成熟期。没有哪一种游戏形式是固定不变的，同样，没有哪一家游戏渠道平台是固定不变的。未来代替手机游戏的会是 AR、VR 等新兴游戏，这些游戏的渠道平台将成为新的制高点。

2. PC 游戏生态链：美国靠研发，中国靠运营

美国游戏全产业发展强劲，中国偏重于渠道，在运营和发行上较为发达。

由于历史发展原因，中美在游戏研发实力上的差距不言而喻。在 PC 游戏研发技术上，中美之间存在 10 年以上的技术差距；在游戏人才培养上，美国有更多专门的游戏研发硕博学位，而中国的研发人才多来自高职专科。

面对这种差距，中国依靠运营走出了自己的网游道路，并且在运营的路上不断创新，诞生出联运模式。中国网游起步于对国外优秀网络游戏的代理，发行和运营是代理工作中必不可少的两个职能。美国则在单机游戏的基础上，发展起网络游戏。

（1）研发：美国游戏研发实力强于中国

许多著名的 PC 游戏都在美国诞生，并且一代接一代地传承下来。美国的游戏研发历史很连贯，市面上最新的游戏版本都能从旧游戏中找到原型，或是找到能够借鉴之处。

以 2017 年美国最流行的 20 款 PC 游戏为例，70％的游戏均由美国企业研发。这些游戏中三分之二的原型是在 1990 年代推出的第一款游戏，推出近 20 年，并且已经传承到 5～7 代游戏版本。

以动视暴雪的《魔兽世界》游戏为例，截至其付费用户数达到峰值的 2008 年底，全球的《魔兽世界》付费用户已超过 1 150 万人，并成功收入吉尼斯世界纪录大全。自 2003 年开始发售，经历了 15 年的风风雨雨，这款游戏依然风靡全球。此外，《DOTA》《英雄联盟》等作品，基于《魔兽世界》中的一张地图，诞生出全新的 MOBA 游戏类型。这些使得游戏的研发得以延续，并不断有新的游戏从旧的游戏中萌发。

中国最流行的 PC 游戏有 80% 是来自海外游戏的代理运营，自研 PC 游戏最长历史在 10 年左右，远不及美国。研发一款 PC 产品的风险远远大于代理一款 PC 产品，使得国内自研产品成功的案例并不算多。中国 PC 游戏研发商大致主攻两类产品：一类是以国外热门游戏为原型的中国再改造作品，这类游戏未改变游戏的核心玩法，多在美术、运营上有所改动；另一类是以《梦幻西游》为代表的中国古典仙侠作品，在本土取得成功。

以网易公司的《梦幻西游》为例，2003 年网易推出西游记题材游戏。如今在 PC 上以及手机上，网易公司仍在运营这款游戏。15 年的历史，让这款游戏成为中国自研游戏的经典作品。虽然《梦幻西游》曾经是中国同时在线人数最高的网络游戏，但是不可否认的是，作为中国自研的 PC 游戏，这款游戏还是与《魔兽世界》这类美国游戏有着很大的差距。《魔兽世界》已经走向全球，成为全球玩家的共同家园，而《梦幻西游》仍只能停留在中国本土。

（2）运营与渠道：中国游戏运营能力强，联运模式兴起

游戏的渠道越来越多地扮演着运营的角色。从游戏研发到渠道，直接跨过了运营商这个身份。

中国游戏公司运营成功之处在于能够把原本不受欢迎的游戏，不断优化，用强大的运营能力让这款游戏获得成功。此外，中国的端改手这种运营模式以及联运模式，都比美国的游戏运营更具创新力。

中国 PC 游戏作为后起之秀，代理了多款海外游戏作品，并在国内市场取得了巨大的成功。

以腾讯游戏代理的《穿越火线》为例，这款游戏由韩国公司Smilegate 所研发，在韩国并未打开市场，该公司在创立初期濒临

倒闭。但是在腾讯代理这款游戏之后，越来越多的中国玩家开始玩《穿越火线》，国服玩家的数量远远超过韩服玩家。目前这款游戏的韩服已经关闭，而在中国市场依然是最热门的游戏之一。

而在美国，主流游戏运营商所运营的主要是自家公司所研发的游戏。如果遇到特别优秀的游戏作品，美国运营商会整体收购整个游戏研发团队。

如《我的世界》这款沙盒动作冒险游戏，是瑞典游戏工作室Mojang 在 2011 年推出的作品，一经推出，在全球备受好评。该款游戏流行至今，在 YouTube 游戏界面搜索，最受热议的游戏之一便是《我的世界》。截至 2018 年 1 月，该款游戏在所有平台上销售了超过 1.44 亿份，成为继《俄罗斯方块》之后第二畅销视频游戏。而美国微软选择全资收购这家游戏工作室，并在最初版本的基础上，继续增添新版本。此外，美国的 Telltale 公司把这款游戏改编成手机游戏，在各大移动平台上继续运营。

相较于美国市场，联运模式的兴起在中国更为明显。代理作品的成功，一方面在于中国市场具有庞大的游戏玩家需求，另一方面也离不开 PC 游戏厂商卓越的运营能力。产业链上各个环节间出现了更加多样的合作模式。游戏研发商不仅可以将游戏授权给发行商，通过发行商联络渠道商完成游戏推广，也可以与渠道商进行联合运营，简称联运。

联运是研发商直接和渠道商合作。于研发商而言，可以更好地控制游戏推广成本，获得理想的运营平台，降低风险。于合作平台而言，网游的成功运营将帮助平台获得更高的用户黏稠度，提高收益。双方互利互惠，达到共赢的目的。如图 5 - 27 所示，联运模式将以往的围绕发行商的活动渐渐削弱，最终跳过发行商这一中间环节，研发商和分发渠道将直接进行游戏盈利分成，大大提高了两者的收益。

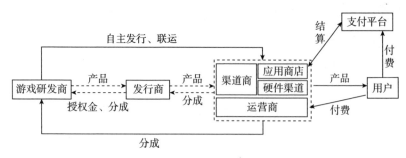

图 5-27　游戏联运模式

近年来，中国游戏出现了端游改编成手游的趋势，众多优秀的 PC 游戏作品都被改成了手机游戏，如《梦幻西游》在 2015 年推出手游版本，《绝地求生》Steam 端游经过腾讯代理后，改成两个手机游戏版本。在手机游戏中，依然延续着联运的模式。

例如视频弹幕网站哔哩哔哩利用其平台特征，积极拓展游戏业务，目前主要以联运和代理进行游戏运营。据哔哩哔哩副总裁 2018 年 1 月的演讲，网站正在运营的游戏有 91 款，与 66 个开发商有着联运合作关系。2017 年，哔哩哔哩总计评测联运游戏 943 款，上线联运游戏 55 款，其中核心二次元游戏 14 款，泛二次元游戏 41 款。哔哩哔哩将自己独具特色的二次元文化圈用户和二次元游戏相结合，为游戏研发者和网站带来了丰厚收益。2017 年年报显示，哔哩哔哩的手游收入为 2 058.2 百万人民币，占其总收入的 83.4%。同时，哔哩哔哩宣布将平台游戏中心接入规则由准入制变为完全开放平台。哔哩哔哩将在游戏接入上并不设立门槛，无论是传统的网络游戏还是独立游戏，都可以进入哔哩哔哩游戏中心。同时，收入分成比例将变为五五开，这对于游戏开发团队特别是中小团队来说是利好消息，更多的收入分成意味着开发商可以在后续的运营和新游戏开发中投入更多，也更利于优质内容产出。

腾讯移动游戏平台也采取了联运模式。腾讯游戏按照接入自家移动游戏平台程度的不同，将游戏研发商分为三类：接入运营、联合运营、独家代理运营。2014 年，腾讯也公布了移动游戏平台商务合作的新规则，采取联运模式的游戏研发商与腾讯的分成比例为六四开。联运模式中，腾讯会给予研发商营销推广和运营团队方面的支持。

中国网游的发展环境使得联运模式的兴起在中国更为突出，而在美国的游戏产业中，也出现了类似的趋势。2017 年 8 月，微软宣布了"Xbox Live Creators Program"（游戏开发者计划），该计划创立的初衷就是为了极大地降低游戏开发者制作 Xbox 游戏的门槛。加入该计划的开发者可以直接将游戏发布到 Xbox One 主机家族及 Win10 PC 上。通过微软的主机渠道，游戏研发者可以直接发布游戏，并获得微软的相关推广销售功能辅助。研发者通过 Microsoft Store 分发游戏，需要缴纳收益的 30％。

可以说，联运模式在中国兴起的同时，也在美国游戏市场中出现。发行商的地位正在被削弱，强势渠道商的地位在网游时代渐渐上升，联运模式在将来的网游市场上还会得到更多的应用。

3. 移动游戏生态链：中国手游推动整体产业升级

从移动游戏作品来看，中美移动游戏在玩法上的主要不同是美国以社交休闲为主，中国以重度对抗为主。美国手机游戏是作为重度 PC 游戏的差异化补充，手游类型偏轻度、休闲，这种游戏对研发没有要求，多依赖流量渠道入口。而中国出现了越来越多的竞技类重度游戏，一方面对研发技术提出新的要求，另一方面引发对游戏运营与渠道的重视。

从移动游戏公司来看，手游在美国游戏公司中并不算是主要的游戏业务形式。美国的头部游戏公司，仍以主机游戏、PC游戏为主，沿用IP资源，很少进行手机游戏创新。在美国的手游新贵公司的股东中，不少是来自中国的游戏公司。而中国头部游戏公司的主营业务都在手机游戏上，况且中国公司还会去美国购入手游公司。此外，在中国的手游市场，资本在2014年前后已经介入，一方面，中国的游戏公司依靠并购重组在A股市场获取融资；另一方面，中国手游公司关注海外市场，从海外收购了不少手游公司。

总之，中国手游行业反哺整个游戏产业，推动了中国整个游戏产业的研发变革、运营更新，引发游戏产业的变革与升级。中美游戏的不同根源在于游戏生态链不同，具体体现在手游的研发、发行以及渠道上。

（1）研发：中国手游公司更热衷于投资研发团队

相对于主机游戏、PC游戏，手游游戏研发的要求不算高。所以，尽管中国游戏研发实力弱，但是依然能做出好的手游产品。

此外，中国游戏厂商也在逐步提升自身研发能力，多采取入股的方式进行国内外投资。

在国内，在中国A股上市公司中有31家公司的主营业务是游戏。在这31家公司中，有14家公司进行业务重大变革，跨界收购网络游戏，从与游戏产业毫无关联的其他产业跨界到网络游戏行业。从跨界现象上看，在2013年到2015年之间的中国上市公司，对国内的手游与页游游戏研发团队都梳理过一遍。这些研发团队，或是被并购，或是借壳上市，都完成了股票市场的资本化之路。

在海外投资中，也有不少中国公司的身影。腾讯游戏在2015

年投资 Glu Mobile、Pocket Gems 这两家美国手游公司，2016 年接手软银在 Supercell 这家北欧手游公司的全部股权。巨人网络及其他资本公司在 2016 年收购以色列手游公司 Playtika 的全部股权。掌趣科技在 2014 年投资参股 Unity 公司 1.5％的股权，是注重游戏研发的一个信号。Unity 游戏引擎以降低开发者门槛闻名全球，相对于 PC 游戏，Unity 引擎更适合做手机游戏。如《王者荣耀》《炉石传说》等著名手机游戏均采用 Unity 引擎开发。

（2）运营与渠道：中国流量渠道更热衷于做手游

国内收入排行 top15 的游戏研发和运营公司中，每家公司都有手游页游业务，其中有 11 家公司主打手机游戏与网页游戏。不难发现，新浪、百度、联想、360 等著名游戏渠道公司也在其中。2018 年初，今日头条把跨界做游戏列入企业日程，同样，快手公司也在计划做游戏。渠道商们把控着流量入口，纷纷期望通过游戏进行变现。在竞争如此集中的中国手游、页游市场中，公司逐利行为屡见不鲜。比如在页游市场，最大的创新是蓝月传奇公司采用的"我是渣渣辉"的营销方案。

美国手机游戏拥有的 IP 资源比中国游戏更多，轻度手游依靠 IP 就能获得较好的流量效应，从而转化为游戏流水收入。在这种情况下，美国游戏公司缺乏竞争的动力。以迪士尼手游为例，这些游戏在玩法上并没有过多创新，更多是把角色的 IP 代入，把影视观众吸引到游戏上。米老鼠、唐老鸭、白雪公主等经典的动画人物的代入，让迪士尼手机游戏秉承迪士尼的影视风格。

（3）网页游戏：手机游戏的重要来源

网页游戏又称为无客户端的 PC 游戏，能够满足用户对于及时娱乐的需求，这一点与手机游戏具有一致性。也就是说，网游玩家更容易转移到更便利提供娱乐的手机游戏上。中国网页游戏在 2017 年占比 8％，是次于手游、客户端游戏的第三种游戏形式。能与中国手游对比的是美国的 Facebook，即开即玩的性质与中国网页游戏相同。

中美网页游戏的差异具体表现在四个方面：（1）玩法上，中国以挂机对抗升级为主，美国以社交休闲为主；（2）周期上，中国挂机游戏周期短，美国休闲游戏周期长；（3）渠道上，中国渠道商较分散，美国集中于 Facebook 等平台；（4）制作上，中国换皮现象多且玩法单一，美国游戏形态与玩法更丰富。

中国网页游戏因为开发难度低，降低了进入门槛，导致中国网页游戏同质化严重，很多游戏通过不断换皮的方式重新上线。而美国网页游戏的开发结合了网页游戏与及时可玩的特点，更加休闲。

三、游戏产业市场需求对比

中国游戏市场规模在 2016 年超越了美国，两国市场的增速差异将使得市场规模的差距进一步拉大。

1. 用户规模

中国游戏用户规模目前不到中国人口的一半，巨大的网络人口红利以及网络覆盖的潜在空间将持续提供游戏用户的增长。手游端将借此机会进一步助力中国游戏市场增长。相反，美国的游戏用户已经达到了近三分之二的人口，已属于全球最高的水平，使得用户增长乏力。同时，趋近饱和的网络覆盖率使得端游玩家难有新增长，美国整体游戏用户规模增长出现瓶颈。

（1）中国：网络人口红利助力游戏用户规模增长

2014 年以来，中国游戏用户规模增速保持低位，基本低于 5％的水平。这主要是因为目前国内用户规模的扩大主要由手游用户增长而带动，而国内移动智能终端设备以及移动游戏活跃设备规模增速已逐步放缓，近几个季度增速都低于3％。我国目前智能手机普及率已高达58％，同期日本仅为39％，印度仅为17％，但相对美国72％的普及率仍然较低，智能手机的普及率提升仍有空间但增速较慢。

尽管如此，我国互联网普及率仍然很低，2017年只有55.8％，而美国则有近90％，其他G20成员中，发达国家集团互联网用户普及率均高于85％。随着我国"宽带中国"的政策带来的固网升级，光纤入户将更为普及，联网成本将降低，网民规模将进一步扩大，中国网络游戏玩家规模仍有增长的空间。同时，我国手机网民占整体网民比重很高，在2017年达到了近97.5％。可以预见，伴随着网民规模的扩大，也会带来手游玩家数量的增长。

（2）美国：网络渗透率见顶，用户规模趋于饱和

美国游戏用户规模在2016年已占据近三分之二的人口，属于全球最高的水平，但其规模增速放缓，近三年平均增速已降至3％，用户规模趋于饱和（见图5-28）。

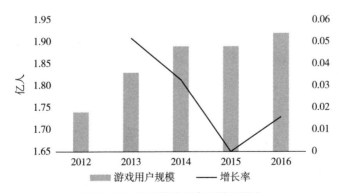

图5-28　美国游戏用户规模及增速

资料来源：Statista.

首先，美国网络用户增长乏力。不同于中国仍有巨大的网民覆盖率空间，美国互联网普及率已达到近90%且增速趋于平缓，接近天花板的互联网普及率使得美国网络游戏玩家增长乏力。同时其手机网民占整体网民比率较中国偏低，表明其手游端游戏用户规模的增长潜力不如中国。其次，占美国近一半市场的主机游戏玩家属于存量用户，一般会根据主机周期性的更新换代进行消费，不计入新玩家的范畴。综上，美国游戏用户规模增长呈现颓势，难再有巨大的增长。

2. 消费趋势

中国游戏用户消费购买力持续增强，美国游戏用户消费意愿稳定。持续高速增长的收入提供了中国玩家的消费力，而丰富的氪金玩法设置进一步助长了其消费意愿。与此相比，美国玩家人均游戏消费虽高，但占其收入比重较低且基本保持稳定，游戏消费成为生活常态。

（1）中国：收入高增速及付费玩法带来强烈的付费意愿

中国游戏用户人均年游戏消费金额达到了50美元，相较美国较少，但其占人均可支配收入比重达到了近1.4%，远超美国的占比（见图5-29）。中国游戏用户强烈的付费意愿主要来自两方面：一方面是人均可支配收入的高增长，近年来其指标增速基本维持在10%的水平（见图5-30），持续增长的收入使得中国游戏用户具备游戏消费的实力。另一方面，中国重运营的游戏设计使得厂商偏向于会运用丰富的付费方式吸引玩家持续进行游戏，其中通过付费获得游戏中稀有物品如皮肤及道具的方式是最主要的收入

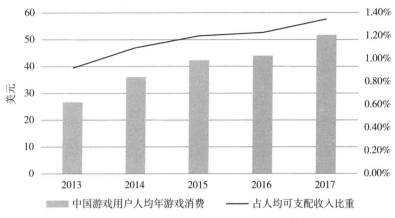

图 5 - 29　中国游戏用户人均年游戏消费及占收入比重

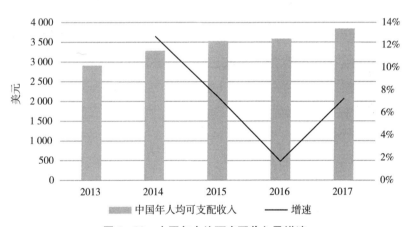

图 5 - 30　中国年人均可支配收入及增速

资料来源：国家统计局。

来源。皮肤使得玩家个性化的诉求得到满足，而道具对游戏体验的
提升使玩家不断消费，从而培养了中国网游用户付费的消费习惯。
两方面的因素相结合使得中国玩家付费意愿明显强于美国（见表
5 - 3）。

表 5 - 3　　　　　　　　中国网络游戏收费机制

月费式 VIP 系统	付费购买离线经验或奖励	开箱子
每月支付一定金额，每天可领取额外的奖励或物品	适用于游戏时间少但又不想在游戏进度上落后太多的玩家	最高收入来源，获得游戏中的稀有物品
美国仅 15% 采用	美国仅 3% 采用	美国仅 4% 采用

资料来源：Gamerefinery，腾讯研究院。

（2）美国：游戏花费高但占比少，游戏花费已成生活常态

美国游戏用户人均年游戏花费较中国高，达到 147 美元，但其占收入比重相对中国较少，且稳定在 0.35% 左右（见图 5 - 31）。

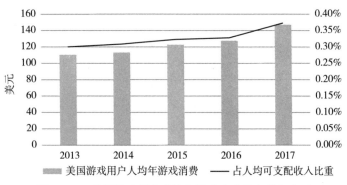

图 5 - 31　美国游戏用户人均年游戏消费及占收入比重

美国游戏用户游戏花费占比较少主要也有两方面的原因：一方面是美国人均可支配收入增长缓慢，近年来基本维持在低于 4% 的增速，收入水平的低增长使得游戏用户游戏购买力增长乏力；另一方面是由于美国游戏内购机制收入占比较少，花费的大头仍然在主机游戏的硬件以及游戏软件上，该平台上的更新换代呈现较为规律的周期，使得美国游戏玩家养成了一定的消费习惯，消费较为

理智。

综上所述，美国游戏用户游戏内付费意愿并不强烈，其游戏花费已成为生活常态。

3. 用户结构

中美游戏的用户结构都呈现出更均衡的态势，玩家年龄呈现更均匀的分布，玩家性别也基本呈现对半开的局面，游戏不再只属于年轻人或男性玩家，游戏已然成为全民的生活方式，全民游戏的时代已经到来。

（1）中国：用户年龄均匀化，重点布局功能游戏

从 2011 年与 2017 年中国游戏用户年龄分布的变化可以发现，如今用户年龄更加均匀化。游戏的开发将更需要面对全年龄段的用户，由此催生出了功能游戏的需求。

功能游戏又称为严肃游戏或应用性游戏，它与传统娱乐型游戏有所区分，是以解决现实社会和行业问题为主要目的的游戏品类。从电子游戏的概念进入我国以来，其负面的声音不绝于耳，常常被喻为"精神鸦片"。而如今，官媒对于游戏的负面评价已经逐渐减少，开始用产业经济的维度去看待，国家也将其作为文化产业发展的重点。在《文化部关于推动数字文化产业创新发展的指导意见》中，强调了大力推动应用游戏、功能性游戏的开发和产业化推广，引导和鼓励开发具有教育、益智功能，适合多年龄段参加的网络游戏、电子游戏、家庭主机游戏，协调发展游戏产业各个门类。功能游戏的开发将扩展中国游戏群体。相比于欧美国家，中国功能游戏仍处于起步阶段。

（2）中国：女性玩家增量显著，轻游戏市场未来可期

2018 年初，女性向游戏产品《恋与制作人》《旅行青蛙》备受

女性游戏用户的追捧，逐渐成为现象级游戏，也因此引爆整体游戏产业对女性游戏市场的重视。

女性玩家如今已成为手游市场的主要增量，用户性别比例接近1∶1。2013—2016 年，移动游戏中女性比例从 24.8% 增长至49.4%，在 26～35 岁这一手游玩家的主要年龄段里，女性玩家比例为 20.7%，男性玩家比例为 20.09%。2016 年，男性玩家规模为 2.67 亿人，女性玩家规模为 2.61 亿人（见图 5 - 32）；2017 年中国手游玩家数量达到 5.54 亿，其中女性坑家比例达到 49.4%，女性手游玩家有望突破 2.7 亿人，手游女性玩家与男性玩家的用户规模将达到 1∶1 的比例。

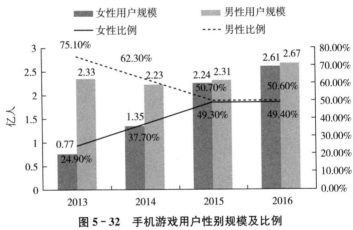

图 5 - 32　手机游戏用户性别规模及比例

中国的女性玩家更偏向于注重男性和女性之间的差异性，其对游戏的依赖有特殊性，和男性玩家追求的爽快、打击感、血性不同，女性本身操作可能没有男性那么好，所以不太会喜欢竞技类游戏，而会被轻游戏所吸引。近几年深受离中国更近的日本、韩国产业影响，中国女性对二次元文化和偶像文化较为着迷。

另一方面，女性还较为注重游戏的社交性。社交是所有中国女性玩家特质中最关键的一点，相较于其他的关键词，拥有社交元素或者能制造社会效应的游戏更能成功吸引女性玩家的关注。大多女性玩家对于游戏的发掘还是通过朋友或者社交网站，可能是因为本身对游戏也不太感兴趣，相对于没事就刷刷下载榜的玩家来说自发性和敏感度较低。

综上所述，中国的女性市场正在彰显它巨大的潜力，未来将有更多女性向的游戏逐步涌现。

（3）美国：游戏均衡发展，功能与休闲并重

美国游戏用户分布一直较为均衡，各年龄层分布也较为均匀（见图5-33）。其全民游戏的特征来源于美国更早地均衡布局游戏产业，既是最早开发游戏功能性的国家，同时也有丰富的休闲类游戏。

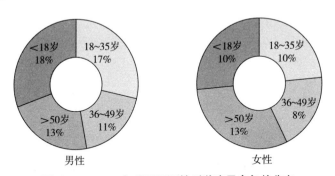

图5-33　2017年美国不同性别游戏用户年龄分布

资料来源：美国娱乐软件协会（ESA）。

在美国，功能游戏已占据了部分的市场。《俄勒冈小径》（The Oregon Trail）诞生于1971年，1974年正式制作完成，是美国历史上最成功的游戏之一，销量超过6 500万份。而它正是由明尼苏

达教育计算机联盟（Minnesota Educational Computing Consortium，MECC）开发的一款教育类功能游戏。《俄勒冈小径》为帮助学生理解 19 世纪美国开拓者的历史而设计，玩家扮演一位 1848 年的马车领队，指挥自己的移民车队经过一条名为"俄勒冈小径"的道路，最终抵达终点开辟新家园。

在军事领域，美国海军陆战队成立世界上第一个游戏军事训练机构，把游戏作为军队训练的一种辅助手段。目前美国已成为游戏应用最广泛的国家，在企业培训、教育等多个细分市场所占的份额位居全球前列。

美国游戏开发商 BreakAway 自 1998 年成立至今，已开发了 37 款面向垂直行业的游戏，应用领域涉及医疗健康、军事国防、教育、娱乐、社会变化、危机管理、企业和政府共八个领域。其中在医疗健康领域，BreakAway 曾多次获得全球大奖。而美国也是跨界应用游戏获奖数最多的国家。

（4）美国：女性市场带动休闲娱乐类游戏市场扩大

在美国，女性向游戏也有不俗的表现。2014 年，Glu Mobile 将金·卡戴珊当作 IP，开发了一款手游，并成为当年 iOS 上下载量最高的游戏，随着卡戴珊的名人光环愈发明显，这款游戏的火热延续到了 2016 年。

在美国，女性玩家群体和消费能力其实已经对游戏产业产生了深远的影响。年龄超过 18 周岁的成年女性占玩家总人数的比例最高，达到了 36%（成年男性占比 35%）。在美国，拥有家用游戏主机的女性数量超过男性，女性电竞粉丝数量也超过男性，而以女性作为主角的游戏数量也变得越来越多。

不仅仅是女性向游戏，美国女性玩家更偏好模拟经营、社交博

彩、三消解谜等游戏。基于 ESA、尼尔森、Newzoo 和 YouTube
等机构的调研，超过 75% 的美国女性玩家使用智能手机玩游戏，约
60% 使用平板玩游戏。在美国女性玩家看来，移动游戏为她们提供
的价值最重要，而游戏画质重要性最低。58% 的美国女性玩家最爱
益智解谜类，48%、37% 的美国女性玩家分别偏爱过关和博彩类移
动游戏。

第七节　游戏产业的地位与意义

纵观行业发展，科技创新与文化娱乐产业的发展率先与商业结
合，互联网、硬件与文娱的交互融合成就了腾讯、阿里、华为等一
批国际巨头，此外小米、京东、新浪、搜狐、中兴等也逐渐在国际
市场上崭露头角，后有今日头条、滴滴、爱奇艺等紧追不舍，更有
大疆、寒武纪等独角兽企业如雨后春笋般涌现，并因独立技术、广
阔市场而迅速获得市场与资本的青睐，快速成长。新经济力量方兴
未艾，为近年来不断增长的大学本科及以上劳动力增加了数以万计
的就业岗位，大文娱领域吸纳了大量的劳动力，并产出巨大价值。
文娱产业内部各领域之间关联度高、相互交叉、协同发展，如音
乐、电影、游戏、体育、阅读等方面相互交织，而游戏产业作为文
娱产业的交叉口，向上联动产权市场，中间构成自身开发、发行、
运营三大领域，向下扩展到渠道、广告，同时扩展至动漫、电影、
玩具等周边产业。游戏行业整体，包括游戏改编的电影、动漫、电
子竞技、VR 等外设、点卡等虚拟服务、游戏直播、游戏周边、展
会活动等在内的一系列产业在内，2017 年产业收入达到 2 036.1 亿
人民币，同年电影总票房 559 亿元、数字音乐总收入 529 亿元。游

戏产业日进斗金成为资本宠儿，崛起为整个文娱产业的核心。

　　具体到国内具有代表性的巨头公司，游戏业务是众多领军企业新的业务增长点，甚至是增长支柱，而众多游戏公司又与全产业链上的其他公司高度关联，推动全产业链上的公司向前发展。以腾讯为例，腾讯于 2018 年 5 月 16 日星期三发布的 2018 年一季度财报显示，2018 年第一季度，腾讯总收入为人民币 735.28 亿元，同比增长 48%。公司权益持有人应占盈利 232.90 亿元人民币，同比增长 61%，其中游戏业务贡献占比 40%，而在巅峰时期的 2015 年更高，达到 60%。根据财报，一季度网络游戏收入增长 26% 至人民币 287.78 亿元，PC 端收入基本稳定，游戏收入增长主要是由于手游收入增长推动，包括《王者荣耀》等现有游戏以及《奇迹 MU：觉醒》与《QQ 飞车手游》等新游戏。在财报发布后的分析师会议上，腾讯公司总裁刘炽平对外表示，在可预期的未来，PC 端玩家在线时间会逐渐降低，多数游戏时间和用户将转移到手游，一季度PC 端游营收的增长是受季节因素的影响。另外，腾讯游戏分析称其战术巡回赛将为腾讯带来巨大收益，是除手游外的另一突破口，公司也通过这种模式提高用户数，预计未来将贡献巨大营收。作为腾讯在国内最大的竞争对手，阿里巴巴集团同样斥巨资在游戏行业跑地圈地，近年来收购"UC 九游"后更名"阿里游戏"，更是在游戏策划、运营等方面狂挖人才，力求有所突破。虽然阿里的游戏业务进展不如腾讯一样高歌猛进，但其作为最成功的互联网公司、最有预见性的战略投资者，掌舵人马云因精准的前瞻性和战略布局更有外星人之称，巨头阿里在游戏上的持续发力和布局令人不得不对游戏行业的未来抱以积极的期待。而网易游戏在《梦幻西游》之后又推出一力作《阴阳师》，令其在游戏行业名声大噪，再度走进公众视野，而网易游戏本身也是国内紧随腾讯之后的游戏大厂，游戏收益占网易总收益的半壁江山。总览国内现有的规模以上游戏公司，其市值、营收均表现良好，仅就这些公司创造的直接就业已经数以万计，更别说这些公司关联的众多企业，同时相关产业也在游戏热潮中收益颇丰，典型的有斗鱼、虎牙等游戏直播平台。智能手机产业也因游戏的兴盛而获益，如华为等众多厂商甚至为游戏开发专门的游戏手机，凸显手机的游戏性能、内置《王者荣耀》等当红游戏作为卖点。

游戏行业的发展顺应中国宏观经济发展态势，处于产业布局调整、结构升级的风口浪尖，以创新驱动行业发展，技术、资本、知识密集型在吸纳三方资源的同时也反哺三方；作为大文娱行业的核心产业，一方面得益于文娱整体的发展，另一方面又推动着行业整体的跃进，受益于技术进步的同时也因丰厚的市场回报和超额利润反哺科技创新，在全行业形成良性互动，不断拓展产业链外延，容纳更多的相关领域，构筑泛娱乐的游戏产业大生态圈；作为企业新的增长点甚至增长支柱，为众多成功的巨头企业以及众多的初创企业提供了新的机遇，丰富业务模式和盈利增长，积极的市场反应和丰厚的投资回报也吸引越来越多的企业和泛化资本入场。纵观各个层面，游戏行业在新的经济环境下，将成为新经济的重要增长点和组成部分，居于大文娱领域的核心，是未来众多资本和企业的核心业务增长点，其地位举足轻重，因其影响着庞大的资本，涉及众多行业，作为众多巨头的核心部分，从推动技术进步、丰富就业、促进行业发展等方面更为宏观经济的稳定和发展再添一筹助力。基于对游戏产业核心地位的剖析，进一步理解作为大文娱领域产业核心的游戏行业的已有发展和未来可能将在诸多具体维度上产生重要影响。

　　游戏作为传播的重要方式，对内有利于增强我国文化安全，对外有助于讲好中国故事。由于西方游戏历史较早，形成了西方视角下的游戏叙事角度和价值观，作为文化载体的游戏有着意识形态色彩。游戏中植入的个人主义价值观、美式的消费主义、丑化的中国角色等等都是其入侵的形式。如在小游戏网站休闲类游戏列表下，总不乏"圣诞汉堡小屋""某某鸡翅店""老爹三明治"等字眼，对于小游戏网站的特定群体未成年人来说，三明治、汉堡、圣诞成为"好吃""时尚"等代名词，"超级机甲战士""蜡笔小新大逃杀"也为日本动画片大开宣传之门。游戏已经成为当前发展的趋势，出口"李白""关羽""孙悟空""功夫熊猫"等游戏形象有利于消除世界对中国的误解，有利于传播中国故事，有利于大国的形象塑造，对内更有利于树立与保护青少年的正面榜样，增强数字与文化安全。

第六章　游戏玩家

在任何一个行业，消费者的需求和体验都是重中之重，游戏行业也不例外。游戏作为功能体验与情感体验并重的产品，需要对用户的行为及心理有充分的把握，才能让游戏设计更符合用户的需要。用户研究作为游戏设计者了解用户的桥梁，对游戏设计尤为重要。同时，对整体市场和用户现状与变化的了解也非常重要，需要以此作为业务布局的基础。

本章将从游戏用户的角度，一方面带领大家了解中国游戏市场的整体发展情况以及游戏用户的基本概况；另一方面介绍下游戏用户的心理及行为特点，以及基于这种心理及行为特点的游戏用户研究方法。

第一节　游戏用户心理与行为

游戏用户，作为游戏的直接消费者，其如何认知游戏，如何决定选择游戏，以及到底是什么驱动着他们进行游戏，是游戏设计者及相关人员非常关心的课题。

本节将从游戏用户的心理与行为角度出发，完整地阐述游戏用户从接触游戏信息到决策、游戏乐趣与行为，以及除了玩游戏本身之外的衍生需求及行为，希望读者对游戏用户的基本心理与行为有一个系统的了解。

随着国际社会越来越多的关注，游戏用户研究吸引了非常多的国内外学者，其中应用较多的学科包括心理学、社会学、传播学、市场营销学等。本节将从学术理论到产业案例的角度梳理对游戏用户多个方面的认知、态度、行为的研究及结论。

一、游戏用户下载决策

游戏用户下载决策是指游戏用户为了满足某种需求，经过认知、分析判断，选择并实施最佳下载的过程。

1. 游戏用户的认知下载决策过程

根据传统的认知决策理论，游戏的下载决策过程可以分为四个阶段（见图 6 - 1）。

产生需求　　　　信息搜索　　　　下载决策　　　　进行下载

图 6 - 1　心理学认知决策理论

（1）产生需求

美国心理学家伍德・沃思（Wood Worth）提出 S-O-R 刺激理论，指出刺激激发消费动机和目标，从而导致消费行为。刺激可以来源于外部环境，也可以来源于内在的生理和心理需求。典型的玩家产生游戏需求的场景，有可能是因为看到周围朋友都在玩游戏或者看到游戏广告，也有可能是因为自己闲暇时需要一款游戏打发时间，抑或是两者的重合体。

（2）信息搜索

决策的第二步是进行信息搜索，为下载决策评估做准备。从信息的获取方式而言，可以将信息获取方式分为主动搜索和被动认知两种。

主动搜索即玩家抱有明确的游戏需求，主动去各渠道获取一款游戏信息；而被动认知则是玩家通过广告、口碑推荐等方式认知一款新游戏。

被动认知型信息获取按照玩家的信息认知途径可以分为四类：1）社交传播：如通过朋友、邻居游戏好友认知。2）下载渠道内认知：通过可以直接下载游戏的渠道认知，以应用商店为主。3）曝光渠道内认知：这类渠道种类众多，线上渠道有新闻资讯类、视频类、微博、短视频等；线下渠道有电视、电影、地铁、楼宇等等。4）个人过往经验。

（3）下载决策

收集和接触到的信息内容会影响玩家决策。影响玩家决策的信息分为四大类：1）个人因素：玩家偏好什么游戏，玩家是否有空闲时间等；2）营销因素：游戏信息在何种渠道传播、传播的内容、传播热度、促销信息等，例如，在微博、直播等渠道，内容是否符合玩家偏好是影响玩家进一步查看的重要因素；3）周围环境：如周围是否有人玩、家人的意见等；4）游戏本身因素：如游戏的实际品质、实际画面、实际类型、游戏评价、游戏热度以及游戏本身的制作商及发行商品牌等。

（4）进行下载

下载决策的最后一步就是找寻合适的下载渠道。不同的游戏类型有不同的下载来源，手游主要在手机应用商店进行下载，而端游则主要在游戏官网、Steam 或 WeGame 等平台下载。即便如此，用户也有可能因各种原因放弃下载，比如游戏软件包体太大、硬件适配型不足等等。

2. 游戏下载决策特点

首先，不同产品的决策过程不一样。仔细回忆一下日常生活，购买肥皂时的决策和购买电脑时的决策截然不同。实际上，根据博达大桥广告公司提出的 FCB 模型，可以将决策分为四类，如图 6-2 所示。

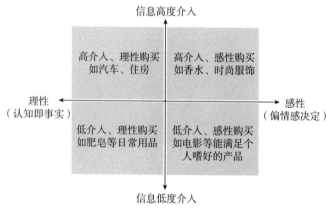

图 6-2　FCB 决策模型

游戏作为一种承载玩家情感、满足其个人嗜好及娱乐需求的产品，加之其下载过程相对其他付费消费门槛更低的特点，使得游戏的认知决策相对简单，对信息的需求较低，属于信息低度介入，偏感性的决策类型。

而除游戏本身的信息外，相对于传统消费品，游戏的下载决策过程的低尝试成本的特点，也使游戏整体决策会更加快速。表现在：

下载时所需资源低：仅需要网络流量，仅占据手机/电脑内存。

下载操作相对简单：点击下载按钮即可，不需要额外操作。

下载后卸载简单：点击卸载即可，操作简单。

从决策的角度而言，游戏产品是否需要付费也会造成用户的下载决策的差异。对比免费游戏，付费购买游戏（需预先购买才能进行游戏）意味着决策时需要更多的决策信息，决策信息加工更加复杂。

表6-1从信息介入度、决策过程的角度对比了用户在免费下载游戏与付费购买游戏时不同的决策速度。随着购买游戏价格的增长，用户所需要搜集的该产品的信息将会越来越多，如从直播网站、视频网站、攻略网站等多个渠道进行搜集，因此决策的过程会变得相对更加理性与缓慢。当一款游戏购买价格较高时，游戏用户还会对比不同平台销售的同一款游戏产品（如光碟版与数字版，或者不同发行平台的不同价格、折扣、附送的游戏内道具礼包等）。

表6-1　　　　　　　　不同付费类型用户决策对比

	免费下载游戏	付费购买游戏
信息介入度	较少	较多
决策过程	相对感性	相对理性
决策速度	相对较快	相对较慢

二、游戏心理诉求及行为分析

我们首先从时间线的角度介绍游戏诉求理论的发展和变化。从最初的巴图理论到近期的诉求理论，游戏诉求理论逐渐从单一品类的应用走向全品类，并试图纳入更多的文化群体。其次，以尼克·叶（Nick Yee）的诉求理论为例详述各类游戏心理驱动导致的玩家追求，以及各种游戏诉求对应的典型游戏行为。

1. 游戏诉求的理论发展

游戏用户研究中很重要的一部分工作就是尝试理解"用户们玩游戏是为了什么？"心理学认为人们的行为总是受到某些因素所驱动。早期学者们普遍按照来源将驱动分为内在驱动和外在驱动。内在驱动通常是无意识的，例如荷尔蒙分泌，这些驱动促使人们去维持内部的动态平衡；而外在驱动则通常是由具有奖励性质的外界环境所引发。举个例子来说：当人们饿了的时候，他们就开始寻找食物，这是内在驱动；当人们并不饿，但想到美味的食物而产生食欲的时候，就是外在驱动。

单纯按照来源区分驱动的方式经常受到诟病，因为在很多情况下，研究者很难明确界定内在和外在驱动，尤其是在游戏这个特殊的领域中。因此学者们尝试着从不同的角度来解读玩家们的游戏驱动，如图 6-3 所示。

图 6-3　游戏诉求理论发展阶段梳理

Bartle（1996）从玩家行为的交互性和主导者两个维度将游戏玩家分为 4 类，并在后期加入"内隐-外显"的维度将玩家驱动进一步划分为 8 类（Bartle，2004）。

Kellar 等人（2005）以促进游戏教育性为目标，在调研计算机和商科学生的游戏偏好和游戏行为后将玩家的游戏驱动分为掌控、环境、能力和参与 4 类。

Sherry 等人（2006）通过焦点小组访谈将玩家玩游戏的原因归为 6 类：唤醒、挑战、竞争、分散、幻想和社交。

Ryan 等人（2006）将用于描述人们基本心理需求的自我决定理论应用于游戏领域，指出玩家在游戏中的行为和其他行为一样都受到 3 种基本诉求的驱动，即自主、能力和关系。

Yee（2007）通过对 MMORPG 玩家的问卷调查和因子分析，将用户玩游戏的驱动分为社交、沉浸和成就 3 类（共 10 种）。而后随着纳入所有的游戏品类，最终完善成为描述了 6 类共 12 种玩家诉求的诉求理论（Yee N.，2016）。

Tychsen 等人（2008）则使用因子分析将 RPG 玩家的游戏驱动分为 12 种，并进一步概括为 5 类游戏驱动：社交 & 角色扮演、规则、自我、战略和探索 & 沉浸；

Lee 等人（2012）则探索了社交网络游戏玩家的游戏驱动，并将其分为 6 类：社交、自我展现、幻想代入、打发时间/逃避、娱乐和竞争。

Kahn 等人（2015）试图通过对 MOBA 和中国 MMORPG 玩家的调研建立起跨游戏品类和跨文化的驱动模型，并找到了 6 种不同的游戏驱动：社交、完成、竞争、逃避、剧情和策略。

Bostan 等人（2016）则从 27 种底层的心理需求出发将玩家的

驱动分为5类：情感、能力、成就、自我保护和好奇，同时使用玩家在5类驱动上的得分聚类区别出6类玩家群体。

从上述的发展进程中，我们可以看到早期的游戏诉求理论大多局限于某一特定的游戏品类，而近年来的理论则更多地在探索跨品类和跨文化的游戏诉求。其中尼克·叶的诉求理论随着不断的完善纳入了绝大多数的游戏品类，并且因为其驱动分类能够直接反映玩家对游戏玩法的偏好，成为游戏研究行业内较为具备实用性的诉求理论之一。

2. 游戏玩家心理诉求及对应的游戏行为

心理诉求促使人们的行为产生，不同的游戏驱动也刺激着玩家们在游戏中展现出纷繁的行为。接下来将根据尼克·叶完善后的诉求模型（见图6-4）对玩家的游戏驱动以及相应的行为进行具体的描述。但在此之前，需要提醒的是：游戏诉求之间并不是完全独立的。有时候一种游戏行为的背后会有多种游戏诉求共同起作用，而有时候同样的游戏诉求也可能表现出不同的游戏行为。同时，玩家的心理诉求不是一成不变的，也会随着市场和社会的发展而表现出动态变化，因此诉求模型也需要不断的迭代。

动作 "Boom!"	社交 "一起玩儿吧"	掌控 "让我想想"	成就 "这些还不够"	沉浸 "想当初……"	创造 "要是我……"
破坏 枪械，爆破 混乱，骚乱	竞争 决斗，比赛 高排名	挑战 高难度 练习，挑战	完成 获取所有藏品 完成所有任务	幻想 不同的自己 不同的生活	设计 自我表达 定制化
刺激 快节奏，动作 惊险，刺激	社群 加入团队 聊天，交互	战略 预判 决策力	力量 强力角色 强大的装备	故事 巧妙的故事 有趣的人物	发现 探索 实验

图6-4　尼克·叶游戏诉求通用模型

（1）动作（action）：动作驱动高的玩家会表现出较高的进攻性，并且喜欢参与到斗争中。动作驱动可进一步细分为破坏和刺激两类游戏诉求。

破坏（destruction），指追求混乱和毁坏的诉求。这一诉求高的玩家是"爆炸就是艺术"的热衷者，喜欢能够使用枪械或爆炸物的游戏。例如，他们会故意破坏游戏中的场景元素以寻求解压（见图6-5）。

图6-5　《使命召唤》中玩家爆破直升机

刺激（excitement）：指对快节奏、激烈对抗的诉求。这一诉求较高的玩家会喜欢充满动作和惊险的游戏，并且期待通过自己的快速反应来获得奖励。例如在玩家在游戏中不断累积连击数以获得更高的评分，或是通过快节奏的游戏获得刺激感（见图6-6）。

图6-6　《极品飞车》弯道高速漂移

（2）社交（social）：在社交驱动上诉求较高的玩家喜欢和其他玩家互动，包括和他人的合作和竞争，所以社交驱动可被拆分为竞争与社群。

竞争（competition），指对和其他玩家对抗、比较的诉求。游戏中的决战、对抗赛或者团队竞赛等功能是高竞争诉求玩家的最爱。除了战斗之外，他们也关心自己是不是每场战斗的 MVP，是不是朋友圈中排名/得分最高的玩家。例如，玩家会不断地重复游戏以获得更高的游戏排名或得分（见图 6-7）。

图 6-7　《王者荣耀》连续击败五名对手

社群（community）：指在游戏中追求友谊、合作的诉求。这一诉求高的玩家热衷于在游戏中进行社交和与其他玩家合作，享受处于团队中并朝同一个目标前进的过程。对他们而言，游戏是他们社交网络的重要组成部分。例如，玩家们会在团队活动中相互聊天甚至倾诉心情（见图 6-8）。

图 6 - 8 《魔兽世界》大型团队活动

（3）掌控（mastery）：精通驱动强烈的玩家喜欢挑战性的游戏体验，追求具有策略深度和高度复杂的游戏。精通驱动可进一步区分为挑战与战略两种游戏诉求。

挑战（challenge），指对自身游戏能力展现和突破的诉求。这一诉求高的玩家愿意花费时间和精力去练习和打磨自己的技巧以完成高难度的任务或 Boss（见图 6 - 9）。游戏的困难模式就是为他们设计的，只要知道自己还能够进步，他们就不会介意持续的失败。例如，被称为"速通玩家"的一群人就会不断地挑战以创造更短的游戏通关纪录；甚至还有玩家尝试"蒙眼通关"等极

图 6 - 9 《斑鸠》中挑战极难的弹幕模式

限操作。

战略（strategy）：指在游戏表现出高超决策和计划能力的诉求。这一诉求高的玩家享受权衡选择和相应结果的过程，例如在资源和竞争性目标之间的权衡、管理外交政策或想出最优的长期战略等（见图6-10）。例如，玩家会在游戏中谨慎地调整资源消耗、人口增长、外交计划等种种因素的平衡以取得最终胜利。

图6-10　《部落冲突》游戏布阵策略

（4）成就（achievement）：高成就驱动的玩家喜欢游戏中的数值成长，收集稀有物品等。他们更加注重行动的结果，即使获得这些的过程会有些无聊。成就驱动可细分为完成与力量两种游戏诉求。

完成（completion）：指追求完成、圆满感的诉求，这一诉求高的玩家会想要完成游戏所提供的所有内容，包括任务、收集物和隐藏地图等等。同样，想要达成所有的成就或解锁所有的角色/动作等行为也是这一诉求的表现。例如，在卡牌类游戏中，玩家会不断地抽卡集齐所有的卡牌（见图6-11）。

图 6-11　《阴阳师》卡片角色收集图鉴

力量（power）：指在游戏世界中获取更强大力量的诉求。因为游戏中力量通常体现在游戏数值上，所以这一诉求高的玩家在游戏中会追求更高数值的装备或道具。例如，玩家会不断地刷怪、刷副本以获得更优秀的装备，或者是使用合成、锻造等方式提升原有装备的属性数值（见图 6-12）。

图 6-12　《地下城与勇士》装备升级

（5）沉浸（immersion）：高沉浸驱动的玩家容易深度沉浸于有趣的剧情故事、人物角色所构建的游戏世界中。沉浸驱动也可细分为幻想与故事两种游戏诉求。

幻想（fantasy）：指体验不同的人生/生活的诉求。这一诉求高的玩家喜欢在另一个世界里展现不同的自我，享受探索游戏世界的过程。例如：角色扮演类游戏中，用户化身为游戏主角，一点点地体验他们的人生；而在模拟经营类游戏中，用户则能操纵游戏角色体验不一样的生活，例如变成厨师，变成大亨等等（见图6-13）。

图6-13　《模拟人生》不同角色代入

故事（story）：指玩家对于丰富的剧情故事、各色的人物角色的追求。这一诉求较强的玩家愿意花费时间深入了解游戏的故事和角色，他们更愿意将游戏当作电影或者小说一样去解读，在剧情中感受人生或人性的微妙之处。例如，玩家会不断地挖掘故事背景，通过拼接不同的片段和线索来理解和解释剧情展开的原因等等（见图6-14）。

图6-14　《去月球》令玩家感动的剧情故事

（6）创造（creativity）：高创造驱动的玩家喜欢在游戏中不断地尝试和实验游戏的交互边界，通过设计和个性化系统留下属于自己的作品。创造驱动可细分为设计与发现两种游戏诉求。

设计（design）：指在游戏中体现自身创造力的诉求。高设计诉求的用户喜欢在游戏中积极地展现创造，他们对于那些提供设计或者是定制化功能的游戏会更加偏爱。例如：玩家会在提供自定义角色系统的游戏中创造出现实中的人物形象（见图 6 - 15）。

图 6 - 15　《我的世界》用户复原现实场景建筑

发现（discovery）：指探索游戏世界、体验游戏中新奇的设置/反应的诉求。这一诉求强烈的玩家会突发奇想地以游戏设计师预料之外的方式去试探游戏。例如，玩家会在游戏世界中"跑图"，用双脚丈量世界，或者会认真研究游戏中的细节，找到设计者小心隐藏的地图等等（见图 6 - 16）。

图 6 - 16　《塞尔达传说：荒野之息》通过自创探索彩蛋

三、游戏用户衍生需求与行为

游戏活动本身，在于人与游戏之间的互动，通过这种互动，满足娱乐的需求。然而，随着玩家对游戏本身情感的不断加深，仅仅通过游戏内的行为已经无法满足，逐渐催生出丰富的游戏外诉求和行为。而游戏作为娱乐产业中的一环，也会演变出更多的娱乐形态，提供给玩家更多样化的游戏相关体验。

1. 主要的游戏衍生需求与行为

游戏本质是娱乐休闲的一种方式，在玩游戏之余，玩家一方面会觉得游戏内容不够消费；另一方面，他们在游戏内获取的信息和关系也会衍生出更多的行为。人们在文娱消费上的积极诉求，从浅到深，依次有四个需求层级：

（1）娱乐观赏

娱乐观赏指的是，单单消费游戏的内容本身已经无法满足用户的需求，用户需要通过游戏的衍生内容持续进行消费。游戏常见的衍生内容分为两种，一种是官方产出，另一种是非官方的作品。

游戏作为文娱产品的一种，包含丰富的世界观、故事剧情和人物设定。基于游戏，可以有很好的延展作品产生。游戏的制作方除了游戏本身，也会制作其他形态的产品供用户消费。这样的做法既可以弥补用户对于游戏消费的不满足，同时，也可以将其他形态的消费者转化为游戏玩家。不同形态的作品还能够形成联动，将整个消费体验丰富化。

《LoveLive_学园偶像祭》是一款偶像养成类的音乐游戏，是综合性企划"LoveLive! School idol project"的一环。游戏在推出的同时，官方也推出了相应的音乐作品、电视广播节目、书籍、漫画、动画、周边等。甚至以配音的声优阵容组成了偶像团体"μ's"并发布专辑，举行演唱会。这样多形态的企划，使得游戏的用户在消费游戏之余，有大量的官方衍生作品可以进行持续深入的消费。最终，《LoveLive＿学园偶像祭》也成为一个巨大的内容王国，聚集了诸多粉丝，成为游戏行业的经典案例。

而除了官方推出的内容以外，借用官方的设定、人物进行二次创作，也是用户消费衍生作品的重要来源。非官方创作所受的限制更少，类型也更多种多样，目前主要以图、文、视频、Cosplay、MMD、音乐类的弹奏翻唱、表情包为主。这种由非官方创作的二次创作内容被称为"同人"。"同人"形成了一种独特的消费类型，且目前从类型的种类及题材方向上也越来越丰富。相较于官方的衍生内容，"同人"内容的消费更加短平快，也更易引起用户的共鸣，有助于进一步传播，是帮助游戏塑造文化氛围的有力手段。

（2）社交拓展

随着互联网的发展，现在的游戏大多数可以在联网的状态下进行。通过游戏，用户可以认识其他玩家，结成好友。在游戏内有大量的社交场景，比如好友助战、公会、PVP等。通过这样或互助或切磋的互动，用户可以在游戏内建立不同的社交关系。而对于这种关系的维护，很容易拓展到游戏外，形成独特的游戏社交文化。

游戏内的关系链转移为游戏外的现实关系，具体表现为在游戏内认识的朋友、情侣、公会的同伴，通过线下联系，发展为现实中真正的朋友、恋人等。

同样，也存在用户因为喜欢同一款游戏，形成了稳固的玩家联盟，进一步发展为综合性的社群。在一些大型且长期发展的游戏里，由于积累了较多玩家，有比较好的社交氛围，最终形成了稳固的玩家联盟，大家基于同样的爱好背景，无所不谈，互相帮助。

NGA 玩家社区（见图 6-17）——艾泽拉斯国家地理论坛是一个典型的由一款游戏演变成综合性论坛的代表。这款源于《魔兽世界》的玩家社区，现在除了《魔兽世界》相关的讨论外，也是重要的游戏评测论坛。《魔兽世界》积累多年的玩家也在此聊生活百态的话题。

图 6-17　NGA 论坛用户讨论区

（3）学习探索

用户会根据自己的需求，在游戏场域内外通过学习提升自己的游戏技术。虽然娱乐是大多数人玩游戏的主要目的，但部分游戏本身特有的竞技特点，让玩游戏的用户本身都会有变得更强、玩得更好的期待。随着游戏越来越复杂，操作难度和策略性逐渐提升，用户不只会在游戏内通过练习提升自己的能力，在游戏外也会进行学习，主要的方式为查阅攻略、观看解说视频等。这也成为用户理解游戏、提升能力的重要手段。

（4）创造参与

上文提到，普通玩家会去寻找"同人"内容，而有创作能力的玩家，则会通过创作进行持续消费。创造参与由浅到深会反映出以下具体不同的典型行为：

1）基于游戏本身的还原。这种创造主要用于满足用户对原作里某些情节、设定、人物的喜爱。其主要的形式有：

元素考据，即对某些剧情、物品和人设后的故事进行考据、深挖；

视觉还原，即对某些视觉元素（常见于人物、场景）进行还原的创作，如同人图，Cosplay 等。

2）基于游戏的再创作及改编。用户可以通过改编满足自己对游戏的更多想象。一般会有这些方向的再创作：

改编原作，即改写剧情走向、现有结局、人物人设；

增加内容，即增加原创人物、故事；

设定再创作，即利用官方提供的特别设定（包括人设、CP 关系设定等）创作全新的故事。

用户通过创作获得进一步的反馈，甚至反哺到游戏中，除了弥补用户对游戏的消费不足之外，还满足了他们作为创作者的成就感。一般会有以下情况：

创作的内容被褒奖或被翻牌。创作作品受到很好的评价，被官方翻牌甚至采用到原作中。

创作的内容经过大量的讨论及再创作，形成新的梗。作品获得较大共鸣，被大量讨论及再创作，最终形成原作梗的一部分。

2. 游戏直播与游戏电竞

上文提到的诉求，是游戏作为一种文娱产品能够衍生出许多用户在游戏外的娱乐行为，同时，也有一些特殊的行为仅仅会在游戏行业中衍生。游戏直播及电竞就是最典型的两种行为。

（1）观看游戏直播及电竞比赛游戏直播，主要形式为用户在直播平台上观看专业主播的游戏过程。目前在中国的游戏玩家中，有近三成的用户会观看游戏直播（见图 6-18）。

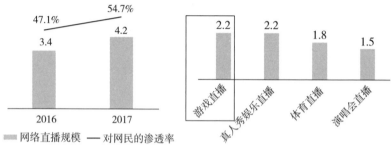

图 6-18　直播用户规模数据

（2）电子竞技是指 PVP 同屏对战，且有开展一定规模赛事体系的游戏赛事（移动游戏大众用户的认知是赛事及电竞）。近年来的电竞用户规模如图 6-19 所示。

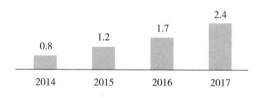

图 6-19　电竞用户规模（亿人）

资料来源：艾瑞；腾讯互娱大数据；中国音数协游戏工委，伽马数据，国际数据公司．2017 年 1—6 月中国游戏产业报告．

对于用户来说，通过观看游戏直播或电竞赛事可以学习欣赏职业选手的操作，和朋友一起观看讨论，享受赛事氛围。上述过程主要满足了用户的四大诉求：娱乐诉求、游戏诉求、社交诉求和追星诉求。其中，相较于观看游戏直播，追星诉求会在更加职业的电竞赛事中得到满足。

1）娱乐诉求：用户主要通过观看直播或赛事，获得幽默逗趣的乐趣，休闲放松。直播展现游戏过程，具备随机性及偶然性，用户在欣赏主播高操作的同时，搭配较为风趣幽默的解说，既得到了放松，又达到了娱乐的目的。在这种诉求下，用户主要的行为有：欣赏主播的精彩操作，主播误操作的集锦，搞笑类的主播解说，挑选搞笑类、猎奇的游戏直播类型等。

2）技术诉求：用户在这种诉求中，为了获得更多游戏相关的信息，一是会通过学习主播的出装套路、策略打法等提升自己。大多数的游戏主播，特别是电竞比赛的职业选手，有比较高超的游戏实力，用户可以通过看直播及比赛，了解很多自己不知道的操作方法或策略。二是在这个过程中接触新内容，获知新游戏或游戏新版本信息。用户会通过看一些自己还没有了解过的游戏的直播视频，去接触新游的特点或玩法，帮助自己做决策。三是会以看代玩，当用户无法玩游戏时，可以通过直播产生代入感或了解游戏改动信息。对于一些暂时没有条件玩自己喜爱的游戏的用户来说，也可以通过看直播视频，继续体会到游戏的乐趣。

3）社交诉求：通过观看游戏直播，可以帮助用户找到兴趣圈子，认识同好的人群，讨论的氛围也更加浓郁。用户一般可以通过直播加入某些主播的玩家群进行交流。观看电竞比赛的用户可以在游戏的论坛进行发言交流。在观看的过程中，用户也可以发送弹幕与主播及观众进行实时交流。而观看电竞比赛的用户，则可以通过去现场，或者加入战队的粉丝团体，结识同好，与他人沟通聊天。

4）追星诉求：在坚持观看一段时间的直播或赛事后，有部分的用户会有自己固定支持的主播或战队、选手等。或因为解说风格，或因为操作水平，用户可能会成为粉丝（见图 6 - 20）。而他们会有很多粉丝的行为，以表示支持自己的偶像或战队。常见的行为有：固定观看某些战队的赛事或直播；对主播进行打赏；对自己崇拜的选手进行应援以表示鼓励支持；购买喜欢的电竞明星的应援物周边，以表示自己的粉丝身份。

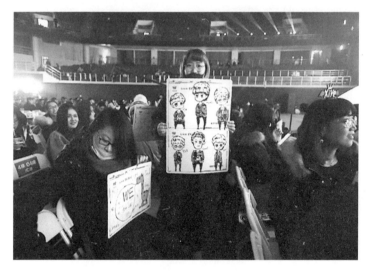

图 6 - 20　英雄联盟职业联赛粉丝

在用户需求及市场的发展下，国务院发布文件，明确支持电竞产业发展。2016 年，国务院常务会议提出要加快发展电子竞技与其他相关体育健身行业休闲产业。

2018 年 5 月 14 日，亚奥理事会宣布 2018 年雅加达亚运会的六个电子体育项目确定，分别是：《英雄联盟》、《Arena of Valor》（王者荣耀国际版）、《皇室战争》、《实况足球》、《炉石传说》和《星际争霸 2》（见图 6 - 21），这也预示着游戏用户未来将有更多的机会在游戏外的地方观看到游戏相关的内容。

图 6-21 雅加达 2018 年亚运会电子竞技表演项目

四、游戏的其他价值

玩家在进行游戏时，多数时候期望通过人与游戏的互动，满足其娱乐需求。但在娱乐之余，玩家通过欣赏游戏中的美术设计、音乐音效、深入参与游戏互动机制乃至沉浸在游戏的故事文化中，往往可以在娱乐之外收获更多的价值。

1. 玩家在游戏中享受审美体验

玩家在选择游戏过程中，美术画面是否符合期待往往是一个重要的考量因素，玩家不仅看重画面整体质量，也十分在意游戏的美术风格和画面细节是否能打动他们。此外，游戏的创作者也会借助游戏进行审美和思想层面的自我表达，在创作中结合了美术、音乐甚至建筑等不同艺术领域，并有机统一成为别样的体验，这正是游戏能被称为"第九艺术"的原因。达到美学高度的游戏作品，玩家的游戏过程也变成了一次审美体验上的享受。

以《纪念碑谷》为例，制作人 Ken Wong 对《纪念碑谷》追求

的是一种艺术性，设计灵感来源于荷兰版画大师埃舍尔，他作品中
融合了许多数学概念，比如平面镶嵌、不可能的结构、悖论、循环
（见图6-22）。

图6-22 游戏内容对埃舍尔作品的还原

玩家在进行《纪念碑谷》游戏时，受到的视觉冲击不仅体现在
空间变化所带来的奇妙感受，也来源于视觉设计本身。游戏中每一
关的风格和设计都不相同，从开始的苍黄的围墙、碧蓝的荷花池、
幽暗的地宫、红色的城堡、风雨下的门楼、黑色波涛中的海上地宫
以及最后星空中的不同几何形状的建筑。玩家印象最深刻的是色彩
带来的反差，幽暗迷宫中的黄色图腾出现后带来了勃勃生机，而当
艾达下到碑林遍地的纪念碑谷，为剧中的黑色石棺献上反差强烈的
红色鲜花后，不得不为游戏所营造的视觉效果所赞叹。

在游戏社区"Tap Tap"上，我们看到有玩家这样评价《纪念碑谷2》这款游戏：

> 纪念碑谷2的美术依然没有让人失望，简单的几何图形构成的建筑和小人，让整个画面美得跟梦境一样。纪念碑谷的颜色用得特别好，已经让我惊艳到不行了，没想到2还能给人眼前一亮的感觉。大片绚丽的色彩运用得当，不会让人觉得俗气，反而渲染了故事的推动。大片橙色描绘秋天的庭院，母女即将开始旅行。暗紫描绘的夜色，意味着两人的分别。母女单独的任务从灰色过渡到彩色，女儿开始长大，母亲也开始寻回自己的路。首页章节显示图形上大量运用了镂空花型，很像中国古代园林的镂空窗户，觉得意境很美。

2. 玩家在游戏中获得益智

玩家在进行考验"操作反应"及"策略选择"的游戏中收获到的也不仅仅是完成游戏目标所带来的成就感。当玩家为达成目标而进行游戏技巧练习的同时，潜移默化中也锻炼了自身的认知能力，达到了益智的作用。

《美国游戏杂志》（*American Journal of Play*）的一项研究《视频游戏：玩游戏原来可以带来这么多好处》（Video Games: Play That Can Do Serious Good）发现，电子游戏可对人们的感知力、注意力、记忆力和决策力等基本思维产生持久的积极作用。譬如动作类游戏要求玩家掌握的快速移动、同时追踪、瞬时记忆并快速决定等能力，正是心理学家认为的构成人类智能的基本要素。

玩游戏有助于提高空间注意力。研究发现，玩动作类游戏提高了玩家抗干扰、快速识别目标物体和追踪移动物体的能力，这也是驾驶能力的良好表征。另有研究表明，动作类游戏能够帮助儿童提高视觉追踪不同移动物体的能力。其中，美国加州大学研究人员说，《星际争霸》这款网络即时战略游戏的熟练玩家做选择和移动的速度比大多数人快上至少 4 倍，他们的每分钟指令操作数（包括点击鼠标、敲击键盘、进行游戏选择等）可高达 400 次；再如，据美国罗切斯特大学和明尼苏达大学的研究人员介绍，在不牺牲精确度的前提下，经常玩《使命召唤》的人做决定的速度比其他人快 25%（见图 6 - 23）。

图 6 - 23　《星际争霸》《使命召唤》的游戏画面

一个自闭症孩子的家长讲述了孩子玩游戏给他带来的惊喜：

进入《Kinect 大冒险》后，我们先是尝试了"弹力球"（Rally Ball），这是第一款我俩真正能一起玩的游戏。

我对他说，保持你的手掌张开，放在按钮上。他毫不犹豫地张开手，移到了屏幕的按钮上，定格在那儿，直到旋转的动画结束，意味着按钮已经被按下。这之后，他开始自己在菜单上四处操作起来，我几乎没再提示过他什么。……我站在那儿，目瞪口呆。我那四岁的自闭症儿子就掌握了游戏菜单的操作方法。

终于，破天荒头一次，我可以和儿子一起玩游戏了……他从游戏中感受到了真正的乐趣，而且他玩得的确很好。当他终于可以自己在菜单里移来移去，可以自己独立完成任务时，我看见他眼睛里闪烁着快乐的光芒。那一幕我永远忘不了。

游戏可以帮助玩家提高视觉对比敏感性。研究表明，玩家玩 50 小时动作类游戏（10～12 周），提高了在灰色中识别细微差别的能力。加拿大麦克马斯特大学的研究人员发现，《虚幻竞技场》（Unreal Tournament）这款游戏能够改善成年先天性白内障患者的视力——病人看小号字、追踪移动小点和识别面孔的能力得到提升。

游戏还能缓解因年龄带来的智力下降问题。随着年龄增长，人们的认知灵活性、注意力、工作记忆和抽象思维等能力会逐渐降低，而很多实验和研究发现表明，老年受试者玩电子游戏能够提高、改善这些方面的能力。可以说，玩游戏不仅能改善认知能力，还能帮助老年人形成更好的自我认知、提高生活质量。

3. 玩家在游戏中运动健身

玩家在玩传统的电子游戏时，除了使用手指以外，多数时候身体是静止不动的。但随着动作捕捉识别、VR（虚拟现实）等技术的发展，诞生了越来越多的体感或 VR 游戏。玩家在选择这些游戏时，身心都得以产生交互运动，也能进行一定程度的运动健身。

2006 年任天堂发布的第一代主机 Wii，让玩家们第一次可以直接用身体来控制游戏，玩家手持手柄，就可以实现在家里打网球和赛车等游戏体验，不仅获得了游戏快感，也让身体得到了运动。

《节奏光剑》（Beat Saber）是一款音乐节奏类 VR 游戏（见图 6-24），在游戏中，玩家可以伴随着动感的音乐，使用手中的光剑，切开飞驰而来的红蓝方块，方块会显示玩家要攻击的方向，因而挥动手臂的劈砍是游戏时的主要动作；同时在音乐过程中会不时飞来透明的墙壁和炸弹，玩家碰到墙或炸弹则宣告游戏结束，因此玩家不仅需要挥动双手跟着节奏砍碎迎面而来的方块，还需要运动身体甚至下蹲，游戏过程中的实际运动量非常大。

图 6-24　《节奏光剑》的游戏画面

根据 Virtual Reality Institute of Health and Exercise 的最新测试，玩家在玩《节奏光剑》的过程中，每分钟平均燃烧的卡路里介于 8.57～9.86 卡之间，代谢当量约为 6.24，相当于网球运动每分钟的能量消耗（代谢当量分数为 6～8）。

一位玩家在微博上分享自己的游戏体验：

在 Xbox 上体验体感游戏《zumba fitness：world party》时，可以想象屏幕中的 dancer 是镜子中的自己，并且游戏中 dancer 是真人，实境感强。zumba 的动作非常甩肉，跳起来感觉浑身的脂肪都在颤抖……有了体感游戏，客厅便是最好的运动场。

4. 玩家在游戏中学习知识

游戏不仅追求艺术性，也具备一定的知识厚度，玩家在游戏过程中可以学习到不同类型的知识。诸如大型多人在线游戏在架构世界观、人物剧情和游戏玩法时，会结合不同时期的历史知识、传统文化知识、战争策略知识等；赛车游戏会有车辆知识、汽车改装知识等；模拟经营游戏会有经济知识、运营管理知识等。在玩这些游戏的同时，玩家在潜移默化中也学习到了相关的知识。

　　以《文明》系列游戏为例，玩家需要选择一个历史上真实存在过的文明，扮演其统治者，从只有一到两个开拓者单位开始，直至建立起一个与其他数个文明有交错关系的帝国。玩家在这一游戏过程中，可以大量接触到历史中真实存在过的文明，并了解关于这些文明的地理、科技、文化及历史知识。玩家为了实现其在游戏中的目标，还需要深刻理解文明的演化规律，选择适应文明发展的军事、科技及政治策略。这在很大程度上不仅帮助玩家学习了解到相关知识，还能通过玩家自己的不断选择和尝试，进一步加深其对这些知识的理解与运用。

　　在知乎问答社区中，有一个问题就是"你从《文明》系列游戏中学到了什么？"在已有的 100 多个回答中，可以看到很多玩家表示从游戏中学习到了不少知识，如有玩家表示通过《文明》系列大量真实的历史细节，学习到了很多冷门历史知识，如赫梯、亚述、腓尼基等等古国的存在。另外还有玩家学习到丰富的地理、农业及宗教知识，如各种作物的生长区域、主要宗教出现的顺序等。而且随着游戏过程的逐步加深，还启发了玩家的经营管理、军事策略的知识，如有玩家直呼终于理解"制海权非常重要，英法正因此在大航海时代崛起"等发展策略知识。

5. 玩家通过玩游戏促进亲子关系

　　家长的教养方式会对青少年早期的性格、行为产生很大的影响。而游戏已经成为青少年不可或缺的课外活动。在家玩游戏提供了一个家长与孩子相处的机会，家长可以借此增进与孩子的感情，了解孩子的想法，同时在潜移默化中完成对孩子的引导。

　　不仅网络游戏，像 Xbox、PS 这样的主机产品，也逐渐成为不少家庭的客厅娱乐中心。无论是轻度的竞技游戏还是体育合作类游戏，都能让家庭成员之间进行互动、协作最终达成一致的目标，从而有效增进亲子关系。

一位受访者讲述了自己弟弟跟母亲共同玩游戏，增添家庭乐趣的故事：

> 我弟弟什么游戏都玩过，最爱玩的就是某枪战游戏，有时候会被生化感染之后变成一个怪宠，老妈开始看着，然后自己也玩了。
>
> 那天她拿着鼠标跟我弟说，我们家应该换一个鼠标了。后来她没怎么玩过，不过经常会关注一下，看我弟玩的情况。其实游戏带给大家挺多的乐趣。

第二节　游戏学中的用户研究方法

如前文所述，用户的游戏行为、动机、诉求及偏好非常复杂，需要多元的用户研究方法才能研究透彻。游戏用户研究是近些年才逐渐发展完整的领域，其研究方法大多数来自传统快消品研究，更早前来自学术领域。研究人员在保持方法的专业原理和基本的准则之上，结合游戏的特点，对部分研究方法进行优化，不断地实践出一系列更适用于游戏研究的方法和手段。

一、主要的用户研究方法概览

各类产品的用户研究从研究方法上来说，可大体分为定性与定量，以及一些特殊方法（见图6-25）。定性研究重在解释，通常用于发现问题和建立假设；定量研究重在量化，通常用于针对性分析、量化问题优先级以及验证假设。常用的定性研究方法包括焦点小组、用户深度访谈、入户研究以及可用性测试等。定量研究则一般是通过量化问卷数据、行为数据和行业宏观数据等展开分析。

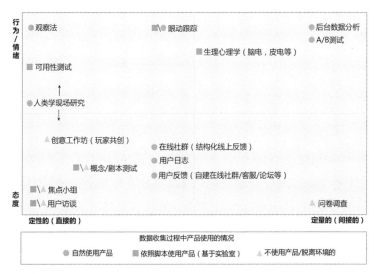

图6-25　游戏研究方法概览（根据诺曼·尼尔森模型适应调整）

资料来源：https://www.nngroup.com/articles/which-ux-research-methods/.

二、游戏用户研究的发展

伴随着电子游戏在国内的发展，游戏用户研究方法也大约经历了三个阶段的演变，分别是：奠基期——PC 网游时代；发展与完善期——移动游戏时代；拓展期——IP 衍生及联动的新文创时代。以下将介绍不同阶段的用户研究有着怎样的发展与变化。

中国游戏用户研究伴随网游产业的向前而发展。PC 网游时代，游戏用户研究在研究方法上主要借鉴其他互联网产品注重体验的用户研究方法，引入了可用性测试等方法解决体验设计相关的问题；同时在玩法验证上，一定程度上借鉴国外单机游戏的研究方式，对玩法进行拆解验证。而网络游戏更偏向"服务属性"（game as a service）理念，游戏不是售卖拷贝的"一锤子买卖"，是需要长期持续地提供用户所需的个性化服务。这种长期性也影响了研究方法的侧重，与单机注重发售前研究不同，网游在面向大众后，需通过产品内容更新、运营等长线的手段保持用户的活性，进行良好的商业价值转换。因此，网游的研究包含大量的用户 U&A 研究（行为与态度研究），即通过满意度持续追踪，以及周期性地对用户属性、画像、构成进行分析，从而充分地了解消费者的变化。在这些研究课题上，传统快消行业的研究经验为游戏研究提供了有价值的研究思路和框架。也是在这个让游戏开发者及研究者有机会大胆尝试及开拓的快速发展的良好时代，研究人员开始思考怎样以用户体验为中心，提供更多的用户洞察，使游戏开发者能准确地理解用户。因此，用户研究者灵活使用各类方法，在"看""听""摸"用户真实想法的基础上提供更多的研究产出。参考学术研究中的实验法则和海外单机游戏行业的一些基本做法，游戏研究人员开始设计适用于游戏产品的玩家体验参与研究法（player engagement research），通过更贴合游戏玩法的研究方式，帮助解决产品是否提供用户所需要的玩法乐趣、游戏的难易程度是否在合理的范围之内、用户在游戏体验过程中的 PVP 体验如何等问题。

随后，移动游戏的爆发改变了中国游戏行业的生态，也改变了研究方法的节奏与操作形式。更短的研发周期，更快速变化的用户诉求对用户研究的速度和灵活性提出了更高的要求。这要求在 PC 网游时代发展出的用户研究方法，在研究流程、操作方式上更加敏捷，同时，获取用户心声的渠道也要适配移动互联网的发展。比如在这一阶段，更多使用在线社群研究法，通过有组织地规划每日体验任务，招募用户远程参与体验和半结构化的讨论，同时开放用户之间的沟通社交环境，来更加快速地获得大量用户反馈。

近些年来，随着新文创和 IP 衍生、联动的理念广泛被业界接受，游戏的内容和情感属性愈发突出，游戏与其他文创内容也越来越多地进行融合与互通。研究人员也超越了以往游戏产品注重玩法体验的研究视野，开始借鉴影视和动漫的内容研究方法，从文化体验的角度来研究游戏的故事创作、人物设定、IP 内涵等。这个时期采用的研究方法包括 IP 情感研究故事概念、剧本测试等。除此之外，游戏界也开始应用新的研究方法比如心理生理学法（psycho-physiology approach）、文本内容和语义研究等。

三、游戏用户研究的特殊方法

相比传统快消品行业，游戏行业的产品特性、受众特性差异，是研究人员最需花心思去考量的。首先，快消品、耐用品行业，用户花销发生在使用之前，大部分的研究精力花在影响用户购买决策之前的路径之上；而游戏产品，由于大多是先消费后花费，必须用过硬的游戏品质才能保证消费者在体验过后仍愿意发生金钱的投入，因此，游戏研究在产品品质打磨上投入更多。

除了侧重点不同，游戏研究更讲究结合"体验"开展。游戏的用户价值，更多是偏抽象的、难以清晰剥离的体验感受和情绪变化，比如"成长感""策略感"，不像传统实质消费品那样，具有如"去屑""去污"等具象的，消费者能直接表达、大概猜想的属性，因此需通过有效的卷入用户体验，去除实验过程中噪音的控制手段，来获得有效的用户反馈。所以在定性游戏研究中经常结合着充分的产品体验、多样的调研手段，形成相对特殊的定性研究法。加之游戏消费者大多更偏向线上的互动方式，他们有的惜字如金，有的不善言辞。研究人员除了更多地采用投射等刺激的手段，鼓励用户产生更多的想法和意见外，也不断在探索能直接"阅读""抓取"用户想法和感受的研究手段，例如我们不断在尝试的生理心理学方法。基于以上谈及的游戏研究特点，以下内容将会重点介绍游戏用户研究中的特殊方法。

1. 玩家体验参与研究法

（1）玩家体验参与研究法的概念

如上所述，游戏用户研究的定性方法有其特殊性，游戏领域将其称之为玩家体验参与研究法。它泛指游戏产品在正式面向大众前了解用户反馈进行的研究。通常会结合多种研究方法，如观察、记录、问卷、深访、座谈会等，但只要涉及体验内容＋研究的手段，都称作玩家体验参与研究法。

（2）玩家体验参与研究法的研究问题

提升游戏体验是最常见的研究问题。通常包含三类典型问题：

玩法体验：具体包括核心玩法是否有趣，单局的操作/战斗体验是否顺手，某个模式和副本的可玩性或重复可玩性如何。由于玩法研究的重点在"好不好玩"而不是"有没有用"或"好不好用"，导致执行层面上这类研究有两大特征：1）伴随大量行为观察和分析；2）嵌入相对长时间的产品体验。但用户往往难以在体验结束后准确回忆起体验中的重要细节，这就要求研究人员深度观察，设计合理的体验任务和调查流程，及时准确地提炼出洞察。

交互体验：游戏产品的交互设计不仅需要符合玩家使用习惯，满足玩家需求，其最重要的使命是传达游戏的机制，帮助达成游戏的体验目标。交互体验研究范畴通常为用户与游戏产品交互过程中的感知认知、操作行为、习惯偏好，目的是使设计符合用户，降低认知难度、操作门槛，提升视觉吸引。与其他领域专注功能交互设计不同，游戏内的可用性测试特别关注用户体验过程中的乐趣，给予用户有趣的过程体验。

感官体验：美术风格和营销素材测试都属于这个范畴，目的是了解潜在用户对于不同版本素材的接受程度，了解用户喜好趋势，把握其关注点进而识别设计亮点和雷区。这类研究中通常混合专业用户和普通用户，以玩家共创或至少是开放式半脑暴的形式展开研究。利用玩家的主动性和大胆的想象，激发创作和设计者的思路。

（3）玩家体验参与研究法的执行方法

一般来说，体验参与研究法包括体验、问卷和讨论三种研究形式。体验内容和问卷的排列没有通用、既定的标准，一切按照体验内容的特点灵活处理，但有些小原则需注意：

· 体验内容顺序尽量前者不影响后者。

· 单个体验环节不宜太长、内容复杂度高，避免用户记忆模糊，无法得到准确的信息（单个体验环节一般不超过 30 分钟，若单个环节维持 60 分钟，完成后需稍作休息）。

· 若没有教程和新手引导，需斟酌是否增加说明和展示。

· 某些指标会因为体验时长影响用户感受，建议增加问卷先获取反馈，如操作难度、美术风格的感知。

下面以某产品的交互体验为例，简单阐述这类研究方法的使用过程与研究发现。

成熟游戏产品基于用户的变化或者为了给现有用户新鲜感，会进行一些改版设计。这个案例是某消除游戏的主界面改版，改版目的是突出闯关玩法、展示关卡地图、弱化经典模式（初版方案见图 6-26 左图）。考虑到游戏存在不同类型的用户，因此用户研究工作者的研究设计对象包括 4 名经典玩家、4 名闯关模式玩家和 2 名新手玩家，研究方法是可用性测试＋访谈，经过研究及分析，研究工作者对产品策划提出了一些主要的问题与建议：经典玩家对改版接受度低，改版不符合他们的使用习惯，找不到常用的模式入口和排行榜，甚至引起这类用户不受重视的负面情感，需重新重视对经典模式入口的设计；初版方案还存在影响各类型玩家的交互体验问题：如关卡地图没有延伸感，让玩家难以形成不断推进闯关的目标感，装饰元素和功能图标区分不明显导致玩家迷惑，功能入口位置和名称不符合玩家预期等。产品人员根据这些研究发现的问题与建议，重新设计了改版界面（见图6－26右图）。新版上市后，不同类型玩家的接受度都很高，改版后的产品留存数据也有较大提升。

图6－26　某消除类游戏的交互体验研究，发现交互上有三类明显的问题和改版

2. 定量研究法

（1）定量研究法的概念

定量研究又称为量化研究，指的是采用统计方法来对现象进行

系统性的经验考察。通常伴随着验证或建立社会学/心理学模型、理论或假设。在互联网产品和零售业消费者研究中，定量研究通常等同于问卷法。然而在游戏研究中，定量研究法也包含后台数据分析。游戏产品体验丰富，有非常明确的体验流程和节点，这让研究人员能基于后台数据的研究更客观准确地分析用户行为。

（2）定量研究法的研究问题

后台数据＋问卷法通常可以解决以下三类问题：

了解产品的运营、推广现状，发现问题。比如评估产品推广效果，或了解用户对产品的满意情况，以便指导接下来产品内容或者运营方式的优化调整。

针对性分析，定位问题。比如定位游戏内缺乏社交的用户，描述其行为和画像特征，帮助其发展和建立起健康的社交关系。

基于客观的行为数据，验证假设。比如前期通过聆听用户了解到游戏存在挫败过重问题，通过数据分析确认其是否广泛存在，以及体现在什么样的关卡设计里面。

（3）定量研究法的操作方法

与其他领域内的应用相比，游戏内量化研究步骤相同，大体分为获取数据、数据处理、数据分析和数据呈现四个阶段。主要差别在采样和分析上。

·采样。游戏问卷有很多独有的投放渠道，比如游戏内投放、社群投放、广告系统买量投放等，相比传统研究更广。并且通过匹配后台数据，问卷的采样可以更精准，投放时机可以更友好。比如可以定时定向给"游戏三天后依然没有建立任何好友关系"的全量用户推送问卷。这在其他领域中在技术和成本上都是难以实现的。

·分析。通过结合用户后台行为数据，问卷内的诸多态度数据可以更加有效地被利用，真正意义上让问卷法兼顾态度和行为，更加全面地了解用户。

以下将举例产品常见的满意度研究案例，以便了解大概有什么样的结论应用到游戏产品中。

一个游戏上线后，游戏运营人员需要了解玩家对产品各子模块的反馈，从中找出重要且满意度较低的维度。研究人员通过后台数据匹配，寻找到游戏体验达到一定深度的玩家，并对这些玩家定向推送问卷，调查其对各个产品维度的满意度。数据回收后，通过线性回归等分析方法，对各模块的重要程度进行比较，寻找对游戏整体满意度有显著影响的玩法模块，如任务系统、新手体验等，并分析其对整体满意度的权重。再将其与满意度绘制二维象限图（见图6-27），寻找需要优先修改的模块（低满意度且高重要性）。

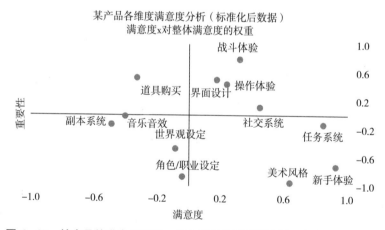

图 6-27 某产品的满意度研究，结合回归分析辨别出需要优先调整的模块

（第四象限，满意度低且重要的模块）

3. 心理生理学方法

与其他功能型互联网产品不同，游戏产品非常注重情绪和感受

体验。传统的研究方法通常很难提供丰富客观的数据，用户通常面临"说的并非自己所想"、"想说说不出来"以及"说得不够具体"等困境。这其中既有记忆本身不可靠的问题，又有潜意识层面的情感体验本身难以描述的问题。在这样的背景下，部分学者和研究人员开始尝试在游戏研究中使用心理生理学方法。

（1）心理生理学方法的概念

心理生理学方法指的是通过量化人体表的各类微电流（皮肤电、脑电、肌肉电、眼动等），综合成各类体征指标，进行深度分析以达到评估游戏体验的方法。

皮肤电和脑电是当前最为常用的生理信号，当机体受外界的刺激或者情绪状态改变时，植物性神经系统会引起皮肤内血管舒张/收缩，以及汗腺分泌变化进而导致皮肤电阻变化，通过测量这一改变可以间接测量到用户唤醒度的变化。脑电指标则是中枢神经系统的表征，通常用于测量用户的高级情绪，喜乐、负担、思考都在这个范畴内（见图6-28）。

图6-28 生理指标同步处理平台 iMotions

（2）心理生理学方法的研究问题

在游戏业务中，当前该方法主要用于诊断用户在游戏体验中的情绪变化。从设计语言上，情绪体验可以简单理解成"爽感"。研究上通常从两类场景切入：通过综合性整体指标对比产品或模式之间的情绪体验差异；关注特定事件前后的情绪反应，诊断其是否符合设计预期。

理论上，皮肤电测量的"低级情绪"通常与玩家唤醒度/兴奋水平高关联，在游戏设计中新鲜的刺激（视角转场、全新环境、操控模式变化）以及难度适度提高都会使其上升。而"高级情绪"则相对较为复杂，一般观察大脑前额叶的不对称性，通过波动水平识别用户在游戏体验中的"悲"与"喜"。经典的二维情绪理论将二者结合，延伸归纳了各类情绪体验，如图 6-29 所示。

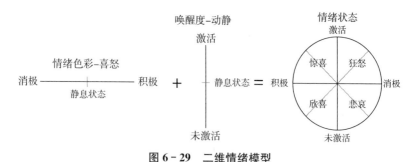

图 6-29　二维情绪模型

资料来源：Van Gorp（2006），adapted from Russell（1980）.

值得注意的是，该方法的适用边界尚未完全厘清，当前的应用实践中通常也伴随着与传统定性定量的结合，这类方法有其独特优势，但并不能完全替代过去的研究手段，且解决的问题场景有限。因此，对于更前沿或者技术型的研究方法，也需严谨及科学地对待与使用。

（3）心理生理学方法的操作方法

该方法的执行流程大体分为实验准备、基线测量、玩法测量和测量后访谈四个步骤。由于生理信号对于环境较为敏感，需在特定的实验室内执行才能确保信号质量。并且对于样本数量有一定要求，通常建议按照学术界标准执行 30～40 个样本。此外，目前这类设备对于操作人员要求较高，执行和分析需要专业人员操作才能获取有效洞察。

以下为研究者使用心理生理学方法的实际测试案例。

在早期研发中的两款竞速类游戏 A 和 B 正在进行操作性和玩法的打磨，想要了解玩家在特定事件发生时（氮气、加速等）的情绪是否有明显变化，以及引起变化的细节是什么。用户研究工作者通过招募 36 位符合特定条件的玩家，佩戴脑电和皮电设备后，进行基础基线测试。被试者轮流体验两款产品（平衡游戏体验顺序），再将所有用户样本测试数据进行聚合分析，提取出关键事件发生前后玩家的情绪变化（见图 6 - 30），来观察是否成功引发用户情绪波动。通过分析数据可以发现，均有氮气释放的两款竞速类产品，B产品成功引发情绪波动，进一步分析原因是因为相比 A 产品，B 产品的氮气反馈设计更加及时，同时在释放后通常跟随有挑战的小任务而不仅仅是直线加速，引发了更显著的情绪变化。

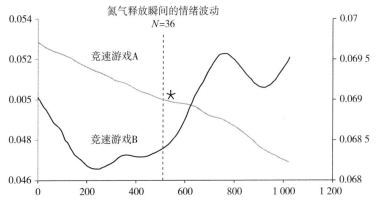

图 6 - 30 某类产品情绪体验对比：均有氮气释放的两款竞速类产品情绪波动曲线

通过本章的内容，我们了解到游戏用户围绕游戏产生的各类行为、诉求，以及用户研究的概貌。未来，游戏作为给用户带来多样体验与价值的产品，将会越来越被广大的用户所喜爱；游戏产品随着行业及时代的发展，也在不断地变化与进化。以用户为中心、提供更多积极的娱乐和功能价值将是整个行业孜孜以求的方向。对游戏用户的了解与洞察是游戏用户研究不变的使命，也是游戏产业和游戏学发展的重要助力。

第七章　游戏治理

目前，游戏的快速发展让游戏的治理问题走到台前，游戏沉迷、青少年保护、游戏版权等等问题成为游戏治理的重要议题。在本章，关于游戏治理，我们总结了相关的经验和内容，结合治理实践进行阐述。

第一节　国外防游戏沉迷对策

一、问题概述

游戏出现以来，防游戏过度使用便是一个永恒的话题，而非电子游戏诞生后才有的。虚拟游戏世界中的精美画面、情节设计以及社交功能，可以让人获得在现实世界无法得到的各种体验，尤其对未成年人有着莫大的吸引力。如果不进行相应的管理和控制，未成年人自制力相对缺乏，可能更容易陷入自由、功能丰富、情节精彩的游戏体验而无法自拔，不仅会影响学习，而且不利于青少年健康成长。对此，互联网公司应尽到相应的社会责任；同时，在孩子成长过程中起着重要指引作用的父母应该为孩子把好第一道关，担负起责任，对孩子玩游戏的时间和设备进行管理和控制，多与孩子进行沟通和交流，了解其过度使用游戏的原因并对症下药。

随着互联网的快速发展，我们已经迈进了网络化生存时代。第39次《中国互联网发展状况统计报告》显示，截至 2016 年 12 月，中国网民规模达 7.31 亿，而我国 19 岁以下的网民达 1.7 亿，约占全体网民的 23.4%。可以说，这一代未成年人作为互联网时代的原住民，网络化生存就是他们日常生活的常态。他们从小就会使用手机和平板电脑，会在上面使用各种各样的软件，发现不一样的世界，甚至还是教爷爷奶奶上网的小老师。网络是他们生活中不可或缺的一部分，要让网络游戏远离他们，自然也不现实。面对现实世界，家长所能做的，是教会孩子们生存技能和安全意识，他们才能健康成长，面对网络世界也是如此。父母应该为孩子正确应对网络世界提供指引，并采取相应措施保护其免受网络世界的伤害[1]。

二、国外防止青少年游戏过度使用的对策

对于如何防止青少年游戏过度使用，欧美各国都进行了相应的探索和实践，积累了一定的经验，也为我们提供了比较有益的借鉴。美国游戏分级组织娱乐软件分级委员会（ESRB）是一个独立的非营利性自律组织，主要负责对游戏软件、网络游戏、网站等进行审核，根据游戏的内容决定其适合的年龄群体，目的是使消费者在购买或者租借软件时，准确选择适合自己的产品。在其官网家长资源中心为父母提供了一份详细指引，提供了许多有益建议，旨在

---

[1] http://vgu.www.rmzxb.com.cn/c/2017-07-05/1637370.shtml.

帮助父母更好地与孩子交流，指导其正确使用网络游戏。

1. 家长应学会为孩子选择适合的游戏产品

在青少年成长过程中，家长对孩子的引导至关重要，如何为孩子选择适当的游戏，家长应该学会相应的技能。在这份指引中，其提供了两种方式让家长更好地了解游戏产品以判断是否是适合自己小孩的产品：

（1）检查评级：检查盒子的封面并在 ESRB 官网或者在评级搜索软件中查询游戏评级说明。许多网上和手机店面，比如 Google Play 等，都会展示 ESRB 评级，在这些店面内寻找相关年龄分级和内容描述的内容，以此作为选择的依据，判断是否适合自己孩子使用或者是否为自己想要选择的游戏类型。

（2）在购买或下载之前，查看关于特定游戏的其他评论信息，包括截图、视频和用户评论，以便对游戏内容有更全面的了解后再做出判断。

2. 设置家长控制，有效管理孩子的游戏使用

为游戏机、移动设备、手持游戏设备、个人电脑、智能手机和平板电脑设置家长控制。家长控制设置可以帮助父母管理孩子的视频、游戏使用，即使他们不在孩子身边。所有现有的游戏机、掌上电脑、智能手机和电脑都可以通过年龄等级来控制游戏，某些设备设置甚至允许父母限制小孩上网，禁止游戏内购买，限制孩子玩游戏的时间等等。此种技术设置将为家长对未成年人游戏使用提供有效的管理方式。

3. 与孩子多沟通，参与孩子的游戏过程

与孩子们共同建立基本规则，让他们了解哪些游戏是可以的，是否有任何时间限制，以及他们可以花多少钱在应用程序或者游戏内容上，谁将为此付费；讨论是否可以玩多人在线游戏，如果可以的话，和谁一起玩。家长的任务不是禁止，而是疏导；不是惩罚，而是和孩子们讲清楚玩游戏的规则和条件，让孩子明白玩游戏对身心健康和行为的影响，以此来引导孩子。

指引同时还建议家长与孩子一起玩游戏。这不仅会加深家长对孩子喜欢的游戏的理解，而且也是一个度过有质量的家庭时光很好的方式。家长放平心态和孩子一起参与游戏中的冒险，就好像和孩子一起去旅行一样。家长和孩子一起玩游戏，不是为了体现自己任何方面的优越性，而是为了以平等的身份理解孩子的游戏动机，进而通过孩子的游戏行为理解孩子，同时也能促进亲子关系的良性发展。永远记住，保持参与是最好的方式，与孩子们讨论他们想要安装的应用程序以及他们喜欢玩的游戏。

4. 教导孩子学会抵制网络中的不当行为

在虚拟世界中，匿名性和隐蔽性使人们感觉不受约束，在具有社交功能的游戏中，甚至可能会遭遇到一些无礼的谩骂，这对于心智尚未完全成熟的青少年来说是有很大影响的。面对这样的情形，家长应当教导孩子如何抵制网络中的不当行为以及网络暴力。比如，当其他在线玩家行为不当时，要让孩子说出来，并且可以通知游戏的出版商或在线服务商关于玩家的不当行为，同时确保提供尽可能多的信息和证据。家长可以通过观察孩子的行为判断孩子是否可能遭受到网络欺凌，比如电脑使用的变化、焦虑或抑郁、不愿去上学或社交等。若是出现类似警示信号时，应及时与小孩沟通并进行开导，促进问题的解决。

5. 帮助孩子学会在网络中保护自己

告诉你的孩子，在与他人互动时，匿名或隐形的能力并不意味着一种无礼、亵渎或残忍的行为。对于青少年来说，这一点尤为重要，不仅是出于道德原因，更是为了未来的就业和学术机会，因为雇主和大学正越来越多地进行社交媒体背景调查。家长应当告知孩子社交媒体可能对个人具有的影响力，让孩子学会在网络环境中保护个人的隐私，同时要注意正当行为，因为在未来其也将作为个人的背景资料，在就业或学术深造中成为评判个人的依据①。

三、启示

上面的指南对父母如何预防孩子过度使用游戏提出了非常详细而实用的建议，我们也可以从中获取到一定的经验。

首先，应当向家长普及网络安全教育相关知识，使其意识到网络安全教育的重要性。对于实践中出现的未成年人动辄花父母上万元人民币进行游戏充值的事例，父母也应该反思：孩子为何轻易拿到网上支付的账号和密码？

其次，家长应对孩子上网的内容和时间进行控制和管理。从内容的管理上来看，虽然国内目前还未建立游戏分级制度，家长无法从分级标准来判断游戏是否适合未成年人，但是可以通过网络途径了解到相关游戏画面和用户评论来进行判断。对于采取游戏分级管理国家的游戏，可以通过查询分级标示来准确了解游戏年龄分级和内容描述特征。同时，家长可以与孩子进行沟通，向其说明过度使用游戏会产生的不良影响，并与孩子协调设立规则，规定每天花在游戏上的时间，在某些情况下，还可以游戏中的道具作为奖励，鼓励孩子在学习和生活中的优秀表现。

---

① http：//www.esrb.org/about/parents_tips.aspx.

再次，与孩子一起玩游戏当然是非常好的了解孩子的方式，在加深对孩子喜欢游戏的理解的同时，还能创造温馨的家庭回忆。家长和孩子一起玩，绝不应该在玩的过程中全程以教育者的身份喋喋不休，也不要急于去指导孩子。世界上的玩家在进行游戏的一刻都是平等的，这也是游戏的魅力所在。孩子玩游戏，部分来说，也正是为了这种现实中难以获得的平等感。在游戏的过程中，家长可以看到孩子在游戏中表现出的现实中可能见不到的部分，也能看到孩子内心中最大的渴望，会对自己和孩子的关系产生新的认识。

最后，发展孩子除游戏之外的其他生活议题，引领孩子看到更广阔的世界，培养孩子广泛的兴趣爱好。一个人生活的外延广度就是他的世界。父母的生活环境塑造了孩子最初的世界。在孩子的网络成长过程中，家长的陪伴和引导是不可缺失的。带领孩子看到更广阔的世界，发现更多好玩的事情，孩子就不会被游戏中的快乐诱惑。如果通过多带孩子体验健康有趣的户外活动来替代虚拟世界的游戏，不仅能满足孩子们寻求挑战和取得成就的心理，还能提升孩子们与他人、与社会的交往能力①。

第二节　游戏分级

我国网络游戏产业产生于 20 世纪末，在十几年的时间内，网游行业呈现持续快速增长的态势，拥有广阔的市场前景。据《2016 年中国游戏产业报告》显示，2016 年中国游戏产业规模达到 1 655.7亿元，同比增长 17.7%；自主研发的网络游戏达到 1 182.5

---

① http://news.youth.cn/gn/201707/t20170711_10265717.htm.

亿元，同比增长 19.9％；移动游戏用户规模达 5.28 亿，同比增长
15.9％；全年海外市场销售达到 72.35 亿元。

　　游戏产业迅速发展的同时，也引发了一些问题，包括网游中的
暴力、色情因素是否会影响未成年人的身心健康等。如何规范网游
市场、营造良好的文化环境，成为政府及公众关注的重要问题。

　　网络游戏产业作为文化创意产业的新兴组成部分，对互联网产
业的发展具有重大的作用；网游作为一种文化产品，也应肩负起文
化传播的使命。欧美等国通过建立网络游戏分级的制度，一方面规
范和促进了网络游戏产业的发展，另一方面也加强了对未成年人的
保护。这其中的一些经验值得我们借鉴。

一、美国：美国娱乐软件分级委员会的分级

　　美国的游戏分级组织娱乐软件分级委员会（Entertainment
Software Rating Board，ESRB）成立于 1994 年。它是一个独立的
非营利性自律组织，主要负责对游戏软件、网络游戏、网站等进行
审核，根据游戏的内容决定其适合的年龄群体，目的是使消费者在
购买或者租借软件时，准确选择适合自己的产品。经过 ESRB 审查
的游戏产品在软件包装盒的正面有 ESRB 的等级标志，这一标志说
明了该游戏所适合的年龄段。

1. ESRB 分级制度内容

　　ESRB 首先是根据游戏内容来区分适合不同年龄的分级标志。
ESRB 的最新分级标准总共有 7 级，具体如下：

　　"EC"（EARLY CHILDHOOD）："EC"级别的娱乐软件主要
针对 3 岁及 3 岁以上的学龄前儿童，其中不应包括任何让家长感到
不适合的内容。

"E"（EVERYONE）："E"级的软件适合于 6 岁和 6 岁以上的任何品位的消费者。它适应的年龄段是最广的，软件中以包含最低限度的卡通、幻想，或者有轻微暴力和/或很少出现的轻微粗话，约有 54％的游戏属于此类。

"E10＋"（EVERYONE 10＋）：这一级是在 2005 年新增加的，类似"E"级，也属于老少皆宜的游戏，但适合年龄提高到 10 岁和 10 岁以上。与"E"级相比，"E10＋"的游戏含有更多的可接受的卡通、魔幻或者轻微暴力、轻微粗话以及小程度地包含（或者很少有）血腥和/或最低限度的暗示性主题。

"T"（TEEN）：这一标志代表该软件适合于 13 岁和 13 岁以上的消费者，此类游戏可能包含暴力、暗示性主题、未加修饰的幽默、最小限度的血腥、模拟赌博和/或很少出现的非常粗俗的语言，约有 30.5％的游戏属于此类。

"M"（MATURE）：适合 17 岁和 17 岁以上的玩家，可以包含激烈暴力、血腥、色情和/或粗话，约 11.9％的游戏属于此类。

"AO"（ADULTS ONLY）：这类游戏仅适合成年人，可以包含长时间的激烈暴力场面和/或图片色情内容以及裸露镜头。

"RP"（RATING PENDING）：带有"RP"标志的产品表示已经向 ESRB 提交定级申请，正在等待最终结果。这个符号只在游戏发行之前的广告和/或演示中出现。

其次，ESRB 在游戏分类的基础上设定了 32 项游戏内容描述，包括程度与表现手法不同的暴力、血腥、色情、裸露、粗话、赌博等行为，以及对于酒精、药品、烟草的描写或使用，让父母或玩家除了年龄分级标示外，还能针对特定内容进行筛选。

2. ESRB 分级制度具体程序

（1）等级认定程序

ESRB 会根据具体游戏内容的不同选定三位经培训的评估人员。确保评估人员不是从事互动娱乐行业，以避免游戏开发商或者发行商的自家人员参与到评估过程之中，进而影响到评估结果的公正性。在三位评估人员根据具体的评估标准，完全审阅完这款游戏的全部资料以后，会分别给出一个推荐级别。这些意见最终会交由 ESRB 审核，并由 ESRB 通知游戏开发商或发行商，以便这款游戏在美国市场正式发售时能够在封面和封底印上级别标识，方便消费者选择和辨识。如果游戏开发商对评级结果存在异议，可以向 ESRB 提出申诉。ESRB 会负责申诉的受理，并在必要的情况下对该软件进行重新评估。

ESRB 同时会审核包括游戏的官方网站、预告片、广告等在内的内容。为了保证零售体系严格执行游戏评级制度的要求，ESRB 还与零售商们建立起紧密的合作关系。在游戏正式上市之后，发行商还需提供一份正式的版本。针对这份正式版，ESRB 将会组织内部的专家组进行再次审核，以确保先前的评估的正确性以及游戏反映的内容和级别的完全一致。而对于评级信息与正式软件内容不符的部分，将会进行重新评级或通知开发商进行相关的修正，通过后才允许这款游戏进入零售市场。

（2）需提交的材料

一份完整的 ESRB 在线问卷，详细描述游戏的相关内容，不仅包括内容本身（暴力、性内容、语言、控制物质、赌博等），还包括其他相关因素，如上下文、奖励系统和玩家控制的程度。

一个包含所有相关内容的 DVD，包括典型的游戏、任务和场景，以及所有相关类别中最极端的内容实例。不能播放（比如被锁定的内容）但会存在最终游戏光盘的游戏代码中的相关内容也必须公开。

二、欧洲：泛欧洲游戏信息组织的分级

泛欧洲游戏信息组织（Pan-European Game Information，PEGI）是由欧洲互动软件联合会（Interactive Software Federation of Europe，ISFE）成立的具有社会意义的非营利性组织，独立负责游戏分级体系的日常管理和发展。由 PEGI 制定的游戏分级制度于2003 年代替原先在欧洲一些国家实行的游戏分级制度，PEGI 系统现在被 30 多个国家使用，有严格的制度规定，并被所有参与的发行商认可。

1. PEGI 分级制度的内容

同美国的 ESRB 类似，PEGI 登记标识也分为年龄类别和内容类型两部分。PEGI 会对游戏产品做综合测定，并给出一个游戏适合的年龄段标准，年龄段一共有五个级别：

3＋：此级别不包含任何家长认为不适宜的内容。

7＋：此级别也许包含较少的暴力、血腥、性主题、恐怖或脏话。

12＋：此类别也许包含更多的暴力、血腥、性主题、恐怖或脏话。

16＋：此类别也许包含强烈的暴力、血腥、性主题、恐怖或脏话和较真实的血液飞溅的场面。

18＋：此类别也许包含长时间强烈的暴力、血腥、性主题（生动）、恐怖和脏话以及较真实的血液飞溅的场面。

内容描述共有 8 类，分别为粗话、歧视、药品、恐怖、赌博、性和暴力以及在线游戏。这些内容类别会标示在游戏包装的背面，通过这些内容标识，家长们可以更好地为孩子选择适合其年龄的游戏。

2. PEGI 分级制度具体程序

（1）等级认定程序

PEGI 具体职责由两个独立机构代表其执行：一个是荷兰影声媒介分级学会（Netherlands Institute for the Classification of Audiovisual Media，NICAM），负责审核 3＋和 7＋级别的游戏，同时负责分级人员的培训、PEGI 分级游戏的归档和 PEGI 许可的颁发；另一个是英国的视频标准理事会（Video Standards Council，VSC），负责其他三类高年龄段游戏的审查。但由于各个国家的情况不同，PEGI 分级在大多数国家中只具有参考性，不具有法律效力。而且，部分欧洲国家有自己的分级标准，如英国 BBFC（英国电影分类系统，具有法律效力）、德国 USK（德国娱乐软件检验局，具有法律效力）、葡萄牙 IGAC 以及芬兰 VET/SFB 等。因此，在这些地区发行的游戏有时会同时标注 PEGI 和当地分级。

（2）需提交的材料

PEGI 根据内容声明和游戏审核来决定游戏的适当级别。首先游戏出版商将完成一份网上声明表，这个表将提交给系统行政部门。行政部门将以声明表为基础对游戏内容进行审核。PEGI 的内容声明是重要的优势，因为只有游戏出版商才能完整概述游戏内容，概述使得管理员能够聚焦于最可能影响评级的游戏部分，这样会更有效率，更值得信赖。

此外，日韩等也建立了类似的分级制度。

三、中国游戏管理制度

网络游戏产业的发展对于整体互联网产业的发展具有重要意义。游戏作为一种创意文化产品，如果能够进行适当规范，对于文化产业发展和青少年成长都是非常有益的。

中国尚无正式的游戏分级制度。我国对游戏内容的审查主要由国务院文化行政部门负责。《网络游戏管理暂行办法》第九条对游戏内容进行了规定：

> 网络游戏不得含有以下内容：（一）违反宪法确定的基本原则的；（二）危害国家统一、主权和领土完整的；（三）泄露国家秘密、危害国家安全或者损害国家荣誉和利益的；（四）煽动民族仇恨、民族歧视，破坏民族团结，或者侵害民族风俗、习惯的；（五）宣扬邪教、迷信的；（六）散布谣言，扰乱社会秩序，破坏社会稳定的；（七）宣扬淫秽、色情、赌博、暴力，或者教唆犯罪的；（八）侮辱、诽谤他人，侵害他人合法权益的；（九）违背社会公德的；（十）有法律、行政法规和国家规定禁止的其他内容的。

但是这样的标准过于抽象，而且没有针对具体的用户群进行规定。未成年人群体是非常广泛的，通过分级标准将适合不同年龄段的游戏进行分类，不仅有利于促进游戏内容的多样化，也为家长提供了选择更适合游戏的依据。

因此，可借鉴国外游戏分级制度，制定适合中国国情的分级制度。建立由政府指导，行业、企业、社会、家长等中专业人士组成的联盟，共同制定网络游戏分级标准，并委托其进行游戏分级。通过将游戏等级和适龄性相结合，并用要素对游戏内容加以描述，对分级后的网络游戏统一加印分级标识。在政府统一指导下，行业组织、社会组织、企业等联合起来有效推动分级制度的建立和完善，规范和促进网络游戏产业的发展，同时加强网上青少年保护。

第三节 国际游戏治理与青少年保护

在这一节，我们总结了国际上多个国家和地区的游戏治理经验，包括美国、欧盟、英国、日本、韩国和德国在未成年人保护方面的经验，通过对比研究能够更加全面客观地认识游戏治理和青少年保护方面的举措和关系。

一、美国守护未成年人网络世界的实践经验

美国是网络游戏的发源地，拥有世界上发展时间最长、规模位于世界前列的网络游戏产业。经过多年的发展，美国已经拥有了一整套网络游戏管理的成熟制度。据相关统计资料显示，2014 年美国移动游戏市场规模为 49.4 亿美元，约 303.3 亿元人民币[①]。2015 年为 71.6 亿美元，约 439.8 亿元人民币，继中国和日本之后，居全球第三位。美国政府和行业组织等通过一系列制度措施对未成年人上网活动进行管理，为其营造了良好的网络环境。

1. 不断改进立法，形成较为完善的未成年人网络保护法律体系

在美国，政府通过颁布法案的形式对儿童网络活动加以保护，先后出台了多部法律，形成了比较完善的儿童网络保护体系。既制

---

① 美国娱乐软件协会（ESA）和市场研究公司（NPD）发布了一份联合报告，对 2014 年美国游戏市场收入进行了统计。

游戏学

定了《儿童在线保护法案》、《儿童在线隐私保护法案》和《儿童互联网保护法案》等专门的儿童网络保护立法，也在《通信行为端正法案》《网络免税法》等网络相关立法中规定了对儿童的网络保护。通过立法固定对儿童的网络保护措施，其中包括：采取技术和政策保护未成年人免受色情作品的侵害；行业自律政策与立法规制相结合保护儿童隐私权；对娱乐软件实行分级管理；设立专门机构，明确政府和家庭责任。

在内容管理方面，法律政策和技术相结合保护未成年人免受色情作品的侵害。1996年，美国通过了《通信行为端正法案》，作为《电讯传播法案》的一部分，有两个条款保护未成年人免受色情作品危害：一是禁止有伤风化的传播，二是禁止明显令人反感的展示。该法律规定，禁止在未满18周岁的未成年人的网络交互服务和电子装置上，制作、教唆、传播或容许重播任何具有猥亵、低俗内容的言论、询问、建议、计划、影响等，否则被视为犯罪，违反者将被处以罚金或两年以下监禁。美国联邦最高法院认为该法管制的行为过于模糊，适用范围过宽，压制了大量成人有权接受并向他人传播言论的自由，因而判定该法违宪。

2. 政府各部门多举措共同行动，为未成年人营造良好的网络环境

首先，在国家的机构设置方面，美国政府设立了专门机构，明确各方责任。美国政府成立了专门机构保护未成年人网上安全。如司法部建立了打击儿童网络犯罪特种部队，为各州和地方的打击行动提供技术、设备和人力支持，帮助培训公诉和调查人员，开展搜查逮捕行动，协助案件侦缉。联邦调查局成立专门机构，负责辨认、调查网上发布的儿童色情图像，搜寻相关不法分子，对其进行法律制裁。美国邮政、海关等部门也经常参与和协助执法部门的有关行动，且成效显著。

其次，美国政府通过税收优惠政策促使商业色情网站采取限制未成年人浏览的措施。美国在 1998 年底通过《网络免税法》，规定政府在两年内不对网络交易服务科征新税或歧视性捐税，但如果商业性色情网站提供 17 岁以下未成年人浏览裸体，实际或虚拟的性行为，缺乏严肃文学、艺术、政治、科学价值等成人导向的图像和文字，则不得享受网络免税的优惠。

同时，美国也对学校和图书馆的网络进行管理以保护儿童免受色情作品的危害。2000 年美国国会通过的《儿童互联网保护法案》规定：要求全国的公共图书馆联网计算机安装色情过滤系统，否则图书馆将无法获得政府提供的技术补助资金。国家资助的图书馆和学校必须有网络安全政策，提供具体的措施，保护儿童在网络上的安全，阻止儿童在网络上的不正当行为等，并帮助学生了解这些安全政策。此外，美国的中小学如今都对学校的电脑实行联网管理，这样可以集中对那些影响儿童身心发育的网站进行屏蔽。如华盛顿市所有公立中学的电脑都实现了联网，网络管理员就是华盛顿市教育委员会，该委员会随时可以监控所在辖区儿童是否在学校的网络上接触到了不良内容。

3. 推行游戏分级制度，帮助家长更好防控未成年人接触内容

在网络沉迷和游戏方面，对娱乐软件实行分级制度。美国对游戏等娱乐软件实行分级管理，确保未成年人正常、安全使用网络游戏。该分级制度由美国的娱乐软件分级委员会（ESRB）制定，ESRB旨在为所有游戏软件加上分级标识，以帮助家长更好地控制或防止未成年人接触不健康内容。标识分为两个部分：一个部分是位于游戏产品包装背面的内容描述，用特定的词组描述游戏画面所涉及的内容，

如暴力、血腥以及游戏中人物对话是否粗俗等；另一个部分是位于游戏包装正面的登记标志，共分 7 个级别，按基本年龄划分，以游戏适合的年龄段英文字母来命名，特定等级的游戏产品只能卖给特定等级年龄的消费者，用以保障青少年的上网权益。ESRB 还包括详细的内容描述，围绕着酒精、血腥、幽默、暴力、侮辱、性、药品、赌博和烟草等 9 个主题进行分类，共有 32 种，以方便家长进行选择，让儿童远离不适合其年龄的游戏。ESRB 是一个民间组织，他们所做的一切都是内部规定，并不具有法律相关的效力，游戏分级制度仍是行业自律性措施。一款游戏在理论上完全可以选择不接受 ESRB 审查依然在美国正常发售，只是代价则是几乎大部分主要零售商（包括购物网站）都会拒绝上架销售这款游戏，避免承担可能引起的麻烦，这就是长期以来的行业自律所形成的共识。

与此同时，游戏分级制度在不同州和地方具体实施力度不同，但整体而言，游戏分级制度的实施是比较严格的。如为了落实游戏分级，在旧金山实行了新的议案："要求游戏业者、店家等强制执行游戏分级制度，如果违反将触犯加州刑法 313 条的'对未成年儿童提供有害内容'的法令，最高将处一年以上的徒刑并罚款 2 000 美元"。他们希望能够用重罚让大家落实游戏分级制度。另外，"为了让未成年儿童不能买到 18 禁游戏，他们还立法强制要求游戏店家必须把 18 禁游戏摆放在高度 1.5 公尺以上，并且不是未成年儿童能够接触到的位置，希望能让未成年儿童无法接触、购买到这类暴力色情游戏"。

4. 立法规制与行业自律政策相结合，保护未成年人隐私权

在隐私保护方面，立法规制与行业自律政策相结合以保护未成年人的隐私权。1998 年，美国通过了《儿童在线隐私保护法案》，

要求有确定信息表明是在与 13 岁以下儿童打交道，或旨在收集儿童信息的商业在线内容提供，在收集、存档、使用或转卖与某一儿童相关的任何个人信息之前，要取得该儿童父母的可证实同意。这是美国进入网络时代出台的有关隐私保护的联邦法律，其目的是使商业网站难以在家长不知情和不同意的情况下，直接从儿童处收集私人信息。该法由美国联邦贸易委员会（FTC）负责制定，联邦贸易委员会建议网站要求儿童网民提供其父母的信用卡号来证明他们上网是征得了其父母的同意，除了信用卡以外，还建议网站开通免费电话和电子邮件系统供父母对孩子的上网进行确认。

《儿童在线隐私保护法案》确立了有限收集原则、收集信息时的公开原则和父母"可资证实的同意"原则。有限收集原则禁止在儿童参与并以披露个人资料为前提条件，又以提供奖金或者其他条件进行诱惑时，收集超出参与活动合理需要的个人数据。公示原则要求任何从儿童那里收集信息的网站运营商或者针对儿童的在线服务商，在网站上张贴公告，告知运营商从儿童那里收集什么信息，如何使用这些信息，是否披露及如何披露这些信息。父母"可资证实的同意"原则要求网站在向 13 岁以下儿童询问个人信息时，必须先征得其家长同意。但是，向儿童收集在线联系方式信息，仅仅是为了取得父母亲同意；而收集父母亲或儿童的姓名或在线联系方式信息、专为回复儿童的特定要求而从儿童处收集在线联系方式信息等，则不需要得到儿童的父母亲的同意。网站违反这些法律规定，联邦贸易委员会将对其罚款。

但是这部被称为"传播内容净化法第二"的《儿童在线隐私保护法案》由于违反"宪法第一修正案"所保护的言论自由，被美国联邦最高法院于 2007 年做出裁决，认定该法案违宪。为了最大化地实现预期的目的，联邦贸易委员会提出了将行业自律政策与立法规范相结合的保护儿童网络隐私权的模式，即业界可依其需要及属性制定保护儿童隐私的自律规范，该规范经联邦贸易委员会批准后即成为安全港。有关的网络服务商只要遵守该规范就被认为遵守了有关要求，可以免责。

安全港模式是针对美国儿童网上隐私保护所创设的制度。该制度目前仅适用于儿童网上隐私的保护，不适用于一般用户的网上隐私保护，它是一种将行业自律和立法规制相结合的新型模式。安全港提议规定了父母同意和告知的义务，即网站要发布有关儿童的资料，必须事先告知儿童的父母，并得到他们的同意，这样使网上儿童个人隐私保护更为严密、系统。

5. 政府敦促家长关心孩子的网上安全问题并给予指导

在积极指导方面，美国联邦调查局、教育部等有关部门发布指导手册，内容包括家长如何追寻孩子收到网上不法分子诱惑的蛛丝马迹，如何向有关执法部门报告等细则。政府还提供相关网址及开设网上专页和长话专线，发布有关网上儿童色情活动的最新信息，让家长提高警觉。为了保障未成年人健康上网，通过安全的途径在网上学习和娱乐，美国联邦政府专门开办了一个网站，域名为KIDS. US。用美国前总统布什的话说，这个网站"功能有如图书馆的儿童部，是家长可以放心让孩子学习、徜徉和探索的地方"。其所有网页内容均受到有关部门的核查：不含任何色情内容；不开设聊天室和及时电邮服务；不链接任何儿童不宜访问的网页等。

二、欧盟净化未成年人网络环境的实践经验

欧盟采取了立法规制加行业自律的保护模式，先后出台了《保

护未成年人和人权尊严建议》（1998）、《儿童色情框架决定》
（2004）等法令，构建欧盟未成年人网络保护的管理框架。从制度
层面，欧盟通过分阶段持续开展的网络安全计划、市民热线体系、
游戏分级制度等对未成年人上网内容进行管理，促进产业的健康
发展。

1. 欧盟层面出台网络安全计划，提高未成年人对网络的认知

在顶层设计层面，欧盟委员会通过互联网行动计划，对旨在使
分级和过滤系统更为有效的工作进行投资。欧盟从 1999 年开始实
施第一个网络安全计划，耗资 3 800 万欧元。2005 年，欧盟开始实
施第二个网络安全计划，出资 4 500 万欧元。2009 年，欧盟开始实
施第三个网络安全计划，出资 5 500 万欧元，在以往网络安全计划
的基础上增加了新的内容，包括：提高儿童、家长和教师对网络的
认识，支持网站为他们提供安全上网的咨询服务；各成员国设立网
络举报中心，以便公众举报网上非法和有害的内容和行为，特别是
对儿童性虐待和欺凌的内容和行为。新网络安全计划还鼓励未成年
人采取自我管理措施，参与创造一个更安全的网络环境的活动，同
时打算在欧盟范围内组织研究人员，建立一个研究网络技术和其他
新技术风险的知识基地，确保未成年人安全地使用这些技术。

2. 构建欧盟层面的市民热线体系，打击网络非法内容

在内容管理方面，建立市民热线，打击非法内容。欧盟在打击
未成年人网络遇到的非法内容方面的主要措施是建立市民热线。公
众通过热线举报非法内容，然后由热线网络将相关信息报告给各主
管部门。市民热线还通过构建专家中心，就何为非法内容等问题向
网络服务提供者（ISP）提供指导。现有的热线网络得到了欧盟的
大力支持，并取得了显著成效。针对如何评估热线网络的成效问

题，欧盟要求逐步建立健全指标体系，收集有关数据，如：成员国节点数、空间覆盖率、接受的报告数、热点工作人员数据、向 ISP 和主管部门提交的报告数量等。

同时，欧盟要求各国加快建立热线并融合到现有的热线网络中，实现资源数据的共享。各国都应把热线的建设融入到国家战略计划中，对其提供资金支持，并区分热线与公共部门的职能。此外，为确保热线发挥最大效能，欧盟将在每一个成员国和候选国中选取一个提高公众安全意识的节点组织或团体。节点组织的职责包括：负责告知居民有关过滤软件、市民热线及自律框架的有关信息；在充分借鉴别国先进经验的基础上，通过适当的渠道开展提高意识等活动；为选拔节点组织提供专业和技术指导等。通过指派网络节点，将促进欧盟范围内相关标准和指针出台，形成一套工作方法和实践，解决各国法律热线使用的限制。此外，在对付垃圾信息的举措方面，欧盟通过立法建议的形式提出，可以通过电子邮件等多种方式建立投诉机制，并要求成员国就投诉机制的问题开展跨国合作等。

3. 实行欧洲范围内的游戏分级制度

在网络过度使用和游戏方面，实行泛欧洲游戏信息组织（PE-GI）制度。

除德国外，欧盟成员国在电子游戏方面的未成年人保护领域均实行 PEGI 制度。PEGI 数据库包含了自 2003 年 1 月 3 日开始运行的 PEGI 等级制度下分类的所有游戏。PEGI 制度是由欧洲互动软件联合会（ISFE）制定的欧洲现行的游戏分级制度。但由于各个国家的情况不同，PEGI 分级在大多数国家中只具有参考性，不具备法律效力，部分欧洲国家有自己的分级标准。PEGI 等级标识分为年龄类别和内容类型两部分。年龄分为 3＋、7＋、12＋、16＋、18＋共 5 个类别。内容描述共有 8 类，分别为粗话、歧视、药品、恐怖、赌博、性和暴力以及在线游戏。这些内容类别会标示在游戏包装的背面，通过这些内容标识，家长们可以更好地为孩子选择适合其年龄的游戏。PEGI 是自律性质的，销售一款被 PEGl 分级的游戏给不适龄对象的行为并不算违法，但 PEGI 在欧洲适用效果很好。PEGI 整个分级系统建立在由互动软件发行商签署制定的《欧洲互动软件行业关于互动软件产品年龄分级、广告与销售行为规范》的基础之上。

4. 设立在线教育平台防止过度使用，行业自律规则及时跟进

欧盟还创设"网络素养"在线教育网络平台，防控网络过度使用。网络平台为青少年、父母、教师等提供各种免费学习资料，同时启动"网络安全项目"，资助与网络素养教育相关的调查研究课题和实际运用项目，以帮助青少年培养对有害网络内容的分辨能力，提高对非法网络行为的警觉，练就自我保护能力。

在行业自律方面，设立自律原则。欧盟建议社交网站执行旨在保护未成年人的《欧盟加强社交网络安全原则》（无法律约束力），获英国 Bebo 网、法国 Dailymotion、比利时 Netlog、美国 Facebook 与 MySpace 等 17 家主要网站的支持。该原则要求社交网络服务提供者遵守 7 条原则：1）向儿童和青年用户、父母、教师提供安全、负责任地使用社交网络的信息和政策；2）确保服务与用户年龄相适应，明确何时其服务不适合儿童和青年，何地使用最低注册年龄，并采取措施识别并禁止低于规定年龄的用户使用服务；3）赋予用户使用工具和技术的权利，采取措施确保 18 岁以下用户的私人信息无法通过搜索引擎或者网站获取；4）建立方便实用的举报机制，以便儿童和青年用户随时举报违反服务协议的行为或内容；5）对违法内容或行为的举报做出回应，快速审查并删除违法内容；6）提供个人信息和隐私安全设置选择，使儿童和青年能够运用并鼓励其运用安全的个人信息和隐私保护方法；7）评估服务对儿童和青年的潜在风险，确定审查非法内容、行为的适当程序。

三、英国为未成年人营造良好网络环境的努力

英国从国家层面建立了多维度的针对未成年人的上网管理制度。在管理机制方面，英国建立了政府主导、合作监管和行业自律等多种机制保护未成年人的上网安全，确保网络上接触的内容不会损害未成年人的身心健康。

1. 构建政府主导、合作监管和行业自律相结合的监管机制

（1）由英国政府主导的机制——未成年人剥削和在线保护中心（CEOP）于 2006 年成立。CEOP 当前是英国国家犯罪局下的一个机构，其主要作用是与国内、国际各类相关机构合作，将参与在线违法内容的制作、分销和观看的儿童性犯罪者送上法庭。

（2）政府与行业联合监管机制——英国未成年人互联网安全理事会（UKCCIS）。2008 年在英国政府推动下成立了 UKCCIS，它由超过 200 个政府部门、行业组织、执法机构、学术组织以及慈善组织构成，其作用是通过合作来保护未成年人安全上网，它整合了互联网安全研究、协商、发布行业行为规范、为用户提供建议等功能。

（3）自律机制——互联网监视基金会（IWF）。1996 年，在政府倡导下由英国网络中介服务提供商自发成立了互联网监视基金会，当前该组织已经有超过 120 个成员。一是英国根据《R3 安全

网络协议》成立自律机构互联网监视基金会。IWF 通过与网络行业协会、执法机构、政府部门和国际伙伴合作，使网上的非法信息存量最小化，尤其致力于网上儿童色情问题的解决。其任务具体包括：打击世界各地的儿童性虐信息，保护性虐受害儿童免受重复的伤害和被公众识别，防止网络用户无意中浏览儿童性虐信息，删除英国境内的可入罪的成人淫秽信息和非照片性质的儿童性虐信息。二是 IWF 通过下列措施打击网络淫秽色情信息：设立热线受理公众对网络儿童色情或其他非法内容的举报或投诉；通知英国网络服务商删除有关非法内容（通知-删除模式）；通过定向评估和监视系统移除新闻组的儿童性虐信息；对于经通知未删除的境外儿童性虐信息要求运营商断开信息连接；对分销儿童性虐信息的网站域名予以撤销登记。三是 IWF 设立内容分级和过滤系统，让用户能阻拦或预先警戒令人厌恶的内容，鼓励用户自行选择需要的网络内容。除法律明文禁止的儿童色情内容以外，对于成人色情、种族主义言论等内容，IWF 主张通过内容分类标注技术，让用户自行决定是否要浏览该内容。

2. 通过分散立法模式对未成年人上网进行保护

立法方面，英国并未设立专门的关于未成年人上网保护的法律，主要散见于《1978 年青少年保护法》、《黄色出版物法》、《录像制品法》、《禁止滥用电脑法》、《2003 年性侵犯法》和《刑事司法与公正秩序修正法》等多部法律当中。其中，《1978 年未成年人保护法》规定，拍摄、制作、分销、展示或拥有一张年龄不足 18 岁的未成年人的不雅图像或虚假图像是违法的。2000 年，在 RvBowden 案中，确立了从互联网下载儿童图像违反该法。其中，图像包括电影、录像、照片或其拷贝，以及可能被转化为图像的计算机数据等。《黄色出版物法》规定，发布任何可能导致阅读、看到、听到的人堕落变坏的内容的行为构成犯罪，包括极端性行为。《录像制品法》规定，向一定年龄限制以下的未成年人销售、出租或观看电影或销售、出租视频游戏是违法的。

3. 建立网上过滤系统对未成年人上网内容进行管理

在内容监管方面，英国对于未成年人上网的内容和个人信息保护方面的具体措施多是通过政府命令、行业自律规则、用户教育等方式来达到互联网管理和保护未成年人的目的。

在网络内容监管方面，通过过滤制度对未成年上网内容进行管理。从英国的实践来看，目前仍然是互联网服务提供商自愿提供过滤。从 2013 年 12 月开始，英国主流网络服务提供商均已同意，把自动屏蔽色情网页作为所有新用户的默认设置，用户可选择是否关闭该模式。对于现有用户，网络服务提供商会通知他们决定是否增设成人内容过滤器。如果用户不作选择，网络公司将自动激活这个过滤器。一旦安装，用户再要关闭，须提出申请。此外，运营商推出父母监视子女手机系统，英国政府建立了专门网站公示儿童色情网页，英国警方建立包含有相关儿童色情图片的专门数据库，并用于追踪、打击网络色情犯罪活动。

从政府命令发布角度来看，政府要求 ISP 为家庭用户安装内容过滤系统。2013 年 7 月，英国首相卡梅伦发布讲话，要求 ISP 在2013 年年底之前给所有家庭用户（包括新用户和现存用户）都安装默认的色情内容过滤系统以保护青少年，用户也可以自行选择将其关闭。尽管这一要求迄今并无明确的法律依据，但是从 2013 年开始，四家主要的 ISP（BT、TalkTalk、Virgin Media 和 Sky）已经开始对新用户启用默认过滤系统。

4. 行业中各企业积极行动，发挥自律作用

2004 年，在英国通信管制机构 Ofcom 发布《手机新型内容自律规范》后，英国移动运营商开始对互联网内容实施过滤。当前，所有主要的英国移动运营商都已经自愿实施默认内容过滤系统，对手机网站内容进行分级标注，标明哪些内容不适合年龄在 18 岁以下的青少年观看，并采用技术手段过滤那些不适合青少年观看的内容。用户要观看不适合 18 岁以下未成年观看的内容，只有通过验证程序证明自己年满 18 岁，才能获取受限内容的访问权。可能被封堵的内容包括：性暴露、聊天、犯罪技巧、吸毒、酒精和吸烟、赌博、黑客、仇恨、暴力、武器及个人约会。

在固定互联网内容管理方面，2011 年，UKCCIS 发布了由 BT、TalkTalk、Virgin Media 和 Sky 四家固网 ISP 联合签署的《关于加强父母控制的行业规范》。四家 ISP 承诺，将合作开发新技术使得未成年人父母可有效对其子女能够访问的内容进行控制，并且承诺将采取措施提高未成年人父母对控制措施的认知程度。在该自律机制的影响下，到 2013 年，已经有 45% 的家庭部署了互联网过滤系统。

5. 政府为未成年人及其父母提供合理的上网指引

2012 年 2 月，英国未成年人互联网安全理事会发布《未成年人互联网安全建议 1.0：提供商通用指南》供未成年人及其父母参考。该指南由 40 多个来自政府和管制机构、行业及学术组织的组织制定，分别针对未成年上网可能面临的隐私、与陌生人通信、性图片、有害内容、网络欺凌以及诈骗等风险，针对聊天、共享、游戏、内容提供、购物几种业务类型，分别给未成年人及其父母提供减少风险的建议。

四、日本未成年人网络保护实践

针对未成年人网络保护领域的相关问题，日本搭建了内容较为全面的制度框架，将法律法规、行业自律与企业内部约束相结合，创造健康、有序的生态环境。在立法层面，日本与未成年人网络保护相关的最主要立法是 2009 年 4 月 1 日颁布实施的《加强青少年网络环境安全法》。该法正文共 31 条，附则 5 条，由日本内阁总理、总务大臣和经济产业大臣联署颁布，对国家和地方公共团体、行业管理协会、电信服务商、过滤软件开发商、网络内容服务商、民间团体和未成年人监护人等在保障青少年安全安心上网方面的义务做出了详细规定。其中，最主要是规定了青少年对不良信息的防范与过滤，要求推广和不断升级过滤软件，保障青少年的上网安全。另外，《青少年网络规范法》《交友类网站限制法》等也对未成年人网络保护相关内容做出规定。

1. 建立多方合作的不良信息过滤机制，强化内容管理

日本建立了政府部门、企业、行业自律、家庭全方位参与不良信息过滤的体系。

第一，在政府机构设置上，《加强青少年网络环境安全法》要求，"在内阁府设置青少年不良网络信息对策及环境整顿促进会"，作为推动青少年安全安心上网的主管机构，负责制定"保证青少年能够安全安心上网的基本计划"，其中包括针对提高不良信息过滤软件性能及普及率的相关对策。

第二，政府采取措施积极推动有害信息过滤的落实。2004年，日本政府通过专项资金委托日本互联网协会研发手机有害信息过滤系统数据库。2007 年 12 月，日本总务省发出通知，要求移动通信运营商在向未成年人提供服务时，原则上都要安装有害信息过滤软件，对不愿安装者，必须得到监护人同意才能出售。日本总务省还与 NEC 共同开发过滤系统，防堵有关犯罪、色情与暴力的网站，并研究类似于美国 V-chips 晶片的"聪明晶片"开发，希望借此在电脑连接外网络时，自动防堵青少年儿童接触不适宜的内容。另外，2009 年 3 月，日本内阁府、警察厅、总务省、文部科学省、经济产业省等政府部门共同发起"官民携手，普及手机过滤软件"活动，各大电器商场和多个民间组织也积极加入到普及手机过滤软件的活动中，在一定程度上促进了民众对过滤软件的认知。

第三，从企业管理措施上，自《加强青少年网络环境安全法》实施以来，相关企业纷纷推出针对未成年人的上网安全套餐，如"手机限制访问"措施：如果手机上安装了过滤软件，就会在晚上 10 点至次日早上 6 点之间自动中断上网功能。如移动运营商 NTT DOCOMO 公司推出手机上网连接受限服务条款，自动为未成年人提供上网过滤服务。除安装过滤软件外，还可以设置每天上网时间和访问网页次数的上限，以防止未成年人沉迷手机网络。此外，日本三大通信运营商已在其运营的手机系统中内置了家长管理软件，用来过滤有害信息。同时，电信企业还先后推出了儿童专用手机，这种手机删除了网页浏览和短信功能，仅能和通讯录中预存的号码通话，还配备了 GPS 定位系统和报警器，受到家长的广泛好评。

第四，在家庭方面，家长作为监护人，必须懂得如何使用过滤软件过滤儿童不宜的内容，并和孩子保持良好的沟通交流。

第五，在民间自律方面，《加强青少年网络环境安全法》还支持民间组织成立"促进过滤机构"，对不良信息过滤软件和过滤服务进行调查研究，对过滤软件和过滤服务进行普及和推广，推进过滤软件的技术开发，并要求国家及地方公共团体尽可能向从事相关事业的民间团体或企业提供必要的援助。

2. 以立法形式加强对不良信息发布的限制和惩处

日本 2008 年 6 月通过的《青少年网络规范法》，明确将"诱使犯罪或自杀"、"显著刺激性欲"和"显著包含残忍内容"这三种信息划归"有害信息"范畴，并要求通信商和网络服务商就这些信息设置未成年人浏览限制。

同时，日本 2003 年出台的《交友类网站限制法》，规定利用交友类网站发布"希望援助交际"（实质是"卖春"的援助交际）类的信息，可判处 100 万日元以下罚款。交友类网站在做广告时要明示禁止儿童利用，网站也有义务传达儿童不得使用的信息，并采取措施确认使用者不是儿童。

此外，日本政府加大对有害信息发布行为的惩处。2008 年 2 月，设立针对互联网和手机有害信息的"违法有害信息咨询中心"和"互联网热线中心"，接受违法有害信息举报。相关数据显示，仅 2009 年 9 月，"互联网热线中心"就接到 1.2 万件各种违法有害信息的举报，并分别对相应案件进行了删除有害内容、屏蔽网站、移交警方等处理。同时，日本各级警察部门也公布了举报电话，并同步实施"网络巡逻"。警局职员在受警方委托的团体协助下，监控网站及论坛上危害未成年人的不良信息，一经发现，警方可要求网络服务供应商或论坛管理者立即予以删除。

3. 在网络游戏管理方面实行分级管理

2004 年 4 月成立的网络共同体特别委员会负责日本网络游戏产业的行业自律和分级审查。同时，日本计算机供应商协会派生出的相对独立的电脑娱乐评价机构（Computer Entertainment Rating Organization，CERO），也对作品进行审查。目前所有在日本地区发行的电视游戏和 PC 平台游戏都受 CERO 分级制度的规范。

旧的 CERO 分级策略分为四个级别，在 2006 年 5 月 30 日，新分级制度扩充为五种，以 A、B、C、D、Z 五个英文字母区分不同的级别（Z：仅限 18 岁以上对象，D：17 岁以上对象，C：15 岁以上对象，B：12 岁以上对象，A：全年龄对象），这五个级别以五种底色表示在游戏封面左下角与侧边下缘。同时在游戏包装的背面标示了游戏取向。在"内容描述"中，针对游戏所包含的特定内容做进一步说明，包括恋爱、性、暴力、恐怖、饮酒、抽烟、赌博、犯罪、毒品、言语与其他 11 个大项，22 个小项。

青少年玩网络游戏过程中，容易被不良网络游戏中的色情、低俗、暴力内容误导，走上犯罪道路，日本的这一分级制度，可以较为有效地防止青少年犯罪发生。

4. 规定企业在未成年人网络保护的具体责任

提供移动电话互联网连接服务的企业，在签署开通上网服务契约过程中，发现签约方和电话使用者是青少年时，必须以使用未成年人有害信息过滤软件为条件，才可提供服务。不过，如果青少年的保护人向企业申请提出不需要使用青少年有害信息过滤服务时，则不在此项规定的范围之内。

制造具有连接互联网功能的机器的企业，在制造青少年可以使用的并具有连接互联网性能机器的时候，应在采取措施编入青少年有害信息过滤软件的同时，也采用某种办法来减轻青少年有害信息过滤软件和过滤服务的使用难度，并且售卖此类机器。

负责开发以及提供青少年有害信息过滤软件的企业，在尽可能地减少对青少年有害信息的浏览量的前提下，也要考虑不进行过分的限制，因此要考虑到以下事项：根据青少年的发展阶段和使用者的选择，尽可能详细地设定需要限制浏览的信息；在进行浏览限制的同时，针对没有必要进行限制的信息，要尽可能地减少限制等。

特定服务器管理员在使用其管理的特定服务器时，在知晓了他人正在向互联网发送面向青少年的有害信息的情况下，必须采取相应措施，让青少年无法浏览相关信息。

五、韩国未成年人网络保护实践

总体上，韩国政府于 2005 年 10 月实行互联网实名制，即在网络上发帖、跟帖以及上传照片和动态影响时，需要确认居民身份证和本人真名，以纠正网络侵犯人权、诋毁名誉等不良行为猖獗。由于韩国手机在销售时必须有身份证明，网络管理部门在需要时可以通过与手机运营商合作，追查上网者的真实身份，对未成年者加强管理，提供保护。需要说明的是，2012 年 8 月，韩国宪法法院确认韩国实名制依据的部分法律条款违宪，就此，韩国有关上述发帖等与公告板相关的互联网实名制要求取消。

1. 专设单行法律规范净化青少年网络环境

韩国未成年网络立法模式是在普通法典之外，专设单行的《青少年保护法》。韩国在互联网立法上采用将现有法律和专门立法相结合的方式调节互联网服务的运营。政府通讯部长官有权命令电讯事业者不得经营淫秽物，政府通过信息通讯伦理委员会（ICEC）审议规制不健康信息，《电子通信商务法》将危险通信信息作为管制对象，并将管制权力委托信息通讯伦理委员会行使管理权限，ICEC 审查范围包括 BBS、聊天室以及其他侵害公众道德的公共领域中可能丧失国家主权以及可能伤害年轻人感情、价值判断能力等的有害信息。同时，《游戏产业振兴法》《预防及消除游戏成瘾对策》等法律和政策文件也做了相关规定。

2. 实施内容分级、信息过滤等手段保护未成年人网络权益

韩国法律要求互联网运营商根据内容分级系统——互联网内容筛选系统（PICS）对所有将要发布的信息进行内容分级。第一，政府要求含有未成年人不适宜浏览内容的网站必须按照 PICS 的标准设置醒目标志，互联网接入中心必须安装过滤系统，对国外的色情和暴力网站编制"黑名单"。第二，韩国互联网安全委员会开通了互联网内容排名服务，对网络内容设置了一个标准，鼓励网络用户传播信息时按照该标准将内容登记排名，同时用户也可以使用按照该标准建立的排名数据库，以免遭受网络有害信息的侵扰。第三，为了防止青少年接触成人信息，韩国要求网吧、学校、图书馆等公共上网场所安装过滤软件，限制色情或不适宜网站站点的连接。第四，韩国法律要求门户网站的检索技术在输入成人类的检索词时，必须自动启动成人认证程序。对于含有不适合青少年浏览内容的网站，则要求必须确认浏览者的身份和年龄，要求使用者在接入网页前填写准确的身份证号码和真实姓名。按照韩国《青少年保护法》的规定，已经被确认为含有不适宜未成年人浏览内容的网站必须运用"居民登记码"（IRN）技术确认网络用户的身份。

此外，对通过手机传播包括色情在内的有害信息，韩国采取了"堵"与"追"并重的手段。韩国法律规定，未经接收者同意，不得发送广告短信，这为从源头上打击旨在营利的非法短信发送提供了法律依据。此外，如收到垃圾或有害短信，接收者可向互联网振兴院举报，并由放送通信委员会提供给网络技术手段进行查处，最

高可处以 3 000 万韩元（约合 2.5 万美元）的行政处罚。

3. 采取多重措施加强网络游戏管理和网络沉迷应对

早在 2010 年，韩国就制定了《预防和消除网络游戏沉迷政策》。韩国文化体育观光部表示，为促进全社会形成健康的游戏文化氛围、保证游戏产业持续健康发展，该部针对占国内游戏产业 80% 以上的在线网络游戏制定了《预防和消除网络游戏沉迷政策》。根据该政策，政府将实施游戏使用时间限制、强化本人身份认证制度等措施，并制定相关法律来规范游戏运营商，以预防和消除人们对游戏的过度沉迷。其中，最引人注目的是韩国政府将实施游戏使用时间限制措施、强化本人身份认证制度和子女游戏时间管理制度。游戏使用时间限制措施包括引入"疲劳度系统"和"深夜时间关闭"措施。"疲劳度系统"主要针对那些玩网络游戏时间过长的人，一旦超过一定时间限制，该游戏的接入速度将减慢。"深夜时间关闭"措施是指午夜后网络游戏将拒绝青少年的访问。强化本人身份认证是为了避免青少年和他人盗用身份证接入游戏，该制度要求用户在登录游戏时，需要经持身份证者本人进行确认。子女游戏时间管理制度是指家长可以通过游戏网站确认子女加入了哪些游戏以及游戏使用时间，游戏运营商可以根据家长要求对子女的游戏时间段进行设定。

韩国对网络游戏内容实行按用户年龄分级管理制度。韩国《青少年保护法》第三章专章规定了"预防青少年网络游戏成瘾"相关内容。其第 25 条规定，网络游戏使用人应获得亲权人同意，即游戏（下称"网络游戏"）的提供人在未满 16 岁的青少年欲加入会员时应当得到亲权人的同意。第 26 条规定了网络游戏提供人的告知义务，即网络游戏提供人应向未满 16 岁申请加入会员的青少年亲权人告知有关该青少年的下列各项事宜：

（1）提供的网络游戏的特征、等级（指《游戏产业振兴法》第21条的游戏等级）收费政策等基本事项。

（2）网络游戏利用时间。

（3）网络游戏使用费结算信息。

第27条规定了深夜期间提供网络游戏的时间限制，要求：

（1）0点至6点，网络游戏提供人不得向未满16岁的青少年提供网络游戏。

（2）女性家族部长官与文化体育观光部长官协商后，应当按照总统令的规定每年两次对第1项的深夜期间提供网络游戏的时间限制对象之游戏范围进行评价，并做出改善等措施。

（3）第2项的评价方法及程序所需事项按照《游戏产业振兴法》的规定处理。

第28条规定了对网络游戏成瘾被害青少年的支援，女性家族部长官与有关中央行政机构长官协商后可以支持因网络游戏成瘾（指过度使用网络游戏使网络游戏使用人受到难以恢复日常生活的身体、精神、社会能力的损伤的状态）等媒介物的误用、滥用受到身体、精神、社会能力损伤的青少年的预防、咨询、治疗、康复等服务。

韩国还成立了"网络中毒咨询中心"应对网络成瘾。网瘾防治的费用由政府负担，以中学教师与父母为对象，开设网络成瘾预防讲座，指导他们如何协助青少年养成正确的网络使用习惯；对个人及家庭提供网络成瘾咨询，并且对有网络成瘾症状的学生进行集体辅导。目前，韩国资讯通讯部已在全国开办了140多个心理咨询中心。

六、德国未成年人网络保护实践

在世界范围内，德国是较早颁布网络成文法的国家，对青少年在线活动的法律保护探索较多，影响很大。在立法上，德国制定了《多媒体法》、《青少年保护法》和《阻碍网页登录法》等多项法律规范网络活动，以保护青少年的各项基本权利。

1. 通过立法寻求言论自由和未成年人保护之间的平衡

德国青少年的立法保护是建立在宪法保护的框架之下的，德国《基本法》第一条虽然规定任何人皆有以文字、书面及图片发表意见和不受限制地获取信息的权利，但是该法第一条第二款还规定，为保护青少年及个人名誉权利时可限制这种自由。据此，德国联邦和各州制定了一系列法律来限制淫秽色情、暴力、种族歧视等信息的传播，以保护青少年免受伤害。

德国通过《青少年保护法》和《广播电视与电信媒体中人格尊严保护及少年保护国家合同》两部法律，对大众传媒的内容和载体进行了规范。对于媒体传播内容的管理主要是通过两种途径：其一，州最高机关或者自愿独立审查组织在电影、电视和娱乐节目上标注适合儿童情况的标识，包括：不限制年龄开放、对6岁以上年龄开放、对12岁以上年龄开放、对16岁以上年龄开放、不得对少年开放；其二，成立联邦危害少年媒体检查署，负责管理和维护危害少年媒体的目录，将无道德，具有野蛮影响，引起暴力、犯罪和种族仇恨的媒体列入目录，按照A、B、C、D四类进行管理。

2. 出台多项法案加强对互联网内容的监管

《青少年保护法》规定：电脑游戏必须像电影和录像那样，根据其内容标明不同的年龄限制级别；如果电脑没有监控装置，网页商则必须有限制性措施的设计，以防止青少年进入色情网页。

《青少年保护法》也规定，网吧经营者不得向未成年人提供可能危害他们身心健康的游戏软件。对传播黄色信息的网吧或个人，德国法律将对其责任人进行处罚，最高可处以 15 年监禁。德国法律规定，只有年满 16 周岁者方可进入网吧上网，有些网吧甚至只接待 18 岁以上的顾客。周一至周五的早上 9 点至下午 3 点，中学生严禁出入网吧（因为这是学生上课时间）。为防止网络有害信息传播，德国政府规定所有网吧的电脑必须设置有过滤和监控黄色有害网站的系统，如顾客输入德国政府"黄色网站黑名单"里的地址，电脑立即会出现"警告"，指出这个网址"有害健康，禁止链接"。违反规定的责任人将被处以罚款，并受到指控。

目前，德国各类普通法中关于限制包括色情、极端的暴力和侵犯知识产权内容在内的条款均适用于国际互联网。向 18 岁以下的青少年提供色情、暴力和种族歧视内容的材料可能被视为刑事犯罪，但父母和子女间涉及这些内容的通信不在此列。通过电子媒介出版、发行和订阅含有鼓吹纳粹国家主义和种族仇恨的言论都属于刑事犯罪而被严格禁止。德国《刑法典》第 184 条明文规定，向青少年传播色情信息的将被处罚款或者 3 年以下有期徒刑。传播或有组织传播儿童色情信息的，将被处以最高 10 年有期徒刑。

2009 年，德国政府还出台了一部反儿童色情法案《阻碍网页登录法》。根据此法案，联邦刑警局将建立封锁网站列表并每日更新，互联网服务供应商将根据这一列表，封锁相关的儿童色情网页。该法案已经获得德国联邦议院和联邦参议院的批准。

不仅如此，德国政府还在制定新的打击互联网儿童色情犯罪法案，政府将在所有法律草案基础上集中致力于删除网上儿童色情网页，并最终出台一部以"删除"为重点的反儿童色情法。针对手机上网问题，2003 年，德国通过了《联邦反垃圾邮件法案》，该法案应用范围包括手机通信领域，规定向用户推销商品和服务的广告短信，必须征得用户的书面同意，否则将被处以罚款。德国政府还成立了"联邦手机短信处理中心"，来管理违反该法案的非法者。

3. 明确未成年人网络保护中的各方主体责任

在联邦层面，1997 年，德国制定通过了有名的《多媒体法》（又称《关于信息和通信服务的一般条件的法案》）。该法对国际互联网的规制提出了新的方法，明确规定了互联网内容提供方、互联网服务提供方和网络搜索服务提供方的法律责任。《多媒体法》扩大了《刑法》中"出版物"的概念，明确规定"出版物"包括电子的、视觉的或其他类型的数据存储介质，着重限制包含猥亵、色情、恶意言论、谣言、种族主义的言论，尤其禁止与纳粹相关的思想言论与图片在互联网上传播。在保护青少年的问题上，该法修订了旨在寻求言论自由和保护未成年人权益之间平衡的现有法律。根据《多媒体法》，信息提供者有义务在德国境内不向儿童传播已列入名单的、只可向成人开放的出版物。信息提供者应采取必要的技术措施，限制特定出版物的传播，违反者将受到处罚。德国危害儿童出版物检查署负责列出对青少年构成危害的出版物的名单。信息提供者还应当在其机构内部或外界管理机构指定"年轻人保护官"作为监督员，与公众配合，保证儿童接触不到不适宜的出版物。

2003 年，德国联邦制定了新版的《青少年保护法》，替代了1985 年出台的《散布不良内容残害青少年法》，适用范围同样扩展到了广播电视和网络媒体领域。新版的《青少年保护法》明确规定儿童为 14 岁以下者，青少年为 14 岁至 18 岁之间者。《青少年保护法》规定，在联邦政府层面，成立直属于联邦家庭、老年、女性和青少年部的"危害青少年媒体检查署"（BPJM），对儿童及青少年教育和发展有严重影响的信息内容进行管制。该法第 19 条规定，"危害青少年媒体检查署"由主管机关、协会组织、社会团体等各界代表组成，并通过讨论来确认是否有将某类内容进一步列入危害青少年出版物品名单的必要。

与之类似，《危害青少年传播出版法》规定，网络服务提供者在所提供的信息中，如果有可能包含危害青少年身心健康的内容，或者要"义务接受政府委派的特派员对其进行义务指导和咨询，参与其服务计划的制定以及制定特定服务的条件限制"，或者要"以严格自律机制履行保护青少年的任务"，两者任选其一，否则将被视为"违犯了行政法规，为此承担法律责任"。

第四节　我国未成年人网络保护现状及问题

我国青少年网民总数已经达到了 2.77 亿，其中 18 周岁以下的未成年网民超过一半①。这些被称为"网络原住民"的 90 后、00 后乃至 10 后中的许多人一出生就开始接触网络。随着移动互联网的发展，我国未成年人互联网普及率不断提高，触网年龄越来越低，上网时间普遍较长，网络游戏类应用使用突出。然而，由于心智和自制能力相对薄弱，面对复杂而充满诱惑的网络世界时，未成年人易迷失方向，同时也易受到来自网络世界的伤害。

---

①　中国互联网络信息中心 . 2014 年中国青少年上网行为调查研究，2015.

一、我国未成年人网络保护现状

我国对未成年人的网络保护主要采取立法和政策相结合的模式。目前，我国并没有专门的未成年人网络保护立法，相关规定散见于相关法律、法规、部门规章及规范性文件中。总结梳理我国现有的法律和政策规定发现，这些规定主要以维护网络安全为主要目的，多从场所、内容和游戏等方面对未成年人网络活动进行保护和监管。

1. 关于网络场所的规定

我国现有未成年人网络保护立法中对互联网上网服务营业场所管理的规定相对比较丰富，既有专门条例和管理办法，也在综合法律中做了规定。

《未成年保护法》一方面鼓励中小学校和社区开设适宜未成年人的健康网吧（第三十一条），另一方面禁止在中小学周边设置营业性网吧（第三十六条第一款）。国务院制定的《互联网上网服务营业场所管理条例》则进一步将中小学周围设立互联网上网服务营业场的距离明确界定为 200 米范围之外（第九条）。

《预防未成年人犯罪法》规定，营业性电子游戏场所在国家法定节假日外，不得允许未成年人进入，并应当设置明显的未成年人禁止进入标志。对于难以判明是否已成年的，上述场所的工作人员可以要求其出示身份证件（第三十三条）。《互联网上网服务营业场所管理条例》则明确，互联网上网服务营业场所经营单位不得接纳未成年人进入营业场所，且应当在营业场所入口处的显著位置悬挂未成年人禁入标志（第二十一条）。2006 年的《娱乐场所管理条例》也有类似规定（第二十三条）。

同时，主管部门先后出台了政策措施加强对网吧等互联网营业场所的监管和治理。2006年3月，文化部等多部门联合发布了《关于进一步深化网吧管理工作的通知》，提出要加强行政执法，完善对网吧的日常管理工作，文化行政部门对网吧接纳未成年人行为要坚持严管重罚。2007年2月，多部门再次联合发布《关于进一步加强网吧及网络游戏管理工作的通知》，要求进一步加强网吧及网络游戏管理，规范网吧及网络游戏市场秩序，以创新的精神加强网络文化建设和管理。

总体来看，对网吧等互联网营业场所的监管一直是我国互联网管理的重点内容，也是保护未成年人上网安全的重要治理措施，而且各部门针对场所规定的政策性文件也相对比较丰富。

2. 关于网络内容的规定

互联网内容管理特别是"有害信息"的治理，是维护网络安全、促进网络健康发展的重要举措，同时也是对未成年人网络活动强有力的保护手段。目前，主要通过对有害内容做出禁止性规定的举措以及举报制度来保护未成年人免受违法不良内容的侵害。同时，相关部门也曾尝试采取安装过滤软件等措施拦截色情内容、过滤不良网站、控制上网时间[①]。

首先，法律法规对互联网传播有害内容做出了禁止性规定，加大了向未成年人传播有害内容严厉打击的力度。《未成年人保护法》第三十四条、《预防未成年人犯罪法》第三十一条，均禁止任何组

---

① 2009年5月19日，工业和信息化部下发了《关于计算机预装绿色上网过滤软件的通知》，要求7月1日之后在我国销售的所有个人电脑出厂时预装绿色上网过滤软件"绿坝——花季护航"，并定期报告计算机销售数量和软件安装数量。这款软件具备拦截色情内容、过滤不良网站、控制上网时间、查看上网记录等功能。工信部等部委使用中央财政资金买断其一年服务供全社会免费使用。

织、个人向未成年人出售、出租或者以其他方式传播或渲染淫秽、暴力、凶杀、恐怖、赌博等毒害未成年人的电子出版物以及网络信息等。《刑法》第三百六十四条规定，向未成年人传播含有淫秽内容的书刊、影片、音像、图片或者其他淫秽物品的，从重处罚。另外，《广告法》第四十条规定，在针对未成年人的大众传播媒介上不得发布不利于未成年人身心健康的网络游戏广告。《互联网出版暂行管理条例》第十八条规定，以未成年人为对象的互联网出版内容不得含有诱发未成年人模仿违反社会公德行为和违法犯罪行为的内容，以及恐怖、残酷等妨害未成年人身心健康的内容。而《互联网上网服务营业场所管理条例》第十四条、《互联网信息服务管理办法》第十五条、《娱乐场所管理条例》第十三条更为详细地列举了禁止性内容。

其次，我国于 2005 年 8 月建立了中国互联网违法和不良信息举报中心，加强监督管理。"举报中心"网站由中国互联网协会互联网新闻信息服务工作委员会主办。任何公民在网上发现违法和不良信息，只要登录举报中心网站，说明相关信息所在网站的名称和页面位置，提供举报人的必要联系方式，即可实施举报。被举报网站收到有效举报通知后，有责任及时处理举报；对不及时处理的，举报中心将在网站曝光，并通报国家有关执法部门依法处理①。

3. 对游戏的监管

对网络游戏的监管主要是为了防止未成年网络沉迷，相关精神体现在《未成年人保护法》第三十三条。具体法律法规及政策主要从游戏限制、时间限制、场所限制及其他限制四方面规范未成年人

---

① 中国互联网违法和不良信息举报中心. 互联网违法和不良信息举报奖励办法.

游戏行为。

2005年，文化部联合原信息产业部进一步发布《关于网络游戏发展和管理的若干意见》，要求网络游戏企业"对可能诱发网络游戏成瘾症的游戏规则进行技术改造，实行实名游戏制度，拒绝未成年人登录进入"。《网络游戏管理暂行办法》第十六条规定，网络游戏经营单位应当按照国家规定，采取技术措施，禁止未成年人接触不适宜的游戏或者游戏功能。

《网络游戏管理暂行办法》第十六条也规定要限制未成年人的游戏时间，预防未成年人沉迷网络。2007年4月，原新闻出版总署联合七部委共同颁布了《关于保护未成年人身心健康实施网络游戏防沉迷系统的通知》、《网络游戏防沉迷系统开发标准》和《网络游戏防沉迷系统实名认证方案》。该系统首次从控制玩家游戏时间、削减玩家在线游戏收益的方式来防止沉迷。2011年，原新闻出版总署联合七部委正式启动了网络游戏防沉迷实名验证工作。同年，文化部又联合七部委共同印发了《"网络游戏未成年人家长监护工程"实施方案》，家长可根据需要限制或完全禁止孩子每天或每周玩游戏的时间长度及时间段，从而制止或限制未成年人的不当游戏行为。

2007年2月，文化部联合十二部委发出《关于进一步加强网吧及网络游戏管理工作的通知》，针对青少年群体提出了相应的用网管理规定，如对接纳未成年人网吧严管重罚、规范学校内上网场所、查处未经其审批或备案的网络游戏网站、建设未成年人公益性上网场所、把预控网络成瘾纳入精神卫生工作范围、强化家庭学校教育监护责任等，以防止青少年沉迷网络游戏。

2009年，文化部联合商务部发布了《关于加强网络游戏虚拟货币管理工作的通知》，要求网络游戏虚拟货币交易服务企业不得为未成年人提供交易服务。

二、现有网络保护的不足

伴随着互联网的技术创新和相关产业的迅速发展，我国正在逐渐完善未成年人的网络安全的特殊保护。但总体而言，现有的相关规定及政策措施还存在法律依据不足、立法技术和保护手段落后、多头监管等问题。

1. 未成年网络保护法律依据不足

虽然我国现有涉及未成年人网络保护的法律法规已经具有了一定的数量和规模，并构成了较为系统的层级和体系。但实际上，我国关于未成年人网络保护的法律依据仍然处于供给不足的状态。首先是缺乏专门性的法律。除《未成年人保护法》外，在国家法律中还没有该问题的专项条款，更没有关于未成年人网络保护的专门法律，也没有一部能够协调各个法律法规中相关条文的规定。其次，现有法律依据权威性不足。有关我国未成年人网络安全的规定以效力较低的部门规章和其他规范性文件居多，在强制力上作用有限，调整范围相对狭窄。最后，现有的规定缺乏系统性。如互联网上网服务营业场所、网络游戏、网吧监管等问题，虽然在相关法律、法规中有所规定，但缺乏有效的法律责任追究体系。

2. 未成年人网络保护立法技术落后

当前我国互联网管理方面技术性立法主要是以计算机病毒防治为中心，但其实互联网内容传播也具有很强的技术性，而目前我国没有从法律层面对相应的技术支持做出规定，如没有规定分级制度。

在网络色情和网络暴力等信息治理上，很多国家设有信息分级制度，对未成年人和成年人区别对待。而我国并没有对成年人和未成年人可接受信息的标准进行区分，凡属色情、暴力、恐怖等不良信息，一律禁止发布、传播。这样一方面剥夺了成年人接受一些合理健康的信息的权利，另一方面也未能真正保护未成年人远离不良信息。另外，我国对游戏软件虽然实行审查管理制度，但还缺乏游戏产品评价标准和分级管理制度，缺少对暴力游戏概念的明确界定，因此造成网络游戏运营"一刀切"现象，导致一些内容不健康的暴力游戏盛行①。

3. 多头监管的问题突出

长期以来，条块分割的行政运作方式，严重地制约着我国政府在互联网管理权限和职能方面作用的发挥。目前，我国涉及网络信息的主管部门主要包括：中宣部、国家互联网信息办公室、工业和信息化部、文化和旅游部、公安部、广电总局、教育部、工商总局等多个部门。

多部门共同管理的体制虽然促进了互联网管理体制的完善，但也暴露了互联网多头监管的弊端。在实际执行时，一方面容易出现各部委权责不明，互相推诿或多重执法的情况；另一方面也加大了互联网服务经营者的负担。

4. 保护手段较为单一

从目前我国未成年人网络保护的手段来看，保护手段较为单一，各种保护和管理手段未能形成合力。在国家管制、市场主体自律、社会监督等各种手段中，目前过于偏重国家管制；而在国家管

---

① 莫洪宪，邓小俊．论加强未成年人网络保护立法．青年犯罪研究，2011（2）.

制的过程中，各种法律手段的综合适用明显不足，一般来说应当是民事、行政、刑事手段并重，但实际上对一些传播网络有害信息的违法行为主要追究行政责任、刑事责任已成为近年来网络执法的一个突出趋向①。

同时，在治理实践中过多采取"突击式""运动法"的方法，各种"专项行动"② 接踵而至。由于网络空间中事件多发，相关政府部门出于各方面的压力，首先考虑和选用的是高效的行政手段，以求在短时间内集中力量对专项问题进行治理。政府管制的手段形式可以短期内迅速处理一些突发事件和典型案例，达到应急的效果，但网络社会具有高度开放性和流动性的特征，新情况、新问题层出不穷，单一的政府管制手段也会顾此失彼。而且，由于行政手段自身具有的主动性、强制性等特点，在当前我国对于行政权的使用还缺乏全面规范的情况下，极容易导致其被过度使用。

第五节　未成年人网络保护的国际经验和启示

互联网以及基于互联网的产品和服务，已经成为人们的生产和生活中不可或缺的一部分，对儿童和未成年人亦是如此。正如《数字原住民》（*Born Digital：Understanding the first generation of digital natives*）一书提出的概念，今天的儿童和未成年人已经成为数字原住民，网络和数字媒体的使用与他们的成长息息相关。作为网络原住民，他们在以新的方式思考、互动、学习和社交，而他

---

① 张新宝，林钟千. 互联网有害信息的依法综合治理. 现代法学，2015，37（2）.
② 如"剑网专项行动""净网专项行动"等等。

们的父母以及政策制定者更多是数字移民（当然，数字原住民正陆续成为父母或者政策制定者），这一方面给传统的家庭教育和教养提出挑战，家庭教育和教养 2.0、数字教养等概念应运而生，对如何做好数字时代的数字父母提出新的要求；另一方面要求政策制定者转变思路，不仅保护未成年人上网安全，而且加强对未成年人各项权利尤其是文化权利的保护。归结起来，未成年人网络保护，需要国家、监管机构、企业、父母等社会各界共同参与，负担起各自的责任，才能为未成年人搭建健康的上网环境，促进网络对未成年人人生发展的积极影响。

在这方面，美国、英国、欧盟等国际社会通过立法、监管、自律、父母引导等多种措施加强未成年人网络保护，形成了较为成熟的模式，可资借鉴。

一、专门立法保护未成年人上网安全

在未成年人网络保护方面，美国、欧盟等很早就开始探索建立儿童网络保护法律制度，重点避免儿童接触到不适宜的网络内容，同时加强对儿童网络隐私的保护。

在美国，国会 1998 年就通过了《儿童在线保护法案》（CO-PA），旨在限制儿童访问互联网上对未成年人有害的内容，但该法从未生效，并在经过长达十年的诉讼之后，于 2009 年被禁。其实早在美国 1996 年通过的《通信行为端正法案》（CDA）中，反淫秽条款（Anti-Indecency Provisions）就将故意向未满 18 岁的未成年人发送（send）或者展示（display）淫秽内容的行为纳入犯罪，同时将明知对方是未满 18 岁的未成年人而向其传输淫秽内容的行为予以犯罪化，但在次年就被判侵犯言论自由。此后，借助《儿童在线隐私保护法案》（COPPA）以及《儿童互联网保护法案》（CIPA）等法规，美国建立起了相对完善的儿童网络保护法律制度。

欧盟采取了立法和行业自律的混合保护模式，先后出台了《保护未成年人和人权尊严建议》（1998）、《儿童色情框架决定》（2004）等法令。在欧盟关于未成年人网络保护的总基调之下，各个成员国出台了国内法，加强儿童网络保护法律体系的建设。

此外，其他国家如俄罗斯、日本等也制定了针对未成年人网络保护的专门法律。比如，俄罗斯于 2010 年通过，并于 2012 年修订了《保护青少年免受对其健康和发展有害的信息干扰法》。再比如，日本于 2009 年颁布了《加强青少年网络环境安全法》，日本的其他法律如《青少年网络规范法》和《交友类网站限制法》等也对未成年人网络保护做出了规定。韩国 1997 年制定了《青少年保护法》，并在之后进行了多次修订，不仅保障未成年人获取健康信息，而且限制青少年的深夜网络游戏行为。

二、多管齐下加强网络内容管理

欧美各国采取疏堵结合的措施，多管齐下加强互联网内容的管理，特别是对网络淫秽色情等有害信息加以规制。避免儿童接触"有害内容"（harmful material）是各国未成年人网络保护法律制度的共同目的，虽然国际社会在"有害内容"的界定上可能存在差异，但色情和淫秽内容是各国打击的重点。在网络内容治理上，各国一方面采取立法将有害信息排挤出网络世界，另一方面通过内容过滤和分级等措施阻止有害内容和不良信息对未成年人的传播。

一是严厉打击"有害信息"。比如，美国 1996 年制定的《通信行为端正法案》（CDA）旨在保护未成年人免受淫秽色情内容的侵害，将向不满 18 周岁的人展示淫秽色情内容的行为纳入犯罪，除非网站采取适当措施，只允许成年人访问。但这一条款最终因被美国联邦最高法院宣判违反言论自由而被废除。再比如，日本 2009 年通过的《加强青少年网络环境安全法》，明确将"诱使犯罪或自杀"、"显著刺激性欲"和"显著包含残忍内容"这三种信息划归"有害信息"范畴，并要求通信商和网络服务商就这些信息设置未成年人浏览限制。俄罗斯的《保护青少年免受对其健康和发展有害的信息干扰法》明确规定了对青少年健康和（或）发展有害的信息种类。韩国《青少年保护法》规定，门户网站和新闻类网站不得含有色情等青少年不宜接触的内容；不宜青少年浏览的网站，应注明"含有不良信息"，并有义务严格采取核实年龄和身份的措施。

二是内容过滤政策。美国 2000 年通过的《儿童互联网保护法案》（CIPA）确认了过滤方法的正当性，要求从幼儿园到 12 年级的学校和图书馆利用互联网过滤器以及其他措施保护儿童免于访问有害的网络内容，联邦政府为此提供资金支持。除美国之外，其他国家也纷纷采取了内容过滤政策。欧盟 1999 年通过的多年行动计划明确提出了采取技术措施来规范色情淫秽，鼓励从业者提供过滤工具和分级制度。对于淫秽色情内容，英国采取了年龄验证（Age Verification）手段。2004 年，在英国通信管制机构 Ofcom 发布《手机新型内容自律规范》后，英国移动运营商开始对互联网内容实施过滤，用户观看不适合 18 岁以下未成年人观看的内容的，只有通过年龄验证才能获得访问权限。英国 2017 年 4 月 27 日制定的

《数字经济法案（2017）》继续推行内容限制和年龄验证机制，要求含有色情内容的网站和 APP 采取年龄验证机制，并成立了一个新的监管部门，确保企业落实这一措施，并对违规的企业进行处罚，以阻止未成年人访问淫秽色情内容。其他国家如澳大利亚、芬兰、日本、韩国等都推出了类似的措施，包括内容过滤软件、家长控制工具等。

三是内容分级管理。内容分级制度不仅是网络过滤的依据，也是各国对网络内容进行规制的基础。通过互联网内容分级制度对含有淫秽色情等内容的信息进行分级分类来达到对其有效规制的目的；同时将内容分级作为网络经营者和使用者自主选择的规制手段，以在保障成年人言论自由和未成年人利益两者之间达到平衡。这一思路与现今应用成熟的电影分级制度相似，都是将决定权交由接受者选择。国际社会一般通过行业自律来进行内容分级，美国即是典型之一，如互联网内容评级协会（ICRA）。欧美国家的内容分级制度一个明显的特点就是它是以行业自律或者行业自治的方式运行的，将内容分级作为网络经营者和使用者自主选择的规制手段，以在保障成年人言论自由和未成年人利益两者之间达到平衡。

三、分级管理加强网络游戏监管

对网络游戏进行分级管理是美国、欧盟、日本等发达国家和地区保护未成年网络安全的重要措施。网络游戏产业作为文化创意产业的重要组成部分，对互联网产业的发展具有重大的作用。欧美等通过建立网络游戏分级制度，一方面规范和促进了网络游戏产业的发展，另一方面也加强了对未成年人的保护。目前世界上具有代表性的游戏分级体系有美国的娱乐软件分级委员会（ESRB）、欧洲的泛欧洲游戏信息组织（PEGI）和日本的电脑娱乐评价机构（CE-RO）。

游戏分级主要是一种行业自律行为，基于电影分级的良好经验，通过将游戏等级和适龄性相结合，用要素对游戏内容加以描述，并对分级后的网络游戏统一加印分级标识。在政府统一指导下，行业组织、社会组织、企业等联合起来有效推动分级制度的建立和完善，规范和促进网络游戏产业的发展，同时加强网上青少年保护。游戏分级制度已经得到国际社会的广泛认可，为多数国家所采纳。

四、关注儿童权利，避免以"保护的幌子"侵害儿童权益

国际社会普遍强调从未成年人个人权利本位的角度出发，贯彻"儿童最大利益原则"，不能以保护的名义侵害儿童权利。1989 年的《儿童权利公约》（Convention on the Rights of the Child）对儿童的人权予以特别保护。在美国，宪法第 14 修正案确立的平等保护条款同样适用于儿童，意味着儿童权利必须像成年人权利一样得到保护。在德国，《青少年保护法》第 1 条规定："每个年轻人都拥有促进其发展权利以及被培养成一个具有独立负责与合作能力的性格的人的权利。"此前，韩国青少年保护法修正案中有"网游宵禁"条款，强制禁止 16 岁以下未成年人在午夜 12 时至上午 6 时之间玩某些类型的游戏，这在韩国国内引发了巨大争议，认为侵害儿童的文化权利，引发了两起违宪诉讼；迫于各方面的压力，韩国政府已经开始考虑缓和该制度。总而言之，国际社会在儿童网络保护相关

立法中注重对儿童的人权的保护，已经是普遍的立法趋势。

五、通过行业组织加强父母引导，帮助父母向家庭 教养 2.0 转变

儿童交往场景日益从线下向线上转变，数字原住民早已成为现实。因此，父母对其子女的教养不能继续停留在线下模式，需要加强数字教养（digital parenting），向家庭教养 2.0 转变。在这方面，美国、欧盟等国家的行业组织发挥了重大作用。比如，美国的非营利机构家庭网上安全机构（Family Online Safety Institute）通过研究报告、父母指引、指南文件等多种方式帮助父母做好合格的数字家长（digital parents）。该机构提出了做好数字教养的七个步骤：

第一，与子女沟通。要心平气和，尽早沟通，经常沟通。要心态开放，有针对性。

第二，父母需要进行自我教育。对于不理解的事物要上网搜索，探索 APP、游戏和网站，探索关于如何做好数字教养的建议和资源。

第三，利用家长控制。在操作系统、搜索引擎和游戏中激活安全设置，利用子女手机、平板、游戏机上的家长控制工具，监测子女的网络使用行为及其屏幕使用时间。

第四，制定基本规则，并做出制裁。签署家庭安全协议，为孩子使用网络和科技产品设定时间和地点限制，必要时做出制裁。

第五，加好友并关注，但不要追踪。在社交媒体上添加子女为好友，尊重他们的网络空间，不要过度干预，鼓励女子培养良好的数字形象。

第六，探索、共享并庆祝。与女子一起上网，共同探索其网络

世界，善于利用新的沟通工具，向孩子学习并乐在其中。

第七，做好数字模范。父母要控制自己的不良上网习惯，知道何时该下线，向子女显示如何在网上协作和创造。

显然，在未成年人成长过程中，父母是最直接的管教者。只有父母能够做一个合格的数字家长，做好孩子的数字教养，才可能从源头上避免未成年人沉迷游戏等不良上网习惯。

六、兼顾利益平衡，明确各方职责

首先，保护未成年人上网安全是政府的重要职责，美国、英国等国家设立了未成年网络保护的专门机构，加强政府对未成年保护的指导，如英国的未成年人剥削和在线保护中心（CEOP）以及未成年人互联网安全理事会（UKCCIS）。

其次，"少干预，重自律"是当前国际互联网管理的一个共同思路。各国越来越承认国家管理的"有限性"，着重发挥国家的服务和协调职能。美国的网络行业组织日益发挥着重要作用，如美国电脑伦理协会制定了"十诫"，美国互联网保健基金会的网站规定了八条准则，各大论坛和聊天室有服务规则与管理条例等。欧盟建议社交网站执行旨在保护未成年人的《欧盟加强社交网络安全原则》（无法律约束力），获英国 Bebo 网、法国 Dailymotion、比利时 Netlog、美国 Facebook 与 MySpace 等 17 家主要网站的支持。

最后，重视发挥社会监督的力量，促进互联网市场的健康发展，是各国综合推进产业发展、规范市场秩序的一个较为明显的趋势。目前各国基本都有相关的投诉举报机制，并通过多渠道方便各领域用户使用，大大提高了工作效率。

七、对中国构建未成年人网络保护法律制度的启示

第一，转变管理思路，推动政府统筹指导下多方治理体系的完善。未成年网络保护是一项系统工程，过多的政府干预会压制网络开放、平等、创新的生命力。在文化领域应加强行业自律、企业自律以及公民自律，以自律的形式加强未成年人网络保护；但过多强调自律，又可能造成网络监管的放任和无序。未成年网络保护机制应当是国家主体、行业主体、市场主体以及社会主体协同共治的综合机制，各个主体权责明确，在依法治理的框架内行使自己的治理权限，平等互动、协同作用，共同为未成年人营造健康的上网环境，培养未成年人健康的网络使用习惯。

第二，通过资源分配、行业准入等方式完善上网场所管理。对未成年人上网仅靠禁止是不够的，在进一步加大对上网场所监管力度的同时，应该加强网络资源的分配，特别是加强中西部农村地区等网络资源的建设，充分利用校园网络资源为未成年人提供良好的上网环境。同时，在全国范围内，政府可以出资建设针对未成年人的公益性网吧，为未成年人营造一个安全可靠的上网环境。

第三，疏堵兼治，完善互联网内容的管理。采取内容过滤、警告、提示以及年龄验证等多种方式确保未成年人不会接触到有害内容，同时提供给家长或者父母有效的管理工具，发挥父母在未成年人保护上的重要作用。

第四，探索建立适合我国国情的行业自律性质的信息和游戏分级制度。一方面，建立信息分级制度，明确哪些是未成年人不宜接触或者对其有害的内容，并在展示不适宜未成年人的内容前进行提示、警告等，或者对限制性内容进行年龄验证；另一方面，探索建

立行业自律性质的游戏分级制度，可借鉴美国、欧盟和日本的做法，在政府指导下，由行业、企业、社会、家长等组成联盟，共同制定网络游戏分级标准，并委托其进行游戏分级。如美国的ESRB，建立政府指导下的由行业、企业、社会、家长等中专业人士组成的联盟，共同制定网络游戏分级标准，并委托其进行游戏分级。通过将游戏等级和适龄性相结合，并用要素对游戏内容加以描述，分级后的网络游戏统一加印分级标识。

第五，注重保护儿童权利，并以多种方式加强对父母的引导。儿童的成长和发展越来越离不开网络，因此在加强儿童上网安全的同时，也应当注重保护儿童的上网权利、文化权利等权利，使其可以自由发展人格，而非受到过度的限制。数字时代的家庭教育和教养必然不同于前互联网时代，一些父母当前并未意识到数字教养的重要性，或者不知道该如何做好数字父母，因此社会各界需要加强对父母的引导，以科学的方法做好数字家长，促进儿童健康发展。

第八章　游戏的发展与未来

　　基于游戏行业现状分析，未来游戏的发展将会呈现出以下突出特征：AI（人工智能）带来游戏的智能化革新，体现在 NPC 算法和游戏开发引擎上；AR/VR 技术与游戏的深度结合，体现在颠覆性的沉浸式游戏体验上；功能游戏崛起，游戏作为各行各业的助力工具，成为推动社会生产力进步的重要力量；电竞产业规模快速扩大，成为游戏行业的突出增长点。

第一节　游戏的智能化革新

　　育碧、EA、SONY 等大厂主导的人工智能游戏变革早已拉开帷幕。它们正全力从 AI 游戏引擎、神经网络开发、AI 操作系统等多方面探寻人工智能＋游戏的潜力。

　　一方面，运用神经网络和遗传算法等技术让复杂环境和交互规则制定变得可行。通过算法改进，针对不同玩家进行交互的反应而非脚本设定，玩家可以从各种突发事件和情境中寻找多种解决方案，这不同于传统游戏中刻板的线性任务流程，不仅节省了大量开发成本，还优化了游戏体验。

另一方面，一些针对游戏的加速引擎被制作出来，它们服务于游戏的画面渲染、数据处理、智能 NPC 制作，甚至能够根据内容自动生成游戏。游戏的乐趣不再局限于玩家与电脑的对抗，而扩展为玩家利用环境展开的 NPC 间的对抗，甚至可以采用物理和化学方法来达成目标，玩家可以开发更多精彩的方式来完成任务。一个如同真实世界的游戏空间被搭建起来。例如在《塞尔达传说·旷野之息》中，下雨天会让岩石变得难以攀爬，带有火焰的武器无法使用，偶尔的雷暴天气会随机劈死动物让玩家能捡点便宜。

总的来说，一场智能化游戏的革新已经开始。

一、机智 NPC：算法驱动下的交互创新

第一件事是要让 NPC 更聪明一点，目前这方面的 AI 解决方案主要有四种：有限状态机、蒙特卡洛决策（搜索）树、神经网络、遗传算法。

1. 被玩腻的初学者：有限状态机

在传统游戏中，最为广泛使用的是有限状态自动机（FSM），一种专家型的预编程算法。

具体而言，FSM 算法需要设计师整理归纳 NPC 遇到的所有可能情况，再逐一安排针对反应；但缺陷在于可预测性，玩家在多次试探后就觉得索然无味。这种算法最早出现在 1989 年发布的《模拟城市》中。

2. 不会学的聪明人：蒙特卡罗搜索树

与 FSM 相比，蒙特卡罗搜索树（MCST）会多步联想做决策，而非只就当前形势。这种多元化的行为能带给玩家更强大的个性化

交互游戏体验，但其难度和成本也更大，且无学习能力。

MSCT 最著名的应用代表是 AphlaGo，它被用来快速评估棋面位置价值。但实际上早在 1997 年这项技术就被 Deep Blue 运用，并第一次击败了人类国际象棋冠军。这种算法可以简化理解为一个可以在每个枝节无限生长的树，或者道家一生二，二生三，三生万物的宇宙无限论（见图 8-1）。

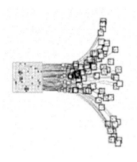

图 8-1　蒙特卡洛搜索树

在《文明》系列中，开发者就使用 MCST 技术开发出与玩家对抗的敌人。MCST 模式下的 NPC 最大的缺陷在于学习能力。他们不能从玩家那里学习任何东西，不会根据玩家的习惯性操作做出相应的变化。

3. 真实的代价很昂贵：人工神经网络与遗传算法

如何制造像人一样真实的 NPC？人工神经网络（ANN）和遗传算法等可以做到。这种技术下的 NPC 拥有不同的"性格"以及学习适应能力，但造价昂贵，目前只有育碧、EA 等游戏大厂使用。

ANN 是一种模拟神经元结构进行计算推演的决策模型，其优越性主要表现在三个方面：第一，具有自学能力。ANN 可以根据数据自学。第二，具有联想存储能力。NPC 能够记忆与玩家之间的往事。《中土世界》里法人半兽人会尝试与玩家交手，如果你逃跑，下次他会嘲讽你；若你打伤他，他不仅会记仇，下次见面还要骂你。第三，具有高速寻找优化解的能力。相比于 MCST，ANN找到优化解的速度更快。这使玩家在与 NPC 交流时能得到更快的反馈，极大提升了体验流畅度。

但是，神经网络下的 NPC 是"不可控的"（"非线性"和"非常定性"特征导致），这给游戏的运营与维护带来不少的风险，NPC 的行为将在不断学习中变得难以预测，游戏后期的调试变得异常困难，有可能出现脱轨的问题。

另一种技术——遗传算法（Genetic Algorithm）创造了一个不可击败的敌人。遗传算法是基于达尔文进化论提出的一种决策计算模型，计算机在模拟自然进化过程中寻求最优解。体现在游戏上，NPC 会根据以往的经验去优化策略，新一轮进攻的"敌人"会接收"牺牲者"的意志，并针对玩家的过往策略逐个击破。这意味着越强大的玩家将面临越强大的敌人，并且没有尽头。

主机游戏《SHMUP》中，游戏开发者就为玩家置入了运用遗传算法的敌人。他们让玩家反抗经过多代进化敌人的 AI，当这一代被击败时，遗传算法对 AI 进行排名并使用它们创造新一代的敌人来对抗玩家。著名进化策略类游戏《孢子》（Spore）和《怪物》（Creatures）系列都在遗传算法上有所突破。

二、超能力赋予：超级游戏 AI 引擎

游戏 AI 引擎可以绕过算法，提供"傻瓜式"的创作平台和工具，帮助开发者简化游戏制作流程，降低制作难度，塑造随机地图和创造 NPC 等等。未来也许人人都可以开发游戏。

目前主流的游戏 AI 引擎有三类：AI 渲染引擎、NPC 制作引擎和游戏创作引擎。

1. AI 渲染引擎：一秒渲染

视觉效果上，AI 渲染引擎可以多倍提升画面渲染能力，实现实时渲染。例如 NVIDIA OptiX 5.0，作为 NVIDIA 在 2017 年推出的 GPU 渲染工具，它可以运用机器学习技术补充画面缺失像素、智能去噪和光线追踪，打造出一种逼真的动画效果。据称，该引擎可将可视化效果提高 12 倍，并且节省近 90％的渲染时间。

2. NPC 制作引擎：批量造"人"

交互行为上，NPC 行为支持引擎可以帮助开发者创造出更灵活更自然的 NPC。《使命召唤》和《Galak-Z》等游戏中使用了这种引擎。

NPC 制作引擎甚至能够直接创造角色，比如 Rain AI 引擎，它由 2011 年成立的 Rival Theory 公司所创建。Rain AI 创造出的 NPC 拥有颗粒度极高的实时反应，如语言、眼神、手势、步伐等等。

3. 游戏创作引擎：一键生成 3A 大作

AI 不仅可以智能生成 NPC，连游戏也可以自动生成。

印度初创公司 Absentia VR 就直言：我们未来要能自动生成 3A 游戏。这不是夸大其词，他们已经完成了一套简化游戏制作的引擎——Norah AI，可以降低游戏研发时间，智能生成简单游戏，游戏研发时间可以从 30 天缩短到 30 小时。此外，还可以输入文字或者图片来智能生成街机、休闲、拼图等游戏。虽然在内容和形式上距离他们的愿景还有不少差距，但也足以说明这是产业发展的方向之一。

目前还有更多的 AI 游戏企业在发力。据 Crunchbase 数据，截至 2018 年 6 月，全球共有 150 余家 AI 游戏企业，研究领域主要集中在游戏引擎、NPC 交互、人机交互等方面。

第二节 AR/VR 技术：沉浸式的游戏体验

一、AR/VR 游戏前景展望

AR/VR 的应用范围十分广泛，包括游戏、影视、教育、直播、社交和购物等多重应用功能，其中游戏无疑与 AR/VR 技术具有天然的适配性。游戏用户对场景画面有着较高的需求，对多维互动性的需求也更为强烈，AR/VR 技术为用户带来的沉浸式体验则很好地解决了这些问题。用户在游戏过程中感官参与系统可以分为嗅觉、听觉、视觉、触觉等，传统的游戏参与形式大多局限在用户的视觉表现和声音感受上，而且参与度极为有限，用户游离在现实世界和虚拟游戏世界之间，游戏体验受到现实因素的影响很大，而 VR/AR 技术为用户营造了独立于现实世界的可感知的立体游戏空间，用户多感官强势参与，这种无与伦比的沉浸式体验是以往任何游戏硬件设备难以实现的。根据中国产业信息网的数据，2016 年中国 VR 软件销售额中，游戏领域独占 72%，处于绝对优势地位（见图 8-2）。

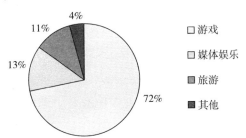

图 8-2 2016 年中国 VR 软件销售额各应用领域占比

资料来源：中国产业信息网。

虽然 AR/VR 与游戏在用户需求上十分契合，但是 VR/AR 游戏的发展并非一帆风顺，VR 设备不完善、VR 游戏产品质量低、用户体验性差这些弊端曾一度让 AR/VR 技术如履薄冰。2016 年伊始，VR 游戏产业遭遇"寒流"，多家涉及 VR 游戏的厂商纷纷爆出产品遇冷、资本离场、用户活跃度低等现象。在度过了 2016 年"寒冬"后，VR 游戏似乎又显示出旺盛的生命力，数据增幅很好地诠释了 VR 游戏的广阔前景，也预示着在 VR 游戏的引领下，整个游戏产业将会迎来新一轮爆发期。

《2017 年中国游戏行业发展报告》显示，2017 年中国游戏市场实际销售收入达到 2 036.1 亿元，同比增长 23%，游戏用户规模 5.83 亿，同比增长 3.1%，自 2014 年起已经连续四年维持个位数增长速度，且 2017 年增速创下近十年新低。可以看出，中国游戏行业已经进入稳定发展阶段，增速明显放缓。这也是当前全球范围游戏市场的发展特征。2017 年中国 VR 游戏收入达到 4 亿元，同比增长 28.2%，虽然相比总体规模来说产值较低，但是 VR 游戏已经成为中国游戏产业中增速最快的领域之一。与之相对应的是，2017 年全球 VR 游戏整体收入为 22 亿美元，同比增长 23%。在游戏行业整体疲软的大势下，AR/VR 将是推动游戏产业规模增长的下一个重要技术力量。

除了 AR/VR 自身沉浸式体验优势外，作为其基础设施支撑的通信技术也在近段时间迎来新的突破——5G 的到来。作为划时代的网络通信技术，5G 能够为 AR/VR 游戏带来更好的体验与信息传输服务。

5G 技术提供了高达 10～50Gbps 的传输速率，并且拥有极低的时延。因此可以让大型 VR 游戏的场景在云端进行渲染，再通过网络传输到玩家的终端设备上。通过在云端进行画面渲染，就可以保证给终端提供分辨率高、优质的画面，进而有效改善 VR 游戏给玩家带来的眩晕不适感。同时，由于能够在云端进行游戏画面渲染，使得用户终端设备的硬件计算压力大幅降低，因此也能带来终端硬件设备的价格降低。

这种 VR 云端渲染方案不仅展示了 5G 网络的特性，还给 VR 厂家和运营商提供了一种可以与更多产业联动的新型商业模式。VR 内容制造商可以将内容放在云上进行实时管理，消费者可以购买内容和渲染渠道获得更好的虚拟现实体验，运营商则可以相应推出 VR 体验专属的网络宽带服务。

二、未来值得关注的 AR/VR 游戏工作室

1. Niantic Labs

Niantic Labs 是一家由谷歌孵化的独立游戏公司，于 2016 年推出了轰动一时的 AR 游戏《Pokemon GO》，此外还成功推出了 AR 游戏《Ingress》和位置发现应用 Field Trip。2017 年，Niantic Labs 获得了来自任天堂（Nintendo）、口袋妖怪公司（Pokemon Company）共计 3 000 万美元（约合 1.8 亿元人民币）的投资，据悉，未来 Niantic Labs 将持续在全球范围内寻求优秀的合作伙伴，加速《Pokemon GO》的后续开发，维护在全球范围内成长的《Ingress》社区，并加大新作游戏的市场投入。

代表作：《Pokemon GO》《Ingress》。

2. EA DICE

EA DICE，全称 EA Digital Illusions Creative Entertainment AB，美国艺电旗下的游戏工作室，总部位于瑞典斯德哥尔摩。

DICE 最成功的游戏是其出品的战地系列。早前，该工作室的 Frostbite 开发组牵头成立了 Frostbite Labs，开始研究 VR/AR 技术。2004 年底，美国艺电宣布收购 DICE，并最终于 2006 年完成了对其全部股份的收购工作。DICE 工作室与 Criterion Games 工作室联合开发的 VR 游戏《星球大战——前线：X 翼战机任务》，拥有极为不错的用户体验，保持了其应有的一贯水准。正如 DICE 在其官网所宣称的那样："DICE 已经成为游戏最高血统的代名词。"

代表作：《星球大战——前线：X 翼战机任务》。

3. Survios

Survios 是一家位于美国旧金山的 VR/AR 虚拟现实游戏开发工作室，其目标是引领下一代虚拟现实技术的潮流。Survios 诞生于美国南加州大学的混合实境实验室（Mixed Reality Lab），技术上融合了 Kinect（微软出品的体验游戏外设）和 Oculus Rift（一款专为电子游戏设计的头戴式显示器）的特点，既能追踪用户身体活动，又能将它们整合到 3D 虚拟世界，然后通过浸入式头戴装置观看。除了研发游戏，Survios 还计划将其开发的内容提供给世界各地的娱乐中心，第一个目标便是中国。

代表作：《Raw Data》。

4. SEGA

世嘉公司，即世嘉株式会社，简称世嘉或 SEGA，是一家位于日本的游戏公司，曾同时生产各类游戏机硬件及其对应游戏软件以及电脑游戏软件。世嘉曾于 1994 年和任天堂分别发布了旗下的 VR 游戏机 Sega VR-1 和 Virtual Boy，算是全球 VR 领域的元老级厂商。或许是因为时代的原因以及产品的体验欠缺，致使两款设备并没有获得太好的销量。近些年 VR/AR 浪潮风起，SEGA 再次涉足该领域，开发出的几款游戏产品获得了不错的销量与口碑。

代表作：《初音未来 VR》《索尼克 R VR》。

第三节　游戏社会化，功能游戏崛起

功能游戏是指一种严肃游戏或应用性游戏，与传统娱乐型游戏的区分在于，它是以解决现实社会和行业问题为主要功能诉求的游戏品类[①]。

对功能游戏的认识其实伴随着大众对"游戏"的理解不断刷新的过程。在我们的传统观念中，游戏往往被视作一种负面意义的行为，韩愈说"业精于勤荒于嬉"，古人还说"玩物丧志"，这里的"嬉"和"玩"指的就是游戏。在生产力水平低下的古代，物质条件十分匮乏，只有直接创造价值的活动才被视为有意义，而游戏这种主要以获取精神上的愉悦和放松的行为则被归属到无意义的行为之中。但是也有不少先贤对游戏表达了正面的态度。柏拉图和斯宾塞、席勒都认为游戏是生物精力的盈余，超功利的、不以功利性目的为导向的游戏正是人类与其他动物区别的高级活动。进入 20 世纪以来，伴随着第三次科技革命的展开，人类生产力获得了突飞猛进的发展，物质资料缺乏已经不足为人们所担忧，在基本生活保障得到满足并有充分盈余的情况下，追求精神层面的富足，重新认识"游戏"这种无物质价值的人类活动就成为必然。

重新认识游戏，最突出的一点是认识到游戏潜在的社会价值与

---

① 喻国明，林焕新，钱绯璠，李仪．从网络游戏到功能游戏：正向社会价值的开启．青年记者，2018（15）：25 - 27.

社会功用。喻国明等人认为，好的游戏直接影响并塑造了当代社会的情感结构，定义了全新的认识世界的渠道和方式①。在情感层面上，德国马克斯-普朗克进化人类研究所的研究结果表明，游戏对身心健康所带来的影响以及治疗创伤后的应激障碍等，都具有正面的影响和作用。在认知结构上，有研究者将游戏与人类认知结构进行了阶梯式的对应：其最顶端是信仰与价值观，第二层级是智慧与认知、审美，再往下是知识与常识，最底层则是游戏基于特定设计的构造对人们现实或超现实生活场景的关联和映射。

功能游戏就是集中体现了游戏正向社会价值的一类游戏。早在1969 年出版的《模拟与游戏》一书中，就提到游戏是学习和实验的有效工具，对公共政策制定和规划有显著效果。关于功能游戏，我们能看到诸多成功的案例，1994 年，美国海军陆战队成立了世界上第一个游戏军事训练机构，把游戏作为军队训练的一种辅助手段，通过《全光谱战士》《美国陆军》《虚拟伊拉克》等游戏模拟武器装备和战斗流程来训练士兵，大受士兵欢迎，这就是功能游戏的雏形。20 年之后，游戏作为一种创新工具已经跨界融入了教育、医疗、企业商业、社会管理等领域的众多环节中，游戏逐渐成为人们接受知识和技能的新媒介，助力知识和技能的传播，缩短了学习曲线，也为科研创新、专业人才批量培养、社会管理等提供了一种新思路。2018 中国互动娱乐大会（南京）暨中国网络游戏行业峰会也明确提出，游戏行业转型升级势在必行，而功能游戏正是突破口。

---

① 喻国明，林焕新，钱绯璠，李仪 . 从网络游戏到功能游戏：正向社会价值的开启 . 青年记者，2018 (15)：25 - 27.

但是功能游戏并不等同于简单机械的"游戏化",游戏化是指在非游戏情境下,通过游戏设计将游戏元素与原本的功能整合为一体的思维方式,其本质是一种面向问题的思维模式。而功能游戏则是游戏化理念在具体行业跨界融合并实体化为游戏产品或服务,本质上依然是电子游戏,但是内容的来源是各行各业的实际问题。

功能游戏与普通游戏的区别主要有三点:跨界性、多元化和场景化。首先,跨界的特性是功能游戏的核心,功能游戏不是就游戏谈游戏,并不是纯粹为了满足玩家的精神愉悦而存在,而是以优化学习、医疗、生产、军事、商业等非游戏化目标为最终目的,仅仅是采用了游戏这种让人更容易接受、更放松的形式而已。其次,多元化也是功能游戏的典型特征。功能游戏可以以娱乐为主要目标(知识作为附加奖励),也可以是渐进式地帮助玩家达到一个现实目的,比如提高专业技能或社交能力,养成良好习惯或丰富经验等。同时,功能游戏涉及社会的各行各业,取材十分广泛,内容也丰富而多元。最后,功能游戏的第三个特征是场景化,因为要服务于现实行业目的,所以功能游戏的开发必须与具体的应用场景深度结合,专业定制。较高的专业性直接导致功能游戏开发的高门槛,尤其是在医疗、军事等领域,游戏的设计开发需要大量的专业知识作为支撑,因此开发难度大、周期长,维护成本也相应提高。

根据腾讯研究院发布的《跨界发现游戏力:游戏+行业市场版图及价值报告》,目前跨界性质的功能游戏主要应用在以下几个方面:

一、功能游戏与教育结合成为认知工具

游戏的参与感使得它成为传递知识、改变认知和行为的一种有

效手段。传统教育模式也在日渐发生改变。越来越多的老师将教材与游戏融合，从而激发学生学习的动机，提高学习参与度。有超过 50％的教育游戏应用在中小学教育（即 K12 教育）领域。例如，由台湾大学叶丙成教授研发的全球第一款游戏化教育平台——PaGamO，已经作为台湾地区中小学辅助教学的教材使用，其中每 5 个中小学生就会有一个使用 PaGamO。据统计，超过 85％的玩家使用 PaGamO 平台后，学习量相较过去提升超过 50％。

二、功能游戏成为公共健康服务的新手段

在健康医疗领域，功能游戏主要被应用于个人健康管理及疾病预防、疾病治疗及康复、医学训练和儿童健康。美国在医疗类的应用游戏发展处于全球领先地位。美国一家技术公司将游戏用于帮助烧伤病人减轻疼痛，实验结果发现可减轻 60％～70％的疼痛。同时，应用类游戏提供了一种创新的医生技能培训方法，对外科手术进行模拟，不仅可以降低培训成本、减少培训时间、提高手术娴熟度，而且可随时随地进行学习。例如，《生死征兆》（Vital Signs）、《橙色代码》等游戏用于训练医生临床决策或应对大规模人员伤亡事件的能力。

三、功能游戏助力政府部门破解社会治理难题

美国、荷兰、加拿大等国家的政府部门都已采购游戏用于交通治理、应急管理、环境保护、历史文化传承等社会管理。如游戏《紧急事件指挥官》被用于演练应急救灾。联合国世界粮食计划署的游戏《粮食力量》就是应"提高粮食危机意识"需求而诞生。《海地大地震背后》（Inside the Haiti Earthquake）是一款隶属于一

个大型灾难救援记录项目，由加拿大媒体基金、贝尔新闻媒体基金、加拿大教育电视台（TVO）投资制作的灾难应急型游戏，它让玩家在游戏中培养灾难应对的技巧的同时，也能培养其社会责任感。凭借其交互式的方式和逼真的游戏画面，这款游戏多次获奖：在 Applied Arts Interactive Awards 中获得游戏组冠军，在 Social Impact Games 比赛中提名最佳社会影响力游戏奖，2011 年获"游戏改变现实"（Games for Change）跨媒体奖项。同时，《海地大地震背后》也在 2011 年被麦吉尔大学列为灾后重建高级课程的必修教材。

四、功能游戏帮助经济生产部门提高竞争力

企业级市场是应用类游戏第二大买单方。游戏在企业级市场的应用起步较早，不仅是大型企业帮助员工熟练掌握专业技能的主流手段，而且已扩展到销售、研发、成本管理等各个环节。例如，游戏《虚拟训练银行》为银行提供财务分析和风险管理培训，《销售员世界》用于销售员的培训。IBM、强生、思科等非游戏巨头也在加快应用类游戏的开发。这些公司不仅应用游戏来训练员工，还将游戏与自身业务融合。IBM 将自己研发的流程管理、云计算等各种新兴技术融入游戏中，让其政府客户通过游戏学会如何使用新技术帮助城市更加智能化。

可以看到，当前功能游戏已经逐渐渗透到社会各领域，对学校教育、医疗健康、公共教育、社会治理、部门生产等起到重要的促进作用。在游戏行业整体转型升级的背景下，功能游戏还将迎来新的增长浪潮，与行业发展密切联系，与社会进步紧密结合，呈现出游戏社会化的态势。

第四节　电竞成为游戏行业发展重要助力点

近年来，电竞行业进入高速发展阶段，在各种资本对电竞产业链头部进行布局的同时，行业本身已经逐渐成熟，进入主场赛事的新时代，另一方面，更具娱乐性与观赏性的新产品大量登陆市场，与移动电竞成为行业发展的新助力点[①]。

就中国来看，电竞行业市场规模主要包括：端游电竞游戏市场规模；移动电竞游戏市场规模；电竞生态市场规模，包括赛事门票、周边、众筹等用户付费以及赞助、广告等企业围绕赛事产生的收入，还包括电竞俱乐部及其选手、直播平台及其主播等赛事之外的产业链核心环节产生的收入。

根据艾瑞咨询《中国电竞行业研究报告 2018 年》，2017 年中国电竞整体市场规模突破 650 亿元，整体电竞用户规模达到 3.2 亿，其中端游电竞游戏市场规模为 301 亿元，移动电竞游戏市场规模为 303 亿元，电竞生态市场规模为 50 亿元，占比稍低；2017 年中国电竞整体市场规模增长主要来自移动电竞游戏的爆发。

中国电竞产业链已经日臻完善，形成了内容授权、赛事参与、赛事执行、内容制作、内容传播等多个产业环节，环环相扣，相互联结，构成中国当前电竞生态，同时监管部门的介入也使得行业链趋于规范和透明化。

当前中国电竞行业发展呈现出以下趋势：（1）资本强势涌入。伴随着电竞市场规模增长，资本开始关注产业链头部内容，而且这

---

① 上海艾瑞市场咨询有限公司 . 中国电竞行业研究报告 2018 年，2018：49.

些资本往往都带着一定的背景进入，如中国最大的二次元文化社区
B站哔哩哔哩成立了电竞俱乐部 BLG，苏宁易购成功入主 TBG 成
立 SuningGaming。（2）电竞游戏产品朝着更娱乐化、更低门槛的
方向发展。无论是近年爆红的《王者荣耀》还是其后的《绝地求
生》，都印证着更娱乐化、门槛更低的电竞游戏产品将会更受到主
流市场的欢迎。可以想见，未来市场不断推出的各类电竞游戏产
品，也将着力在这两点上不断深化。（3）电竞赛事联盟化主场化，
赛事体系进一步升级，在各个城市落地的俱乐部主场场馆激活当地
市场。

从全球范围来看，根据智研咨询《2017 年全球电竞行业市场
规模分析》，2017 年全球电竞（生态）市场规模 6.96 亿美元，同比
增长 41.3％；2020 年全球电竞（生态）市场规模将达到 14.88 亿
美元。2017 年全球电竞（生态）核心用户约为 1.91 亿人，同比增
长 19.6％；到 2020 年，泛电竞观看者将达到 3.03 亿人。

在全球游戏市场整体增长乏力、用户增幅趋缓的背景下，异军
突起的电竞产业，无疑将成为游戏行业为数不多的新的增长助
力点。

参考文献

1. 弗洛伊德．弗洛伊德后期著作选．上海：上海译文出版社，1986.

2. 席勒．美育书简．北京：社会科学文献出版社，2016.

3. 约翰·赫伊津哈．游戏的人．何道宽，译．广州：花城出版社，2007.

4. 杨荫深．中国古代游艺研究．上海：世界书局，1946.

5. 刘侗，于奕正．帝京景物略．北京：北京古籍出版社，1983.

6. 前田寻之．家用游戏机简史．周自恒，译．北京：人民邮电出版社，2015.

7. 高承．事物纪原．北京：中华书局，1989.

8. 二十五史艺文经籍志考补萃编·第十七卷（旧唐书经籍志/新唐书艺文志）．北京：清华大学出版社，2013.

9. 《云梦睡虎地秦墓》编写组．云梦睡虎地秦墓．北京：文物出版社，1981.

10. 中国互联网络信息中心．2014年中国青少年上网行为调查研究，2015.

11. 3eLife. 关于 Cosplay 的起源和发展，你想知道的都在这里. http：//www.jiemian.com/.

12. Jesper Juul，关萍萍. 游戏、玩家、世界：对游戏本质的探讨. 文化艺术研究，2009，2（3）.

13. 艾布·达乌德. 艾布·达乌德圣训集. 余崇仁，译. 北京：宗教文化出版社，2013.

14. 柏嘎力. 蒙古民族传统沙嘎游艺：以苏尼特蒙古部沙嘎游艺为中心的考察研究. 呼和浩特：内蒙古大学，2011.

15. 陈祖源. 《敦煌棋经》：世界上最古老的棋著//中国棋文化峰会文集. 广州：广州出版社，2011.

16. 成恩元. 敦煌碁经笺证. 成都：蜀蓉棋艺出版社，1990.

17. 杜骏飞，李耘耕，陈晰，等. 网络游戏中的传统与现代：《仙剑奇侠传》的文化解读. 新闻大学，2009（3）.

18. 河南 Claudia. 仙剑、古剑：探讨武侠游戏中的传统文化. http：//play.163.com/11/0824/22/7C8P47.

19. 刘贵富，赵英才. 产业链：内涵、特性及其表现形式. 财经理论与实践，2006，27（3）.

20. 莫洪宪，邓小俊. 论加强未成年人网络保护立法. 青年犯罪研究，2011（2）.

21. 聂庆璞. 网络游戏的文化价值论辩. 文艺理论与批评，2012（1）.

22. 王宜涛. 我国最早的儿童玩具：陶陀罗. 考古与文物，1999（5）.

23. 徐继刚. 太东风云录（上）//游戏·人：第 32 卷. 西宁：青海人民出版社，2009.

24. 喻国明，林焕新，钱绯璠，李仪. 从网络游戏到功能游戏：

正向社会价值的开启. 青年记者，2018（5）.

25. 张新宝，林钟千. 互联网有害信息的依法综合治理. 现代法学，2015，37（2）.

26. 上海艾瑞市场咨询有限公司. 中国电竞行业研究报告2018年，2018.

27. 中国互联网违法和不良信息举报中心. 互联网违法和不良信息举报奖励办法.

28. 中国科学院考古研究所实验室. 放射性碳素测定年代报告（二）. 考古，1972（5）.

29. Avedon, E. M., Sutton-Smith, Brian. The Study of Games. New York: John Wiley &Sons, Inc., 1981.

30. BBC News. Angry Birds maker Rovio sued over app patents, July 22, 2011.

31. Caillois, Roger. Man, play, and games. New York, Glencoe: The Free Press, 1961.

32. Chatman, Seymour. Story and Discourse: Narrative Structure in Fiction and Film. Ithaca: Cornell University Press, 1978.

33. Clark C. Abt. Serious Games. New York: Viking Press, 1970.

34. Costikyan G. I Have No Words & I Must Design. Interactive Fantasy, 1994（2）.

35. Crawford, Chris. The Art of Computer Game Design, 1982. http://www.vancouver.wsu.edu.

36. Huizinga, Johan. Homo Ludens. Boston: The Beacon Press, 1950.

37. Kelley, David. The Art of Reasoning. New York: W. W. Norton &Company, 1988.

38. Salen，Katie，Zimmerman，Eric. Rules of Play-Game Design Fundamentals. Cambridge：MIT Press，2003.

39. Suits，Bernard. The Grasshopper. Toronto：University of Toronto Press，1978.

40. Wittgenstein，Ludwig. Philosophical Investigations. Oxford：Basil Blackwell，1958.

41. Next Generation，1995－2002.

42. Toy Trends. Orange Coast，1988（12）.

后 记

　　《游戏学》的撰写工作虽然告一段落，但游戏学研究于我们，则是刚刚开始。游戏带来的社会问题切肤且复杂，游戏涉及的研究领域广博而多样，但国内游戏研究和教育的力量却薄弱分散，因此我们想到，如果能建立游戏学科，明确以游戏、游戏与人、游戏与社会为研究对象，建立问题框架，就能更好地聚集学术界对游戏研究的关注，从多学科特别是社会科学研究的视角来看待游戏相关问题，从而整合现有研究成果，吸纳来自学界、业界、媒体界最广泛的研究力量，形成问题导向、高度聚焦、多重视角的游戏学。

　　2018 年 6 月 8 日，国内首次以"游戏学"为主题的学术研讨会，也是初步构建学术共同体的尝试，"从游戏到游戏学——游戏功能与价值研讨会"在北京大学召开。在圆桌讨论环节，多位专家对建立游戏学表示肯定与期许，提出诸多具有价值的观点。

　　游戏产业的发展前途是光明的，其蕴含的游戏精神与大众所追求的自由、竞争等精神不谋而合，但是游戏目前的发展状态确实存在问题，要想发生根本性的变革必须加强对它的研究。有学者将游戏比作是一个极具吸引力的重力势场，年轻人很容易跳不出来因而引发很多问题，但它确实是这个时代的年轻人普遍接触的东西，拥有长远的发展前景并且值得研究。

从媒介史的角度看，不同历史时期，新的大众媒介出现早期都伴随着普遍的道德恐慌，从通俗文学到电影到电视再到游戏都是如此，因此进行有效防御的机制一定是学术学科的建立。进一步讲，建立游戏学的前景非常广阔，但需要严肃的经典做推动力量，如同《公民凯恩》是美国电影学院的经典一样，游戏学也需要选取既具有游戏自身价值又具有长远社会价值的作品来树立自己的经典。

从游戏到游戏学的发展是一种必然的历史过程。对此，电影到电影学的发展历程可作为重要参考。电影正式诞生的标志是1895年卢米埃尔兄弟的首次电影公映，此时它仅是小规模的社会活动。随着有声电影和彩色电影的出现，电影逐渐进入了全盛时代并发展成为影响广泛的社会现象。与此同时，电影逐渐与技术、市场、艺术等领域结合，社会对它的忧虑也成为人们关心的重要话题，在这样的背景下，20世纪40年代末，电影学作为一门独立学科正式出现。

反观游戏，也经历了几乎相同的发展历程，从最开始现实游戏的缓慢起步，到电子游戏的大放异彩，游戏逐渐从个人行为发展为群体的社会现象，多种主体视角对游戏的解读正说明了游戏与社会各领域的广泛联系。从有限的行为到广泛的社会现象，再到社会各界纷纷思考如何更好地利用游戏并由此产生一系列研究议题，游戏发展到现在已经具备了成为独立学科研究领域的条件。

目前游戏领域的研究现状，总体上还处于发展初期，各领域的研究都不完善。国内游戏相关研究主要集中在游戏产业、游戏产权与体育、游戏育儿启蒙教育、游戏设计、游戏价值与社会影响、游戏教学以及游戏与青少年问题这七个领域，并未形成完整的研究体系。另外，国内本科高校中只有两所高校开展了游戏学相关专业，分别是中国传媒大学和北京电影学院。其他开设游戏学专业的院校基本都是高职院校和一些专科学校，这说明游戏学的研究还处于边缘化的境地。同样，未来游戏学科的建设也同样面临着社会的质疑和压力。实际上，当前社会对游戏的认识存在一定的片面性和滞后性，推动游戏产业的健康发展，需要历史和现实的观照，需要全面认知游戏的功能。

要建立游戏学学科需要注意以下几个方面的问题：首先要明确研究对象，在游戏学中究竟要研究游戏，还是研究游戏背后的人，或是研究游戏的设计者，这是三个不同的层次。尤其是游戏背后的人可能是整个游戏学研究中最复杂的部分，先基于游戏的研究和游戏设计的研究，最后深入到游戏背后的人的研究，这样才能实现从道德恐慌到社会责任的建立。其次，游戏学的研究不能局限于网络游戏，这样的研究视野过于狭窄也容易遭受阻力，应该从几千年人类历史的游戏活动中寻得根基。最后，在未来的学科建设中还可以从以下五个方面着力：一是研究视域要从技术向人文社会拓展，二是多方联合，三是建设学术共同体，四是加强研究交流，五是产出系统性研究成果。

总而言之，无论从产业发展、文化传播还是学科发展的视角都有必要推动游戏学的建立。未来游戏学的建立需要学术平台、学术资源、学术共同体以及学术经典的建立，它的发展亟待各界的共同努力。

本书由北京大学互联网发展研究中心、腾讯研究院、腾讯游戏学院合作完成，在此对各章作者的辛勤付出致以诚挚的谢意。他们是：第一章胡璇、苏杭，第二章陈泽伟、尹宁，第三章胡璇、奇乐、刘琼、马天骄、马中彬，第四章张华麟，第五章俞点，第六章腾讯互娱市场与用户研究部，第七章张钦坤、蔡雄山、柳雁军、曹建峰，第八章杜松涛。相信读者能从字里行间感受到他们的专业和对游戏的热爱。

研究过程中，我们得到了许多专家学者无私的支持与帮助，在成书思路、观点、资料等方面获益良多，他们是：腾讯研究院司晓院长，腾讯游戏学院夏琳院长，北京大学教育学院副院长尚俊杰老师，北京大学新媒体研究院副院长杨伯溆老师，北京大学信息科学技术研究院副教授陈江老师，清华大学刘梦霏博士，中国社科院社会所青少年与社会问题研究室副主任田丰老师，中国社会科学院大学媒体学院杜智涛老师，中国社科院大学媒体学院吴玥老师，中国传媒大学艺术学部动画与数字艺术学院游戏设计系高金燕老师。感谢负责编辑校对工作的葛东坡博士、郑思琳、张竞颖、杨轶佳、张夕夜。特别感谢中国人民大学出版社的曹沁颖女士及编辑老师，你们的恳切督促是本书顺利出版的重要推动力。

蔡雄山　田丽

人工智能

国家人工智能战略行动抓手

腾讯研究院　中国信息通信研究院互联网法律研究中心

腾讯 AI Lab　腾讯开放平台　著

　　政府与企业人工智能推荐读本。人工智能入门，这一本就够。2017 年中国出版协会"精品阅读年度好书"，中国社会科学网 2017 年度好书，江苏省全民阅读领导小组 2018 年推荐好书。

　　本书由腾讯一流团队与工信部高端智库倾力创作。它从人工智能这一颠覆性技术的前世今生说起，对人工智能产业全貌、最新进展、发展趋势进行了清晰的梳理，对各国的竞争态势做了深入研究，还对人工智能给个人、企业、社会带来的机遇与挑战进行了深入分析。对于想全面了解人工智能的读者，本书提供了重要参考，是一本必备书籍。

中国互联网公益

陈一丹　吴朋阳　周子祺　马天骄　等　著

腾讯研究院　腾讯公益慈善基金会　联合出品

　　中国互联网公益教父首部力作，腾讯官方唯一正版授权，政府与企业公益事业推荐读本。

　　本书由"中国互联网教父"陈一丹等创作，以腾讯研究院和腾讯公益慈善基金会长期的研究和实践为基础撰写而成。本书回顾了中国互联网公益过去 20 年的发展历程，从互联网公益的本质、国内及国际典型国家的创新与实践、新科技与公益结合的未来场景等方面，首次对互联网公益进行全面梳理和研究，为广大公益组织转型、政府对公益组织的管理乃至未来社会的建设提供了重要启示。

兴趣变现

内容营销之父教你打造有"趣"的个人 IP

乔·普利兹　孙庆磊　著

你的兴趣价值千万！全球网络红人的成功路径，企业全员营销的赋能机制。

个人运用本书的方法，把兴趣与擅长的技能相结合，使其转化为有吸引力的内容，成功在某个领域构建有"趣"的个人 IP。通过 6 个步骤将兴趣变成可持续盈利的资产，实现多重收入，同时收获乐趣与成就！

企业推行本书的策略，用有价值的内容赋能员工，使每一位员工成为企业的推手，用内容营销策略实现 1 乘以 N 的影响力扩散，打造指数级品牌效应。

学会创新

创新思维的方法和技巧

罗德·贾金斯　著

互联网时代不能不学的创新思维方式。

如何用爵士乐让管理工作更顺畅？

如何在鲨鱼出没的水域帮助一家濒临破产的潜水公司？

一家家具公司如何用"不舒适"为突破口形成爆点？

……

本书是训练和培养创新思维的极佳读物。在本书中，中央圣马丁学院著名的创造力导师罗德·贾金斯研究了世界上许多创造力大师是如何思考的，他将他们的思考方式提炼出来，并用很多案例，来帮助读者掌握创新思维的方法和技巧。

图书在版编目（CIP）数据

游戏学/北京大学互联网发展研究中心著 . —北京：中国人民大学出版
社，2019.3
ISBN 978-7-300-26571-1

Ⅰ.①游… Ⅱ.①北… Ⅲ.①游戏-研究 Ⅳ.①G898

中国版本图书馆 CIP 数据核字（2019）第 001350 号

游戏学

北京大学互联网发展研究中心　著

Youxixue

出版发行	中国人民大学出版社	
社　　址	北京中关村大街 31 号	**邮政编码**　100080
电　　话	010 - 62511242（总编室）	010 - 62511770（质管部）
	010 - 82501766（邮购部）	010 - 62514148（门市部）
	010 - 62515195（发行公司）	010 - 62515275（盗版举报）
网　　址	http://www.crup.com.cn	
	http://www.ttrnet.com（人大教研网）	
经　　销	新华书店	
印　　刷	北京联兴盛业印刷股份有限公司	
规　　格	148 mm×210 mm　32 开本	**版　次**　2019 年 3 月第 1 版
印　　张	12.875 插页 2	**印　次**　2019 年 3 月第 1 次印刷
字　　数	286 000	**定　价**　69.00 元